U0107637

国 际 潮 学 研 究 会　主办
韩山师范学院潮学研究院

潮学研究

CHAOZHOU–SHANTOU CULTURE RESEARCH

第25期

陈春声　林伦伦　主编

社会科学文献出版社
SOCIAL SCIENCES ACADEMIC PRESS (CHINA)

本书受国际潮团总会

韩山师范学院"冲补强"专项经费资助

卷 首 语

林伦伦

　　编辑部同人把本辑文章编辑好送我阅读的时候，正好已到花好月圆的人间美好时节——中秋节，可这是今年第 1 辑啊！潮汕谚语有云："月怕十五，年怕中秋。"中秋一过，离过年就不远了！那就赶紧吧！外面的夜空湛蓝、白云朵朵，银盘似的月亮在云朵里缓缓穿行，我就只能在电脑上文字的密林里散步了。

　　当然，每次拜读大家的文章，都获益匪浅。本辑要给读者重点荐读的是中山大学著名历史学家陈春声教授的大作——《妈祖信仰与明清韩江流域社会变迁——以地方志的研究为中心》。

　　陈春声教授的大作从明清时期韩江流域数十种地方志中有关妈祖庙宇的文献资料入手，分析了韩江流域妈祖信仰起源、传播的历史过程，并由此讨论 400 余年间韩江流域的社会结构、经济生活和族群关系的变迁。文章指出，海上活动是韩江流域地方文化传统中最具长远历史根源的重要内容。妈祖信仰作为海上活动人群信仰的神明，最开始主要存在于以居住在江河下游以航海为生的讲"福佬话"的人群中。在明初"海禁"政策的时代背景下，韩江下游地区妈祖庙宇多为军事官员为应对地方动乱、维持社会秩序而兴建。而随着韩江中下游地区出现明显商业化趋势并成为当时中国商品货币关系最活跃的地区之一，妈祖信仰也在韩江中上游客家话地域明显扩展。春声教授的大作文献资料丰富翔实，对于"海禁"政策背景下的"海上活动人群"也多有精彩新论，行文流畅，读之不但能长知识，而且快意横生也！

　　本辑的论文，多数文章以新发现的文献资料或者新的田野调查资料见长，如孙敏智的《明本〈荔镜记〉所见的潮州社会》，舒习龙的《碑刻视野下潮汕华侨史的精微纪录》，张钊的《潮汕侨批中所见在暹华侨亲友间的日常互动》和严修鸿、张坚的《粤西北连州市两处独立的潮汕方言岛》等。这些文章以微观研究为主，从古今文献、碑铭资料和田野调查的第一手资料中有所发现，都是实打实的干货，对潮汕社会、华侨史和移民史的研究具有较高的资料价值。拙文《上古汉语复辅音声母在澄海话中的蛛丝马迹——潮汕方言与古汉语语音比较研究札记（一）》也属于此类文章，用我 40 年来一张卡片一张卡片地积累起来的对潮汕方言语音的研究资料来佐证上古汉语复辅音声母的存在。这些一字一音、零七八碎的资料的发现看似寻常，但非浸淫日久的专业拾荒者而不可得。而反过来，通过上古汉语复辅音声母在潮汕方言中的演变、分化现象，作者能够考证出一些本来被视为"无字可写"的本字来，使本研究成果既对上古汉语语音研究大有裨益，也于潮汕方言语音及本字研究有一定的学术价值。

2021 年度《潮学研究》就只能出版这一辑了，原因很简单，审读合格的稿子难以为继。2022 年度的《潮学研究》编辑部正在加紧编辑，尚有三分之一的篇幅等米下锅呢，敬请各位同行同人不吝赐稿。

2021 年中秋

目　录

妈祖信仰与明清韩江流域社会变迁

——以地方志的研究为中心

陈春声

内容摘要 韩江是中国东南沿海的主要河流之一，其上中游地区多山地丘陵，主要为讲客家话的人群聚居，下游三角洲平原的居民则以讲福佬话者居多。在朝廷厉行"海禁"的明朝和清初，该地区民众的海上活动也一直在进行着，地方志中仍然存留有不少关于妈祖庙宇的记载。清代康熙初年实行严厉的"迁海"政策，沿海地区讲福佬话的民众被迫内迁至韩江中上游山区，韩江中上游地域的妈祖信仰也随之明显扩展。康熙二十三年发布的"开海令"使出海贸易成了具有合法性的行为，韩江中下游地区成为当时中国商品货币关系最活跃的地区之一。在这样的背景之下，韩江下游许多地方兴建起更多奉祀妈祖的庙宇。而"天后"封号所确立的妈祖信仰官方合法地位，无疑也推动了妈祖信仰在地方的发展。本文通过对明清两代韩江流域数十种地方志有关妈祖庙宇记载的分析，讨论400余年间该地区社会结构、经济生活与族群关系的变迁。

关键词 妈祖 天后 海上贸易 韩江 福佬 客家

韩江是中国东南沿海的主要河流之一，流域面积约 31760 平方公里。至明朝末年，韩江流域共设有 21 个县，其中包括广东省潮州府全府的 11 个县、惠州府的 3 个县，以及福建省汀州府的 6 个县和漳州府的 1 个县。① 韩江上中游地区多山地丘陵，目前主要为讲客家话的人群聚居，其下游的三角洲平原，其居民则以讲福佬话者居多。

海上活动是本地文化传统中最具有长远历史根源的重要内容。韩江下游地域的百姓至迟从汉唐以来就一直进行海上贸易，他们从中获利颇丰，并以此作为重要的生计来源。尽管历代王朝对待海上活动的政策多有变化，但该地区民众的海上活动从来没有停止过。与之相适应，他们与海上活动人群密切相关的妈祖信仰在该地区亦长期存在，在方志中存留有不少关于妈祖及其庙宇的记载。本文通过对明清两代韩江流域数十种地方志有关妈祖庙宇记载的分析，讨论 400 余年间该地区社会结构、经济生活与族群关系的变迁。

一　明代 "海禁" 与 "毁淫祠" 背景下的妈祖信仰

地方志中有关韩江流域妈祖信仰起源的记录，常常追溯到宋元时期。明代潮阳县著名士绅林大春著的《潮阳县志》即有这样的说法："天妃庙，一在海口山上，正临海门；一在和平村之六联江畔，俗号下宫者是也。所祀天妃圣母之神，其创造年月无考，大都始自宋元。凡乡人有祷辄应，航海者奉之尤谨。"② 而《东里志》也有妈祖庙 "一在深澳，宋时番舶时加修理"③ 的说法。

明代实行严格的海禁政策，立国之初即一反宋元时期政府容许、鼓励海上贸易的做法，除由王朝直接控制的、有限度的朝贡贸易外，还 "严禁私下诸番互市者"④，并以严刑峻法禁止私人的海上贸易活动。《大明律》规定：

> 擅造二桅以上违式大船，将带违禁货物下海，前往番国买卖，潜通海贼，同谋结聚，及为向导劫掠良民者，正犯比照谋叛已行律

---

① 包括广东省潮州府的海阳、潮阳、揭阳、程乡、饶平、惠来、大埔、平远、澄海、普宁、镇平 11 县；惠州府的兴宁、长乐、永安 3 县；福建省汀州府的长汀、宁化、武平、上杭、连城、永定 6 县和漳州府的平和县。

② （明）林大春：(隆庆)《潮阳县志》卷十 "坛庙志"，潮州市地方志办公室影印本，2005，第 97 页。

③ （明）陈天资：(万历)《东里志》卷一 "祠庙"，潮州市地方志办公室影印本，2004，第 36 页。

④ 《续文献通考》卷二六 "市籴二"。

处斩，仍枭首示众，全家发边卫充军。[1]

然而，东南沿海的粤、闽、浙诸省百姓至迟从汉唐以来就一直进行海上贸易，且从中获利颇丰。这种地方文化传统与明王朝的法令之间的矛盾，隐含了由此而引发地方动乱的可能。有明一代，东南沿海民间非法的海上贸易活动始终未曾停止。而在大多数情况下，当时的广东地方官员和市舶太监出于稳定地方社会、增加军需供应和贪图贿赂等各种考虑，对这种状况实际上采取了默许的态度。

在这样的情形之下，与海上活动有着密切联系的妈祖信仰，在韩江下游沿海地区同样普遍存在，妈祖灵验的故事也与航海活动直接相关。根据林大春的说法：

> 予曩尝见其人自言，舟行海上时，但见白日晦冥，千里一息，波涛汹涌，浩无纪极。卒遇飘风震荡，即覆溺不支，十百之命，悬于一线，其危甚矣。乃当此之时，辄有神火先报，光烛帆樯，或见灵鸟翔集其上，若示人以方向者。舟人因得先事预防，以免于不测之难。盖神赞之也。
>
> 及予为行人时，会同官奉使者至自琉球，为予具道海中事，大略相似，然后始知前言为不诬云。或曰天妃即南海神也，故其灵爽著见如此。[2]

而《东里志》的记载也与之类似：

> 凡航海者，必谨事之。有急难呼之，立见空中火光，是神至也。余尝见陈思斋侃使琉球，其火长林姓者为余言：方发缆时，有一乌鸦在樯上，船中人皆忧不吉，思斋不以为然。开洋二日，海风迅烈，激浪涨天，白日晦暝，大舟樯坏。众以为命悬一丝，拜天祝神。少顷火光见，有一白鹤翔其上，众皆欢呼曰：娘娘至矣，吾辈其安乎。

---

[1] 参见《大明律附例》卷十五"兵律"。
[2] 参见（隆庆）《潮阳县志》卷十"坛庙志"，第97页。

因得顺风飘忽，至一岛中，休整以行。盖神之庇也。[①]

嘉靖以后，海上活动的情况发生了很大变化。嘉靖皇帝即位之初，重申了明初有关海禁的规定，嘉靖二年至嘉靖八年一度停止广州市舶，嘉靖二十六年至嘉靖二十八年，提督浙闽海防军务的朱纨进剿宁波附近"下海通番"者聚集的双屿港，上疏揭发浙闽势家通倭谋利，又追击海上私商和葡萄牙人于福建诏安之走马溪，大获全胜。这一系列事件，正好发生于中国东南沿海地区商品货币关系空前发展、商人和地方势家力量增强、社会组织和社会权力结构正在"转型"的关键时期，从而引发了长达百年的东南"海盗"之患。

在这样的背景之下，韩江流域百姓长期深受"山贼""海盗""倭寇"之苦，正如嘉靖时工部左侍郎海阳人陈一松"代乡耆民草"之《为恳乞天恩赐留保障宪臣以急救生民疏》所言："潮州地方逖悬岭外，山海盗贼匪茹，洊遭荼毒之惨者，垂十余年。群丑日招月盛，居民十死一生。"[②] 其间地方社会进行了复杂的分化和整合，官员、士绅、军队、"盗贼"、土著族群与一般百姓之间的关系不断变化，在实际的社会运作中，义理与功利并重，功名与豪势共存。

有意思的是，这一时期在地方志中被着重记载的妈祖庙，有许多为军事官员所兴建，而建庙的理由都与应对地方动乱、维持管治秩序有关。如揭阳桃山天妃宫的兴建就与平定大海盗曾一本之乱有关，事载曾任贵州巡抚的李义壮所作《天妃庙记》：

> 桃山天妃宫，大都督宝山郭先生既歼曾贼而作也。先是桃山有庙，自曾贼一本倡乱以来，兵火摧剥，神像仅存，而漫漶弗虔，则亦甚矣。会皇上有二省会剿之命，正长子以一身率师之时，曾贼惶惧，窃卜祠下：将以犯闽乎？将以犯广乎？将以循海乎？不可。然

---

① 参见（万历）《东里志》卷一"祠庙"，第 36 页。
② （明）陈一松：《玉简山堂集》，冯奉初辑《潮州耆旧集》卷一九，香港潮州会馆影印本，1979，第 335 页。有关这一时期韩江流域地方动乱的情形，可参见陈春声《从"倭乱"到"迁海"——明末清初潮州地方动乱与乡村社会变迁》，《明清论丛》第二辑，紫禁城出版社，2001，第 73~106 页。

则毙于此乎？不可。曾贼愤恚，欲裂祠而尽毁之。既逾月，两军对垒，元冥效灵，但见大将楼船之上，若有神人拥护其门，三光景从，五云旋绕。我师既克，罪人斯擒，己巳六月念六日也。

宝山凯旋而叹曰，爰自兵乱以迄于今，时更十年，代历二圣，国之氛霾于焉荡涤，国之疆土于焉廓清，国之忠良于焉保佑，国之奸匿于焉殄摧。是非人所能也。誓师之初，余尝默祷于神，若将有冥助焉，今日其敢忘所自乎？

爰卜胜地桃山之阳，聿修厥庙，用答神贶。中为正殿三楹，东为住节亭，西有元帝祠；中有茶亭，左右两庑各五楹，以祀义勇、阵亡、把总、曾袍等于其间；仪门三楹，东西各二楹，以为祝祠栖止之所。前设天妃宫牌坊一座，计其木石瓦甓，皆宝山先之劳之，经费无与于官民。即其塑像髹垩，亦恭人鲁氏、张氏之施舍，以资以祈祷。初以十月而兴事，既而腊月以讫工，仍买祭田一十二亩，工祝司之用。藏岁事噫，何其备哉。！

宝山一日来问记，余尝诵夫子神鬼之论，而未征其盛也。乃今观于天妃，至有而无，至费而隐，诚靡幽而不应，泽罔薇而弗该，其始无形而无声，其究若闻而若见，然后知其为德之盛，弗诬也。何者？盖天地生成，其法自然，则□之道，阴阳鼓舞，其功不测，则谓之神。故神道冥冥，格照不爽，而犯者必株；天威赫赫，降监有严，而逆者罔赦。夫岂人之所能哉？虽然子路问事鬼，夫子告以事人，意谓能尽心于民者备。斯致力于神者，详或藻饰以为名，凭藉以为用，人事不修，而徒徼福于鬼神，未有能济者也。宝山其知此道乎？因作迎享送神诗遗三阳，备歌以祀。其□曰：神之来兮莅三阳，蚬为雄兮电为章，南箕导兮西毕襄，海若趋兮天吴翔，祀事明兮斋以庄，神肸蚃兮福穰穰，祷以祈兮国祚昌，亘万邦兮天降康，神之归兮其醉止，月沉沉兮江弥弥，云悠悠兮风靡靡，鲸鲵窜兮蛟龙喜，神连蜷兮夫何以，卫我民兮赐元祉，春无害灾兮冬无札，否千万世兮祀攸始。①

---

① （清）刘业勤纂修（乾隆）《揭阳县志》卷八"艺文上：记"，（台北）成文出版社，1974，第1060~1062页。

曾一本是嘉靖、隆庆年间活跃于闽粤交界的大海盗，郭宝山将平定曾一本之乱归功于妈祖，并建天妃庙奉祀，李义壮则努力为其找到儒学正统性方面的理由。

另一个军事官员因为平定动乱而兴修妈祖庙的例证，是万历年间南澳副总兵何斌臣重修放鸡山天妃庙的举措，事载何斌臣所作之《放鸡山天妃碑记》：

夫溟渤之间，歆分厘而赫濯，厥灵者则天妃靡垆矣。海之民，网罾者、戈铤者、探奇赢者，挂片帆，鼓一楫，必祷于神以行，其或中流无际，风涛撼之，亡命撄之，三老呼号，遥望赤光，一星荧荧薄樯橹间，则知神至而寇逝，而波澄。故滨海在在祀之，而放鸡山旧迹颇称明著焉。

山距南岛数百十里，而遥相传谓舟过者必祷神，以鸡不熟而荐，祷毕随放之，雌雄听其孳息，若有神司之者。亦有乞鸡而持其往者，则鸡又若为神将命以羽翼导乞人，所至必获利吉。此放鸡之名所由昉也。

岁己未，余叨守澳镇，而不逞袁进等先时连艘数十，聚众数千，跋扈去来，于潮漳之界。余誓师致讨，追捕外洋，从墩台高处望海中，一邱蜗蜒，如带如钩，若砥柱，若涌莲，灌丛蔽翳，紫气氤氲，香光隆隆起，健儿举榜指之曰：此放鸡山神祠也。命戈船泊而登之，熏盥再拜。有从门外啄戟声嗅嗅者，余心奇之，既而陟其冈阜，虽周遭不百亩，峻嶒不数级，然巨石巉岩，波涛四绕，东尽扶桑万顷，左顾右盼，隐然为扼险设伏之地。相距里许，有澳曰马耳，春冬例有汛师一哨屯之，盖所以捍全潮门户，据吾澳藩篱者，此其最冲最胜也。惜祠宇湫隘，草创不数椽，偏在林麓，无当明神大观。

余乃复葡匋叩神云：神含光慈慧，著迹显英，岂其平空跨险，是怡而不为，陆沉拯溺，是视夺小丑之鉴，以张皇我师，余敢徼大造于神，而拓新堂构，以妥侑厥灵。祝罢，异香袭鼻，灵鸡鼓翼，天风不扬，海波不起。举酬神余卮，拍浮自命，不觉筑观壮怀突兀。

然遂力请协剿大师，两台报可。诸道水犀甫及期会，仍租用民船，禁止商船严逼接济。于各处出水海山插立木牌，上书"凡商船渔艇切不可在此取水”，多制毒草、秽物为疑兵计。两逐之于惠之白沙湖，两逐之于漳澎山。于是袁进等困竭计穷，而囚首面缚，就抚闽中矣。廓清阴力，实赖明神。余投石超距者，何有哉？

岁晚凶孽林我鹏、许新老等鼓氛吹浪，复逞余螫。余释代东镇，倍道东迁，除夜抵岛中，即以元日率师出海，过谒神祠，再叩之曰：神其留此不尽之毒耶？神其忘我昔日之祝耶？其善视我军，尽歼诸逆，毋俾遗种于兹海上。乃合艐屯驻，严以待之。而小丑弥四余月不窥吾壤。比五月杪广澳之战，汛兵以三百人击其千余众，夺其被掳，获其铳舰，我师炮火之威，若有神助之者。贼乃震怖，乘风而遁。未几，而我鹏自殒广海矣，许新繁徒俘馘矣，胁从无良解溃成擒矣。盖神之终始垂慈，彰天讨于不刃血，佐我师以称无敌，不曰杀而曰放，即放鸡遗意也。余惠徼默佑，幸免偾辕，解甲弢戈，敢谖明德。

爰以正月望日，卜地开基，鸠工聚植，距五月朔日甫告落成。

工甫竣，有我鹏酋长马三老者，聚众数十人，潜伏庙侧莽中，若有警觉。工作者招呼搜山，数十人以飞航逸去。马酋腰悬双刃，义手延颈，恍似有缚之者，遂获以归。噫，神之保我惠我者，固示异耀灵未艾哉？

从兹千万斯年，河清海晏，我后之人，其长歆神祉无斁，独斌臣一时而与二三同事，窃庇偷安已耶。①

何斌臣在乾隆《南澳志》有传：

何斌臣，山阴人，武进士。万历己未海寇袁进、李忠聚众连艐，跋扈漳潮之境。斌臣力请剿讨，督率官兵扼险设伏，于各处出水岛屿插立木牌，大书：“商船渔艇不可在此取水”，多置毒草、秽物，为疑兵计。遂逐贼于白沙湖，又逐之于漳澎山，贼大窘就抚于闽。斌臣好善下士，轻裘缓带，有儒将风。②

---

① 参见（清）齐翀:（乾隆）《南澳志》卷十一“艺文”，乾隆四十八年刊本，第17~20页。
② 参见（乾隆）《南澳志》卷四“宦迹”，第20~21页。

何斌臣所任之南澳副总兵一职，是万历三年以后才设立的。在此之前，南澳一直是明王朝丢弃的海外荒岛。结果，这个靠近大陆又没有官府管辖的海岛，成为 15~16 世纪 100 多年间各种海上势力聚集活动的乐土，日本和东南亚各地的海商纷纷来到此地从事贸易，闽、广海商也以南澳作为私市贸易的中心，南澳因而成为当时东南沿海最著名的走私贸易地点之一。① 嘉靖四十一年戚继光率军在南澳登陆，驱赶吴平集团，隆庆元年俞大猷等又歼占据南澳的曾一本于附近海面，到万历三年，明朝终于在南澳设副总兵。南澳归入版图不久，万历十年副总兵晏继芳即在府署所在的深澳城东门外建立了天妃庙。② 根据（乾隆）《南澳志》的记载，晏继芳原为漳州卫千户③，他兴建庙宇的目的是安集百姓，修筑城垣：

> 晏继芳，失其籍。……万历四年副总兵白韩纪建城，甫兴工，民大疫，白旋以病去。继芳至，祷于神曰：城且筑，并建庙以迓神庥。于是城与庙众役并举，辟草莱，招流亡，四民安堵。④

通过修筑庙宇以"招流亡"，且能达到"四民安堵"的目的，可见民间信仰传统的力量。而明代编修的《东里志》更是直接指明晏继芳修建的庙宇继承了宋代以来的传统："一在深澳，宋时番舶时加修理，晏总兵移建于海岸。皆祀天后圣母之神。"⑤

林大春《潮阳县志》还有一段记载，描述了明代宗教政策对该地区妈祖信仰的影响：

> 旧志又有一庙在龙津者，元延祐时所建，永乐间尝一修之，今

---

① 可参见拙作《明代前期潮州海防及其历史影响》，《中山大学学报》2007 年第 2 期、第 3 期。
② 参见（乾隆）《南澳志》卷七"庙祀"，第 1 页。
③ 参见（乾隆）《南澳志》卷四"职官"，第 2 页。
④ 参见（乾隆）《南澳志》卷四"宦迹"，第 19 页。
⑤ 参见（万历）《东里志》卷一"祠庙"，第 36 页。

废。又娘宫巷亦有一庙，灵甚，故巷因以为名。嘉靖初，提学魏校檄行拆毁，后遂并入民居。①

魏校在广东大毁淫祠，是明中叶对地方社会影响至深的大事。《粤大记》记其事曰：

> 魏校，字子材，昆山人。弘治己丑进士，正德末来为广枭提学副使。教士以德行为先，不事考较文艺，辄行黜陟。首禁火葬，令民兴孝。乃大毁寺观淫祠，或改公署及书院，余尽建社学。教童生虽以经书，然三时分肄歌诗，习礼，演乐。自洪武中归并丛林为豪氓所匿者，悉毁无遗。僧尼亦多还俗，巫觋不复祠鬼，男子皆编为渡夫。风俗为之丕变。②

魏校《檄郡县立社学文》曰：

> 广东淫祠所在布列，扇惑民俗，耗蠹民财，莫斯为甚。社学，教化首务也，久废不修，无以培养人才，表正风俗，怵然于衷。合行委官亲诣各坊巷，凡神祠佛宇不载于祀典，不关于风教，及原无敕额者，尽数拆除。择其宽敞者改建社学。仍量留数处以备兴废举坠。其余地基堪以变卖，木植可以启造者，收贮价银工料在官，以充修理之费。实为崇正黜斜，举一而两便者也。③

可见，凡是"不载于祀典，不关于风教，及原无敕额者"的庙宇，都在"尽数拆除"之列。可以说，绝大多数的乡村庙宇，都属于这个范围，此举对地方社会原有的秩序和关系自然会有很大冲击。但无论如何，还是有许多妈祖庙保存了下来。

---

① 参见（隆庆）《潮阳县志》卷十"坛庙志"，第97页。
② （明）郭棐：《粤大记》卷六"宦迹类·性学渊源"，中山大学出版社，1998，第144页。
③ （清）郭文炳：（康熙）《东莞县志》卷十三"艺文六"，东莞市人民政府办公室影印，1994，第637页。

二 "迁海"与妈祖信仰在韩江中上游地区的传播

清代初年对韩江流域乡村社会影响最大的事件，莫过于"迁海"。以往对"迁海"问题的研究大多将其视为清王朝对付退守台湾的明郑势力的一种手段，讨论的重点在于最早建议实施"迁海"者的责任和沿海"迁民"的苦难。[①] 其实，"迁海"也是清王朝在地方社会"民""盗"难分、政治与文化的"正统性"严重混乱的情形之下所实行的重建社会秩序的有效措施。

大约在清代最初的 40 年里，韩江流域地方社会仍然动荡不安，由于王朝交替时期政局变幻无常，政治认同上的"正统性"失去客观依凭，官、民、兵、盗之间的界限变得很不确定，乡村社会只能依赖明末以来形成的军事化传统和村际联系，村自为战，力求自保。顺治三年（1646）清兵在佟养甲、李成栋率领之下攻入这一地区，但同年又有韩江上游山寨私自拥立明朝赵王之事件发生。其时郑成功驻扎于南澳，继续奉南明隆武和永历正朔，传檄勤王，以后郑氏军队以南澳为据点，多次进攻潮州沿海各地。次年再有海兵于揭阳拥明宗室朱由榛为监国之短暂事件。顺治五年广东巡抚佟养甲、提督李成栋在广州叛清复明，潮州再奉永历正朔，并选送生员参加永历政权的科举考试。时潮州镇总兵车任重杀李成栋任命之惠潮道李光垣和潮州知府凌犀渠，据潮州以叛，称"红头党"。李成栋又派部将郝尚久率兵抵达潮州，杀车任重，自任潮州镇总兵。顺治七年清兵在尚可喜等率领下攻陷广州，郝尚久又叛明降清。以后三年间，潮州的战事主要在郑成功与郝尚久两支军队之间进行。但至顺治十年，郝尚久再次易帜，宣布反清复明，并与郑成功率领的"闽军"联手进攻潮阳、澄海等地。半年之后清兵再陷潮州，郝尚久败死。顺治十四年郑成功拥立的明鲁王自金门幸南澳，以后直至顺治十六年，南澳为其主要的驻跸之地。其间郑氏军队进攻并占据了饶平、

---

① 相关成果，主要有谢国桢的《清初东南沿海迁界考》和《清初东南沿海迁界补考》（谢国桢：《明清之际党社运动考》，中华书局，1982），马楚坚的《有关清初迁海的问题——以广东为例》（马楚坚：《明清边政与治乱》，天津人民出版社，1994）。

揭阳、普宁、澄海、海阳的大片地方，揭阳、普宁、澄海等县城曾先后失守。"闽军"与清兵在潮州地区进行了长达 9 年的惨烈的拉锯战，直至康熙元年（1662）守据南澳的郑军将领陈豹向清朝投降。① "迁海"就是在这样的背景下发生的。

康熙元年，清政府在东南沿海实行大规模的"迁海"政策，"令滨海民悉徙内地五十里"②，"应迁之地，插标为限，拆墙毁屋，以绳直之。界内人夫发开河沟，深广各一丈，余筑墩台，派兵守望"③。潮州沿海数十里居民全部内迁，民不聊生，哀鸿遍野。在"迁界令"之下，韩江下游的民众被安插到中上游山区定居，如澄海县在康熙三年（1664）奉旨裁撤，县民全都被安插到程乡县。

清王朝对迁民的安置，有严格的规定。据《清实录》记载：

> 今若不速给田地居屋，小民何以资生？着该督抚详察酌给，务须亲身料理，安插得所，使小民尽沾实惠，不得但委属员，草率了事。尔部即尊谕速行。④

《钦定大清会典事例》也有这样的记载：

> （康熙十二年）议准，官员奉迁沿海居民，将不应迁之民妄迁，应迁之民不迁者，革职。如未迁之先，不报上司，或安插迁民，称地窄田稀，无可拨给者，各罚俸一年。⑤

可以想见，韩江中上游地区的地方官员要在急切之间，安置这么多来自下游沿海地区被迁徙的百姓，只能征用本地百姓的房屋和土地。清

---

① 有关清初潮州的政局与战乱以及相关的数据，可参见饶宗颐《潮州志·大事志》一至二［饶宗颐主编《潮州志汇编》，（香港）龙门书店，1965，第655~667页］。

② （清）屈大均著，李育中等注《广东新语注》，广东人民出版社，1991，第49页。

③ 参见（乾隆）《揭阳县志》卷七"风俗志·事纪"，第960页。

④ 《清世祖实录》卷四，顺治十八年辛丑八月己未。

⑤ 《钦定大清会典事例》卷一二○《吏部处分例·海防》，续修四库全书第八○○册，上海古籍出版社，2002，第124页。

代潮州有句民谚，所谓"澄海无客，大埔无潮"[1]，意即澄海全县居民都是讲福佬话的。这么多讲福佬话的人群被安插到讲客家话人群聚居的韩江中上游山区居住，无疑会对当地的族类关系和聚落内部结构产生意义深远的冲击。其中一个明显的变化，就是妈祖信仰透过这一过程，在韩江中上游地区得以广泛传播。

妈祖作为海上活动人群信仰的神明，这一信仰最开始时主要还是存在于以航海为生的讲"福佬话"的人群之中。就我们研究的地域而言，这一人群主要居住在江河的下游。而韩江中上游地区讲"客家话"的百姓，是由于与被"迁海令"驱赶而来的"福佬人"密切接触，才更多地接受了妈祖信仰的。在地方志中可以相当清楚地看出这一变化的情形。

现存韩江中上游的地方志中，有关明代本地妈祖庙的记载不多，康熙二年《长乐县志》就有"天妃庙，在城南新河之浒。嘉靖乙丑年建。崇祯九年鼎建二堂，立门坊"[2]的记载。也有学者认为宋代《临汀志》所载汀州"三妃圣宫"祭祀的三位女神之一，应该就有妈祖[3]，并认为可能与宋代韩江的食盐船运有关。但无论如何，"迁海"之前有关韩江中上游地区妈祖庙宇的历史记载，屈指可数。

"迁海"之后，各地方志中有关妈祖庙宇的记载，则不胜枚举。略举汀州府数例：

> 天妃宫，在朝天门外攀桂坊。[4]
> 天妃宫，一名夫人庙，在县南塔下街。[5]
> 天妃庙，在溪东乡。[6]

---

[1] 参见黄挺《潮客关系简论——以潮汕地区为例》（《韩山师范学院学报》2005 年第 1 期）；吴榕青《试论粤东闽语区的形成》，《韩山师范学院学报》2005 年第 1 期。

[2] （清）孙胤光：（康熙）《长乐县志》卷二"建置志·寺观"，上海书店出版社，2003，第 77 页。

[3] 参见谢重光、邹文清《三圣妃信仰与三奶夫人信仰关系试析》，《文化遗产》2011 年第 4 期。

[4] 参见（乾隆）《汀州府志》卷七"古迹·汀州府"，（台北）成文出版社，1967，第 74 页。

[5] 参见（乾隆）《汀州府志》卷十三"祠祀·宁化县"，第 188 页。

[6] 参见（乾隆）《汀州府志》卷十三"祠祀·武平县"，第 191 页。

夫人庙。徐志：神林姓，五代时林愿女，雍熙四年升化，常衣朱衣，飞翔海上。宣和中，赐庙号顺济。永乐中，封宏仁普济天妃，亦曰天妃庙。姑田当坑僧洞真，纳租银五钱零二厘，在邑南门城内。[7]

天妃娘娘庙，在溪东乡。[8]

尽管光绪年间编修的《大清会典事例》有"（康熙）二十三年，加封天妃为天后"的记载[9]，但据考证，实际上"天后"这一封号开始主要流传于福建民间，要到雍正三年（1725）才真正被确认[10]。所以一般认为奉祀妈祖的庙宇若称为"天妃庙"，则可能其始建年代不应迟于康熙末年。以上史料记载的庙宇都被称为"天妃庙"。而韩江源头宁化县的"天妃庙"又被称为"夫人庙"，令县志作者大惑不解的是，天妃本来是保佑航海平安的，"宁化不知海舶为何物"，为何也会有天妃庙存在。

天妃庙，即夫人庙。庙在邑南塔下街。天妃林姓，世居莆田之湄洲屿，五代闽王时都巡检林愿之第六女也。生于宋元祐间，一云太平兴国四年，幼悟秘法，长能布席渡海，乘云游岛。雍熙四年升化，是后常衣朱衣，飞翻海上。宣和中，路允迪使高丽，中流八舟七溺，独迪一舟，神降于樯，安流以济。使还奏闻，特赐顺济庙号。自后救疫御贼，屡有奇烈，不可殚述。明永乐间内官甘泉、郑和有暹罗、西洋之役，各上灵迹，封弘仁普济天妃，立庙致祭。或是遣官出使琉球等国，率以祭告，祈祷为常。乃宁化不知海舶为何物，无故而祀天妃，得无诬乎？[11]

属于漳州府的平和县有天妃庙：

⑦　王集吾：（民国）《连城县志》卷十九"祠祀志"，厦门大学出版社，2008，第 649 页。

⑧　参见康熙三十八年《武平县志》卷三"建置志"，祠庙。

⑨　参见《钦定大清会典事例》卷四四五，礼部。

⑩　参见徐晓望《明清祭祀妈祖的官庙制度比较》，《宗教与民族》第七辑，宗教文化出版社，2012，第 337~345 页。

⑪　（清）李世熊：（同治）《宁化县志》卷七"庙祠"，（台北）成文出版社，1967，第 302~303 页。

天妃宫，在小溪。①

而到康熙四十一年（1722）修县志时，惠州府兴宁县的天妃宫已经置有庙产：

> 天妃宫，在城西门内。陈义施田种五斗，陈天润施墓子岭田种二斗五升，杨东施白墓前田种五升，李门陈氏、男李端施田种三斗，陈一俊施田种五斗，凌希贵施田种二斗，林世第施基菜坑田种八斗，王有坤施凤落墩田种一斗。本宫放利并花银，共有一十八两，买宫右侧地用。②

而在明代正德、嘉靖、崇祯所修的三部《兴宁县志》中，都没有发现关于西门天妃宫的记载。

不但韩江中上游如此，就是下游地区的妈祖信仰，也受到"迁海"的严重影响。如南澳"天后宫，旧有神像，后杜辉降，徙澳民于苏湾"③，即因为"迁海"而凋敝。以后再有"康熙二十四年总兵杨嘉瑞修"④的记载，康熙二十三年（1684）"复界"，即允许沿海居民重新回到原居地居住，这一记载说明"复界"之后妈祖庙又得以复修。重修妈祖庙的杨嘉瑞在《南澳志》中有传：

> 杨嘉瑞，字兴符，江西庐陵人。从提督施琅征台湾，事平，由厦门移镇南澳。时经兵燹之后，人民流散，嘉瑞筑营房以居兵士，招徕流民，抚绥安集，辟田亩，核赋税，城池、坛庙、衙署次第修举。镇静有为，兵民不扰。在澳十四年，人服其德。⑤

---

① （清）昌天锦:（康熙）《平和县志》卷十二"杂览"，（台北）成文出版社，1967，第 257 页。
② （清）王纶部:（康熙）《兴宁县志》卷八"杂志"，（台北）成文出版社，第 31 页。
③ 参见（乾隆）《南澳志》卷十二"丛谈"，第 6 页。
④ 参见（乾隆）《南澳志》卷七"庙祀"，第 1 页。
⑤ 参见（乾隆）《南澳志》卷四"宦迹"，第 21 页。

《南澳志》中还有另外一段记载，讲到妈祖庙的庙产：

> 天后宫，田十一亩，一坐址东门，洋田十亩，系展复镇台拨配；一坐址云澳，田一亩，系原分府徐慎拨配。①

其中所谓"展复镇台"应该就是康熙二十四年就任总兵的杨嘉瑞，而徐慎是清初另一深得民心的地方官员：

> 徐慎，江苏太仓人。由广东佛山同知调任，时南澳初设文员，厘定章程，稽核赋税，建衙署，筑仓廒，百度经营，井井有条。澳城内外兵多民少，慎刚柔互用，抚驭得宜，详定闽省照粤省例取进文武生员，尤得士心。年七十二卒于任，澳人祀名宦祠。②

三　海上贸易合法化与天后信仰的扩展

康熙二十三年九月下谕开海禁，使海外贸易成为合法的活动：

> 谕大学士等，向令开海贸易，谓于闽粤边海民生有益。若此二省民用充阜，财货流通，各省俱有裨益。且出海贸易，非贫民所能，富商大贾、懋迁有无，薄征其税，不致累民，可充闽粤兵饷，以免腹里省分转输协济之劳。腹里省分钱粮有余，小民又获安养，故令开海贸易。③

海禁一开，地处潮州沿海的澄海县很快成为近海帆船贸易最发达的县份之一：

> 惟是邑自展复以来，海不扬波，富商巨贾，卒操奇赢，兴贩他省。上溯津门，下通台厦。象犀金玉与夫锦绣皮币之属，千艘万舶，

---

① 参见（乾隆）《南澳志》卷七"庙祀"，第7页。
② 参见（乾隆）《南澳志》卷四"宦迹"，第18页。
③ 参见《清圣祖实录》卷一一六，康熙二十三年九月甲子。

悉由澄分达诸邑。其自海南诸郡转输米石者，尤为全潮所仰给。每
当春秋风信，东西两港以及溪东、南关、沙汕头、东陇港之间，扬
帆捆载而来者，不下千百计。高牙错处，民物滋丰，握算持筹，居
奇屯积，为海隅一大都会。^①

对于潮州沿海的普通百姓来说，开海令对他们的日常生活产生了深
远的影响。有明一代直至清初长达 300 余年的时间里，海上贸易一直被
视为违法活动，终于其世世代代赖以为生的出海贸易的生活方式，现在
又成了具有合法性的行为。由于清政府奖励本国商人从海外贩运粮食入
口，以及开放捐纳监生的政策，对于潮州百姓来说，从事海外贸易不但
可以解决生计问题，发财致富，而且还可能因此改变身份，提升其社会
地位。运米回国者，生监最高可被授予县丞职衔，民人最高可得到七品
顶戴，从事海外贸易无疑成了有效的向上的社会流动渠道，许多海商循
此途径得到职衔、顶戴和功名。比起明代下海贸易就被认为是"亡赖"，
甚至可能被称为"海盗"的情形，真是有天渊之别。

妈祖信仰在这一过程中也得以迅速扩展。以当时海上贸易最为繁盛
的澄海县为例，康熙县志和雍正县志都只记载一处被称为"娘妈宫"的
妈祖庙，内容相同：

> 娘妈宫，在夏岭，祀天妃圣母之神。航海者祀之最虔，竞请香
> 火，随船供养，将有飓风，神辄出火光帆樯，或见灵鸟翔集，人便
> 知防。或曰天妃南海神也，故现灵海上。^②

到了海上贸易繁盛的乾隆年间，被《澄海县志》记载的妈祖庙有 6
处之多：

> 三妃宫，祀天妃，在城内北隅社。^③

---

① （清）李书吉：（嘉庆）《澄海县志》卷八"埠市"，（台北）成文出版社，1967，第 80 页。
② （清）王岱：（康熙）《澄海县志》卷十八"寺观"，潮州市地方志办公室影印，2004，
   第 159 页；又见（雍正）《澄海县志》卷十九"寺观"。
③ 参见（乾隆）《澄海县志》卷七"营建二·坛庙"。

天后宫，在盐灶乡社。①

天后宫，祀天后，在放鸡山。距城四十里海中，地界潮阳。庙有铜炉一，常现篆隶真行字迹，不知何年物也。按天后湄洲林氏女，死为南海神，航海者随船供养，遇台飓辄出火帆樯间，远洋迷路常有灵鸟翔引，为一舟司命。②

娘妈宫，祀天后，在夏岭。

天妃宫，祀天后，在莱芜。

天后宫，在城外校场左。正殿祀天后，后殿设佛像。乾隆二十七年壬午，副将陈应钟率庙僧晓昙募建，摄县事同治姜宏正为之记。未成，知县金廷烈落成。③

而嘉庆《澄海县志》又详细记载了乾隆三十四年，本地商人捐资兴建的南门外天后宫的修建过程。乾隆三十年，中举④的本地士绅陈芝撰写的《建南门外天后宫碑记》被收录于县志之中：

粤于职方为南，澄尤居粤之南，其精朱鸟赤帝尸之。顾地滨大海，烟涛浩淼，天水弥茫。生斯土者，群以海为命，自富贾大商，暨龙户渔人，咸以是托业焉。当风利潮高，扬帆飞渡，瞬息千里，操奇赢者，贸易数省，上沂津门，下通琼趾，布帛菽粟，与夫锦绣皮币之属，千艘万舶，履焉如夷。果何以恃以无恐，则天后实默相之。故吾乡之虔事天后也，与赤帝等。

岁在癸未，明府金奉藩宪檄，建火神祠，择地于邑城之南百余武，鸠工聚众，焕然一新。顾自鼎建以来，回禄告灾，屡经灰烬，邑之人咸以庙之位置未当。故邑绅陈世盛倡众环呈，邑侯陆公允万世保等移建于城之北隅，而以旧址改祀天后。陆公之允请，从舆情也。计正殿三栋，拜亭一座，厢房十五间，庭院两回，廊门之西偏，铺房一间，门外为戏台，歌舞以祀神。

---

① 参见（乾隆）《澄海县志》卷七，"营建二·坛庙"。
② 参见（乾隆）《澄海县志》卷七，"营建二·坛庙"。
③ 参见（乾隆）《澄海县志》卷七，"营建二·坛庙"。
④ 参见（嘉庆）《澄海县志》卷十七"选举表"，第157页。

茅基隘而逼，堪舆家屡言之，适春夏之交，山水泛溢，邑侯方公仍倡万世保等，改毁枏地，式廓丕基，就庙前筑墙一道，堂后添拜亭一座，祀天后于内殿，而庙貌遂为之改观焉。

我国家德威远播，百神怀柔，岁命有司以时致祭，天后之崇，特载会典。矧我乡人人食德而饮和者乎？今日者萃群力以共襄盛事，从此降福澹灾，不独火安其位，而水亦效其灵。此邦人士，正方兴而未有艾也，宁第此际之昌隆已哉。是役也，主持僧会庆实司其事，而捐赀倡率则开州之力居多云。

工竣，爰勒其原委并集捐芳名于石。①

很明显，这是一个官商合作的过程，碑记中提到的前后三任知县中，"明府金"指金廷烈，江苏吴江监生，乾隆二十七年（1762）任知县；"邑侯陆公"在县志未查到同姓的知县；"邑侯方公"则是方国柱，安徽桐城举人，乾隆三十二年至三十九年任澄海知县。②而出面与官府打交道的陈世盛则是本地士绅：

陈世盛，字智新，号月亭，下外人。器宇轩昂，深沉有伟略，由贡生援例授同知。乾隆丁丑分发贵州，借补开州知州。黔人不谙蚕织，募江右之工其业者教以辟纑织素之法。旧俗，凡遣徒者，率传食民间，为设法尽革之。又设书院，给诸生膏火，科目寖盛。上游重其才，署贵阳府事。后以艰归。③

撰写《建南门外天后宫碑记》的举人陈芝在县志中也有传：

陈芝，字智乾，号商山，下外人。幼聪慧颖悟过人，家贫不能具脩脯。户部主事蔡公璜，邑中名宿也，一见深器之，却其束金，俾从游卒业。事见芝父睿俊传。中及长，学问渊博，喜驰骋，善议论，而尤长于诗古文词。一时潮之名流，如郑茂周、邹桐乡辈，无

---

① 参见（嘉庆）《澄海县志》卷二十五"艺文上·碑记"，第 348~349 页。
② 参见（嘉庆）《澄海县志》卷二十"职官表"，第 249 页。
③ 参见（嘉庆）《澄海县志》卷十八"人物上·循吏"，第 190 页。

不倾倒。尝与聘修邑志。乾隆己酉举于乡，公车不第。掌教景韩书院者十三年，造就人材甚众。刻有《景韩书院课艺》行世。后以年老不赴选，授职国子监录终焉。①

不过，从碑记中"生斯土者，群以海为命，自富贾大商，暨龙户渔人，咸以是托业焉。当风利潮高，扬帆飞渡，瞬息千里，操奇赢者，贸易数省，上溯津门，下通琼趾，布帛菽粟，与夫锦绣皮币之属，千艘万舶，履焉如夷"的内容可知，修建这个庙宇的信众主要是从事海上贸易的商人，所以，县志的另一个地方就写明：

> 天后宫在南门外，即火神庙旧址，乾隆三十四年己丑万世保等募建，祠费皆出自邑商。②

（嘉庆）《澄海县志》中，值得注意的还有另外一条记载：

> 天后庙，在樟林南社外。中为正殿，后为后殿，前为前殿，前殿前为山门。乾隆二十二年丁亥建，辛卯年竣工。③

这里记述的是清代广东最大的天后宫——樟林新围天后宫。康熙二十三年开"海禁"之后，樟林由于其位于"河海交汇"之区，具有最便捷水路通往府城和韩江上游的有利地理位置，逐渐成为当时最著名的近海帆船贸易口岸之一，乾隆、嘉庆年间樟林港贸易达到其全盛时期。在此期间，各地客商、船户和其他外来人口大量到樟林定居，社区的范围不断扩大。就在樟林港贸易最繁盛的乾隆年间，在接近港口入海的新围地方，修筑了当时全省最大的天后宫。这座天后宫的建筑据说是以福建泉州的天后宫为蓝本的，其形制和规模至今仍被当地文人引以为荣：

---

① 参见（嘉庆）《澄海县志》卷十九"人物下·文学"，第 201~202 页。
② 参见（嘉庆）《澄海县志》卷十六"祀典"，第 143 页。
③ 参见（嘉庆）《澄海县志》卷十六"祀典"，第 148 页。

全座结构紧密，建筑形式为中轴线宫殿式建筑。计有正殿、前栋、梳妆楼（望海楼）、拜亭、东西两庑及周围埕道、后座、戏台等，占地数亩。……大门前有池塘，塘边巨型灰狮一对，高二米余。门前石狮、石鼓各一对。大门后面，有清代著名书法家刘墉写的"海国安澜"巨匾。①

在新围天后宫东西两庑有乾隆五十六年所立的 22 块建庙捐款碑，从碑记的内容可以看出，该庙宇修建的时间为乾隆五十二年至五十七年，而非县志所写的乾隆二十二年至二十六年。其捐款者包括了粤东、闽南沿海数县的官员和士绅，也包括了来自韩江上游的嘉应州和大埔县的信众，而最主要的捐献者则是樟林港的"商船户"、"众槽船舵公"和商号。每年天后诞时，前来拜祭的包括闽粤交界地方数县的信众。新围天后宫因为其建筑规模巨大、建筑精美，一直被视为樟林古港最重要的标志物。樟林的多座天后宫中，只有新围天后宫被载入《澄海县志》。②20 世纪 40 年代至 60 年代，李献璋先生在从事《妈祖信仰的研究》一书的写作时，也注意到新围天后宫的存在。③当代学者在论述广东的天后信仰时，仍然会提到新围天后宫规模居全省之冠：

乾隆年间樟林兴建的一座新天后宫（当地人称妈祖新宫）占地近十亩，历时六年，宏规巨制、堂皇壮丽为粤东之冠，这与当时樟林在粤东的经济地位适相匹配。④

揭阳县的故事是另一个典型。根据乾隆《揭阳县志》的记载，雍正六年至乾隆二年，不到 20 年光景，揭阳县城出现了分别由官府和"洋商"修建的一南一北两座天后宫：

---

① 李绍雄：《樟林沧桑录》，政协澄海县委员会东里镇联络组，1990，第 41 页。

② 参见（嘉庆）《澄海县志》卷十六"祀典"，第 148 页。

③ 李献璋：《妈祖信仰的研究》（中译本），第 154 页。（原为日文）东京泰山文物社，1979 年 8 月。

④ 陈忠烈：《明清以来广东民间"天后"女神崇拜与社会经济的发展》，《广东社会科学》1994 年第 5 期。

　　天后宫，在北关外，雍正六年知县陈树芝倡修，日久橡瓦朽坏，且规模卑陋。乾隆四十二年知县刘业勤因竣其垣墙，另行改造，后添一楼，前造大门，又盖客厅，计买民房及工料银三千两有奇。并捐银二百两交当商生息，为本庙及风火二神祀典，仪注与名宦祠同。

　　一在南关外，乾隆二年各洋商呈明知县张熏建庙三栋，两旁从屋大厅十三间，后靠城垣，前临南河，横直十五丈。[①]

　　陈树芝修建北关外天后宫的举措，在其纂修的雍正县志中亦有记载，他将自己的举动描述为"重修"[②]，而非乾隆县志所说的"倡修"。从"本庙及风火二神祀典，仪注与名宦祠同"一句可知，至迟在乾隆年间，该庙已成为地方官府的祀典庙。陈树芝在乾隆县志中有传：

　　陈树芝，湖广湘潭廪生，总河鹏年子。雍正四年由武英殿纂修官知揭阳县。为政识大体，时值岁饥，人多菜色，道瑾相望，至即设法赈济，民赖以苏。听讼公平，务以宁人息事。详免棉湖税银一百两，河婆埠税银二十两。民户祝之。至修邑志、濬水道，善政尤多可稽。擢高州通判，历平越知府。[③]

　　而乾隆二年洋商修建南关外天后宫的举措，后来也得到官员的赞赏。乾隆三十二年和四十年两次任揭阳知县的刘业勤[④]为其重建写有碑记：

　　考神世居莆阳湄洲屿，自宋元祐发祥，雍熙升化，而后祛赐候敉河伯，为功于海瀛者最多。列代褒崇，或封圣母，或封天妃，礼文稠洽。迨我国朝康熙庚子，复改封天后，诏直省郡县，祗肃明禋，春秋以时，载在祀典。揭地滨海，其土沮洳，近达漳泉，远通吴越，商舻贩船，出入于稽天巨浸中。每遇铁飓银涛，鲸吐鳌掷时，则有

---

①　参见（乾隆）《揭阳县志》卷二"庙宇"，第282页。
②　（清）陈树芝：（雍正）《揭阳县志》卷二"坛祠"，潮州市地方志办公室影印，2003，第63页。
③　参见（乾隆）《揭阳县志》卷四"宦迹"，第459~460页。
④　参见（乾隆）《揭阳县志》卷四"职官"，第415页。

颠覆之患。人睹帆樯欹仄，魂惊魄悸，辄呼号吁□于神，神□□刻诸石碑，俾来者有考。维时董其役者，邑绅郑君大达，郑君新乔，刘君庆传也。例得附书。[①]

碑记所言"揭地滨海，其土沮洳，近达漳泉，远通吴越，商舻贩船，出入于稽天巨浸中"，说明南关外天后宫确为"洋商"所建。主其事的郑大达，为"梅冈人，盐课大使"[②]，是一位本地乡绅。刘业勤则是在地方上留下好名声的官员：

> 刘业勤，广西桂平县拔贡生，乾隆三十二年知揭阳县事。鞫狱明断，人以包孝肃称之。未几以忧去，乏资斧，以衣饰付质库，欲得二百金。主人郑治知之，还其物，而赠以金，始得成行。四十年再来莅任，首以培植人材为务，倡建榕江书院，又于西偏购地建新院一区，中有回廊曲槛，池亭园圃，竹木翳然，图为八景，费银万三千余两。复捐银二千圆，交在城各当商生息，为师生束脩膏火之资。知举人李世参廉正有为，委以襄理。落成后，公余即至院与诸生研论经义，如父兄之训子弟，邻封亦有闻风来学者。邑绅郑宫傅大进为文勒石以记之。邑志自乾隆辛巳续辑，秉笔者不免疏舛，业勤病之，延番禺名进士凌鱼暨邑士有文行者数人，大加纂修，创立条例。今前人五修之志已罕有存，惟赖此以征文献。玉窖溪在县前，其后通南北二溪，会于浦湾渡，南入于海，余派旋绕县署，潆洄泮宫，为一邑灵秀之地脉，日久为民居填塞，自前明宏治至国朝康熙间，邑人数诉于上宪，奉令疏浚。乾隆中居民复占作市廛，水多窒塞，业勤令毁拆之，浚其淤积，溪流始复畅通，所裨益者甚大。他如葺祠观、修桥梁、除道路、赈饥民、瘗枯骨，皆甘棠之余荫也。其政事、文章之通雅，至今人能述之。[③]

---

① （清）刘业勤：《天后庙重建碑记》，引自（乾隆）《揭阳县志》卷八"艺文上·记"，第1143~1144 页。

② 参见（乾隆）《揭阳县志》卷五"选举三·例职"，第605 页。

③ （清）王崧：（光绪）《揭阳县续志》卷二"职官·宦迹"，（台北）成文出版社，1974，第133~134 页。

同样滨海的潮阳县,也有专门为商船奉祀的天后宫出现。据嘉庆《潮阳县志》记载,其招收都河渡庙天后宫,就是"商船祀之":

> 天后庙
> 一在达濠生祠前左边,乾隆乙亥年重修。
> 一在招都下尾临溪埻建庙,渔船共祀。
> 一在招都河渡庙,坐招都尽头龙向河渡汛,神有英灵,商船祀之。
> 一在达濠埠中,建自何年无可稽考,雍正乙巳年腊月重修,埠众渔船共祀之。①

清代中叶以后,不但在韩江下游滨海地域,而且连中上游山区,随着商业贸易的活跃,妈祖信仰也日渐扩展。以梅江上游的兴宁县为例,有3座乾隆以后新修的天后庙被咸丰县志所记载:

> 天后宫。
> 一在县东枫树岭,乾隆十三年乡众建。嘉庆二年重修,咸丰四年复重修。
> 一在县北罗浮司城外,谢怀琨募建。
> 一在县北禾村,道光□□年卫千总曾殿玉建。②

地处梅江下游的嘉应州,光绪时被县志记载的天后宫有9座之多,其修建年代从雍正延续至同治:

> 天后庙,即文志所云天妃宫也,在上市。(采访册)
> 天后庙,在城南树湖,又名大榕阁。(采访册)
> 天后宫,在小立河口,同治间建。(采访册)
> 天后宫,在赤水约,嘉庆间建。(采访册)
> 天后宫,在太平市,雍正间建。(采访册)

---

① 参见(嘉庆)《潮阳县志》卷七"寺观"。
② 参见(咸丰)《兴宁县志》卷三"规制志·庙祠",第33页。

天后宫，一在市中区，一在石马渡南岸。（采访册）

天后庙，在鳄骨潭侧。

天后宫，在松市下，乾隆二十年建。

天后宫，一在怀仁市，一在峡峰。①

四 传说"正规化"与祀典"正统化"

有意思的是，明代韩江流域地方志关于妈祖身世的记载往往语焉不详，如林大春在《潮阳县志》中只描述妈祖的灵验，而将其视为"南海神"：

> 其创造年月多不可考，大都始自宋元。凡乡人有祷辄应，航海者奉之尤诚。予曩尝见其人自言身行海上时，但见白日晦冥，千里一息，波涛汹涌，浩无际极，卒遇飘风震荡，十百之命，系于一丝，其危甚矣。乃当此之时，辄有神火先报光烛帆樯，或见灵鸟翔集其上，若示人以方向者。舟人因得先事预防，以免于不测之难。盖神赞之也……或曰天妃南海神也，故灵爽著见如此。②

很明显的，清中叶以后韩江流域的地方志对妈祖身世的记载渐趋一致，大致皆如乾隆《南澳志》所述：

> 天后宫。后莆田人，宋巡检林愿女也。幼时谈休咎多中，长能在席乱流而济，称神女焉。厥后常衣朱衣，飞翻海上，里人祠之，雨旸祷应。宣和癸卯给事中路允迪使高丽，中流震霣，神降于樯，得无恙。还奏，赐号顺济。绍兴己卯、开定丙寅、景定辛酉屡显灵破贼，历加封号。元以海漕效灵，赐额灵济。明永乐间封为护国庇民妙灵昭应宏仁普济天妃，国朝改封天后。雍正十年赐额"锡福安澜"。③

---

① （清）吴宗焯:(光绪)《嘉应州志》卷十七"祠祀"，（台北）成文出版社，第 277~288 页。
② （隆庆）《潮阳县志》卷十"坛庙"。
③ 参见（乾隆）《南澳志》卷七"庙祀"，第 1 页。

（光绪）《长汀县志》的描述也基本一致：

> 天后宫，在朝天门外攀桂坊，春秋有司致祭。神为莆田人，五
> 代时闽都巡检林孚济女，生而知人间祸福，宋雍熙四年九月十九日
> 升化。主江海，兼摄嗣息、痘疹，祷无不应，屡封至天后云。道光
> 五年募金重建，殿宇巍焕，所费以万计。[①]

有关妈祖传说日渐"正规化"的情况说明，随着天后信仰在王朝祀
典体系中地位的提高，关于妈祖身世的官方解释日益为地方上的读书人
所了解和接受。而清代中叶以后更引人注目的另一个变化是，天后庙被
列为州县的祀典庙，每年春秋二祭，其仪注也被许多地方志所收录。前
述揭阳县北关外天后宫"本庙及风火二神祀典，仪注与名宦祠同"的情
况，就是一例。汀州府首邑长汀县也有天后祭祀仪注的记载：

> 天后宫。雍正二年奉文建庙，乾隆三年又奉文通行春秋二祭。
> 祭品，前后殿同。帛一（白色），白瓷爵三，铏一，簠二，簋
> 一，笾四，豆四，羊一，豕一，酒尊一。
> 仪注，前殿与文昌祠同。后殿与前殿同，但迎神送神仅二跪六
> 叩而已。
> 祝文
> 前殿。维　年岁次　月　朔越祭日　主祭某、官某致祭于敕封护国
> 庇民妙灵昭应宏仁普济福佑群生诚感咸孚显神赞顺善慈笃祐天后之
> 神曰：惟神菩萨化身，至圣至诚，主宰四渎，统御百灵。海不扬波，
> 浪静风平，舟航稳载，悉仗慈仁。奉旨崇祀，永享尝烝。届仲春/
> 秋，敬洁豆馨。希神庇祐，海晏河清。尚飨。
> 后殿。维　年岁次　月　朔越祭日　主祭某、官某致祭于天后之父
> 吉庆公、母吉庆公夫人曰：惟公德能昌后，笃生神圣之英；泽足贻
> 麻，宜享尊崇之报。诞祥钟乎宋代，孝行聿昭；灵迹著于海邦，安
> 澜胥庆。是尊后殿，用答是麻。兹值仲春/秋，敬荐豆馨，虔申告

---

① 参见（光绪）《长汀县志》卷十三，"祠庙"。

洁，神其格歆。尚飨。①

上引记载中"雍正二年奉文建庙，乾隆三年又奉文通行春秋二祭"事，在《钦定大清会典事例》中也有记载。②长汀县属福建省，属广东省的嘉应州天后宫也是春秋二祭，但祝文有所不同：

> 天后庙，即文志所云天妃宫也，在上市。（采访册）
> 谨案光绪十八年房册，天后庙门首沙坦系何廷勋等承种，租银八千四百文，每年春秋祭时完纳。
> 天后神庙每岁春秋仲月上癸日致祭，祭品未有定例，仪注与文昌庙同。
> 祝文：
> 惟后配天立极，护国征祥，河清海晏，物阜民康，保安斯土，福庇无疆，千秋巩固，万载灵长。神恩思报，圣泽难忘，虔修祀事，恭荐馨香。士民一德，俎豆同堂。　仰维昭格，鉴此烝尝。尚飨。（阮通志）③

光绪《嘉应州志》说明该祝文录自阮元纂修的道光《广东通志》，光绪《潮阳县志》收录的祭文也出自同一版本：

> 天后庙，在邑北后溪之港口。创建无考，道光九年知县王鼎辅协同搢绅郑世兰等重修。光绪九年绅商改建，知县周恒重、署游击方恭各捐资倡之。每岁春秋仲月上癸日致祭。
> 相传舟行海上，猝遇巨风震荡，十百之命，系于一丝。昏濛间忽有神火光烛帆樯，或群鸟翔集，若示人以方向者，舟人因得以免。或曰天妃南海神也，故其灵爽著见如此。旧封天妃。
> 祝文（通志）：
> 惟后配天立极，护国征祥，河清海晏，物阜民康，保安斯土，

---

① 参见（光绪）《长汀县志》卷十二"祀典"。
② 参见《钦定大清会典事例》卷四四五"礼部"。
③ 参见（光绪）《嘉应州志》卷十七"祠祀"，第 277 页。

福庇无疆，千秋巩固，万载灵长。神恩思报，圣泽难忘，虔修祀事，恭荐馨香。士民一德，俎豆同堂。　仰维昭格，鉴此烝尝。尚飨。①

在明代"毁淫祠"政策之下，妈祖庙常常成为地方官府拆毁对象，到清代后期天后宫成为地方官府的祀典庙，其仪注明载于地方志之中，这样的变化过程，反映的正是数百年间韩江流域地域社会变迁的一个侧面。

结　语

综上所述，妈祖信仰与海上活动有着密切的关系。而海上活动正是韩江流域地方文化传统中最具有长远历史根源的重要内容。韩江下游地域的百姓至迟从汉唐以来就一直进行海上贸易，从中获利颇丰，并以此作为重要的生计来源。即使在朝廷厉行"海禁"的明朝和清初，该地区民众的海上活动也从来没有停止过。与之相适应，即使在官府不时实施"毁淫祠"举措的明代，地方志中仍然存留有不少关于妈祖庙宇的记载。

清代康熙初年实行严厉的"迁海"政策，沿海地区讲福佬话的民众被迫内迁至韩江中上游山区，对原居住于此地讲客家话人群的生计与生活，产生了重大的冲击和影响。从地方志有关庙宇的记载可以看出，清代以后韩江中上游地域妈祖信仰明显扩展。

康熙二十三年发布的"开海令"对本地民众的日常生活产生了意义深远的影响，其世世代代赖以为生的出海贸易的生活方式，终于又成了具有合法性的行为，该地区因而成为清代东南沿海重要的近海帆船贸易基地。由于清政府奖励本国商人从海外贩运粮食入口，以及开放捐纳监生的政策，对于韩江中下游地域的百姓来说，从事海外贸易不但可以解决生计问题，发财致富，而且还可能因此改变身份，提升其社会地位。在这样的背景之下，韩江中下游地区出现了明显的商业化趋势，成为当

① （清）周恒重：（光绪）《潮阳县志》卷七"坛庙"，（台北）成文出版社，1966，第103页。

时中国商品货币关系最活跃的地区之一。在这样的背景之下，韩江下游许多地方兴建了更多奉祀妈祖的庙宇。而"天后"封号所确立的妈祖信仰官方合法地位，无疑也推动了妈祖信仰在地方的发展。①

① 陈春声，中山大学历史系教授，历史人类学研究中心研究员，博士，研究方向：中国社会史和中国经济史。广州，510275。

明本《荔镜记》所见的潮州社会

孙敏智

内容摘要 明嘉靖本《荔镜记》为福建建阳余氏新安堂所刻，书末附一则带广告性质的刊刻说明，内容反映明嘉靖间"陈三五娘"戏文流行于潮州，文人传统也已介入戏文的改编。嘉靖本结合潮泉两地方言而成，明显带有潮州戏文的属性，其中的潮州风情也与明清方志所载的潮州相呼应，内含多层次的文化交融状态。嘉靖本并非近代研究者以为的纯闽南文化的产物，而是潮州戏文的遗响。

关键词 嘉靖本《荔镜记》 潮州 陈三五娘

一 明代潮州戏文的流行

《重刊五色潮泉插科增入诗词北曲勾栏荔镜记》（后称嘉靖本）是现存最古的潮州戏文插图刻本，由福建书坊余氏新安堂刻于嘉靖丙寅年（1566）。现存英国牛津大学图书馆与日本天理大学图书馆的两个藏本，版本相同。广东人民出版社于 1985 年放大翻印天理大学藏本书影，收入《明本潮州戏文五种》①，古本原貌才为广大读者所见。

《荔镜记》演"陈三五娘"故事，潮剧、闽南梨园戏与台湾歌仔戏都有此剧目，今仍盛演。除了明嘉靖本，明万历《新刻增补全像乡谈荔枝记》（1581）（后称万历本）、清顺治《新刊时兴泉潮雅调陈伯卿荔枝记大

---

① 杨越、王贵忱等编《明本潮州戏文五种》，广东人民出版社，1985，第 363~580 页。本文谈明嘉靖本皆据此本，为减省篇幅，不另出注。

全》（1651）、道光《陈伯卿新调绣像荔枝记全本》（1831）、光绪《陈伯卿新调绣像荔枝记真本》（1884）皆演同一故事，四种版本反映该故事自万历后流行于潮泉两地。

嘉靖本有明显的潮州戏文属性，但学者谈该本，多忽略此属性。① 嘉靖本题目作"潮泉"，卷末刊刻说明也说有潮泉二部，学者因此认为"陈三五娘"故事有泉本与潮本两种系统。② 泉本系统的讨论热烈，推动梨园戏研究与闽南文化研究；与之相对，潮本系统的讨论则相对冷清③，此因研究者多闽台学者，关注的自是闽南文化状态。不过，嘉靖本虽刊刻于福建，也见于梨园戏剧目，实混用潮泉方言，并从刊刻说明来看，其底本应为潮州戏文，反映嘉靖前潮州戏文已流行。

① 持此观点者众多，如施炳华言《荔镜记》是"闽南语白话文学"，见《〈荔镜记〉音乐与语言之研究》，文史哲出版社，2000，第 1 页；另参朱双一《台湾新文学中的"陈三五娘"》，《台湾研究集刊》2005 年第 3 期；曾永义《极其贵重的民族文化资产——为〈荔镜记荔枝记四种〉序》，《福建艺术》2010 年第 4 期；郑国权《一脉相承五百年——〈荔镜记荔枝记四种〉明清刊本汇编出版概述》，《福建艺术》2010 年第 4 期，及《从〈荔镜记〉等明刊本探寻泉腔南戏》，《福建艺术》2012 年第 4 期；王伟《粉墨闽南：荔镜情缘的跨学科叩访》，《西安建筑科技大学学报》（社会科学版）2013 年第 5 期，以及《记忆与想象：海丝文化圈中的"陈三五娘"研究》，《艺苑》2016 年第 2 期；赵山林、赵婷婷《论嘉靖本〈荔镜记〉》，《文化遗产》2014 年第 4 期；王建设《明刊闽南方言戏文中的俗字研究》，《中国方言学报》2014 年第 4 期；潘培忠《明清戏文〈荔镜记〉〈荔枝记〉在海峡两岸的刊布、整理与研究》，《中国戏曲学院学报》2016 年第 3 期；黄科安《明代"陈三五娘"俗曲唱本之先声与流脉》，《民族文学研究》2017 年第 1 期。

② 黄文娟：《"陈三五娘"的"潮泉二部"版本略说》，《福建艺术》2014 年第 4 期；涂秀虹：《嘉靖本〈荔镜记〉与万历本〈荔枝记〉——陈三五娘故事经典文本的对比与分析》，《福建师范大学学报》（哲学社会科学版）2014 年第 6 期。学者肯定有潮泉两种系统，但闽南学者（或闽南人，于或闽地从事教学研究者）只谈泉部系统，认定嘉靖本为梨园戏剧目，而潮汕学者（同上状态）则肯定嘉靖本实为明代潮州戏文。

③ 饶宗颐：《〈明本潮州戏文五种〉说略》，收入《明本潮州戏文五种》，广东人民出版社，1985，第 4~18 页，以及《"言路"与"戏路"》，收入《文化之旅》，辽宁教育出版社，1998，第 148~153 页。另见林淳钧《潮剧探源三则》，《岭南文史》1998 年第 4 期；吴榕青《明代前本〈荔枝记〉戏文探微》，《泉州师范学院学报》2007 年第 1 期；李占鹏《明刻潮州戏文五种的发现、整理及研究》，《中国古代小说戏曲研究丛刊》2010 年第 7 辑；詹双辉《从明本〈荔镜记〉〈金花女〉看白字戏的形成——兼谈外来剧种在乡社祭祀小戏衍变成地方剧种过程中的作用》，《汕头大学学报》（人文社会科学版）2011 年第 5 期；郑守治《明代潮调剧本的版本及其遗存》，《韩山师范学院学报》2012 年第 1 期；董学民《潮剧音乐的融合及变异——以对高腔的吸收为例》，《中国音乐》2012 年第 4 期；欧俊勇、温建钦《明本潮州戏文〈荔镜记〉〈荔枝记〉插图及其叙事功能的探讨》，《广东第二师范学院学报》2016 年第 1 期。

余氏提及的前本《荔枝记》，吴榕青认为其时代大约在成化十二年至嘉靖三年（1476~1524）。[①]余氏如此说：

> 重刊《荔镜记》戏文，计有一百五叶。因前本《荔枝记》字多差讹，曲文减少，今将潮泉二部增入《颜臣》勾栏诗词北曲校正重刊，以便骚人墨客闲中一览。名曰《荔镜记》，买者须认本堂余氏新安云耳。嘉靖丙寅年。

这则简短的说明内含复杂信息，可推敲出五个有关明代潮州戏文的状态。

第一，余氏明言前本《荔枝记》，是嘉靖本的底本。嘉靖本与稍晚的万历本《荔枝记》在时代与情节上相近，不过万历本的语言较粗糙，嘉靖本则雅化。两者的底本很可能是同一本。万历本是使用潮州方言的搬演本，内容见成化"潮州五县"的行政区名，又见"东津"与"浮桥"旧名，更见黄六娘（五娘之妹）的情节残留，则万历本应更近底本，而这个底本即潮州在地戏文。[②]

第二，余氏说前本字多差讹，曲文减少，所以合并潮泉二部做增补校正，并言自己的改编更适合文人阅读。余氏为闽人，就文化惯性来说，改编的底本当为泉本，当用"泉潮"才是，如顺治本题名作"泉潮雅调"。余氏却用"潮泉"，则他说的前本是有残缺的潮州戏文，再用泉本来增删校订潮本。民间书坊刊刻戏曲，若不是翻刻文人定本，就是据抄录的搬演本而出，且若底本文字粗俗，即如余氏直接改定。余氏以潮本为底本，必因潮州戏文流行，所以增入闽地方言与风俗习惯以利销售。

第三，说改编本更适合阅读，这是推销用语，并改搬演本为案头读物，顾客群指向文人雅士。有需求才会刊刻，并余氏刊行不同于北京永顺堂在成化年间刊刻的《新编刘知远还乡白兔记》。成化本《白兔记》是

---

① 吴榕青：《明代前本〈荔枝记〉戏文探微》，《泉州师范学院学报》2007 年第 1 期，第 85 页。

② 吴榕青：《明代前本〈荔枝记〉戏文探微》，《泉州师范学院学报》2007 年第 1 期，第 86~87 页。

永顺堂刊"说唱词话"中的一种，保留副末开场与请神仪式，并有大量误字与谐音字，是不为阅读的搬演本，受众是梨园中人。朱氏与畊堂刊的万历本《荔枝记》相同。反观建阳余氏，自宋代即为著名书坊，刻书包含经史子集、戏曲、小说、善书等，受众为文人雅士。① 余氏的改编更是一次适合文人品位的雅化过程，所以嘉靖本比万历本雅致，更见文人气。这也说明前本潮州戏文《荔枝记》已流行，但有缺漏并太俗，所以出现雅化并"闽南化"的改编读本。

第四，嘉靖写本《蔡伯喈》第二册末有两条无关《琵琶记》的残文，内容近万历本《荔枝记》，极可能是嘉靖本与万历本的底本内容。② 写本《蔡伯喈》在揭阳出土，与潮州有地缘关系，且写本已夹入潮州方言③，还有明显的增删与科介增补，属于搬演本，明显见嘉靖时揭阳搬演《琵琶记》的在地化状态。戏文可因地歌之，在地化是南戏的特征，则前本《荔枝记》是南戏在地化后的潮州戏文。

第五，从"陈三五娘"故事来看，虽陈三为泉州人，嘉靖本也提及泉州景致，但故事以潮州为主，戏文与潮州的关系更近。嘉靖本出现特殊的"潮调"指示，这是闽地书坊为便利在地读者的说明。万历本题目则作"乡谈"，即潮州人演潮州故事，内容也不见"潮调"，剧中的潮州风情更突出。万历本虽由潮州东月李氏编集，却由建阳书肆南阳堂制版，再由同地朱氏与畊堂刊行。出现不同书坊，原因不清，但见潮州方言搬演本颇受欢迎，所以福建的书肆刊行。

---

① 建阳余氏自南宋即有"书林门阀"的美称，见叶德辉《书林清话》卷二《宋建安余氏刻书》，收入《书林清话（附书林余话）》，中华书局，1950，第 42~47 页；原方《余象斗"评林体"初探》，《明清小说研究》2007 年第 3 期。万历间余氏刻书以余象斗（约 1561~1637）最出名，官桂铨据光绪二十二年新安堂刻本《书林余氏重修宗谱》仿抄本考证余象斗生平，从堂名得知余象斗为建阳余氏子孙，见《明小说家余象斗及余氏刻小说戏曲》，《文学遗产》1983 年增刊第 15 辑。余象斗生于嘉靖末，习习儒业，万历后专事书坊工作，刊行书籍包罗万象，且刊小说多做改编评点，见柳存仁《〈四游记〉的明刻本》，收入许炎墩编《四游记》，（台北）河洛图书出版社，1980，第 407~437 页；霍艳芳《余象斗刻书考略》，《图书馆学刊》2007 年第 6 期。余象斗改编评点，此或为个人特色，但稍早于他的嘉靖本已是新安堂合编潮泉两部的改编本，可见改编为嘉靖后建阳余氏刻书的特色，且此书坊主人早已接受文人传统，或更以文人自居。
② 林道祥：《〈明本潮州戏文五种〉零札》，收入陈历明、林淳钧编《明本潮州戏文论文集》，艺苑出版社，2001，第 279~287 页。
③ 杨越、王贵忱等编《明本潮州戏文五种·后记》，第 826~827 页。

嘉靖本中的闽南方言与潮州方言约各占一半①，则说嘉靖本属于泉本系统实有问题。嘉靖本自有潮州戏文的底本，且与万历本类似，潮本性质明确。余氏为服务闽地读者而注明"潮调"，明显见潮本属性。他改编成文人闲暇的读本，更突出潮州戏文的流行。嘉靖时应有梨园戏演出的泉本，但无迹可考，则论者以嘉靖本论证文化内容，所言实为潮州的文化特色。

成化到嘉靖间的潮州已见南戏的在地化，前本《荔枝记》即潮州戏文。"陈三五娘"故事应先由泉州南传到潮州，成化间的潮州艺人编出戏文，之后戏文流行而回传泉州，梨园戏再改编潮州戏文，再后经书坊的"闽南化"修订，最终出现全以闽南方言演出的版本。尔后，泉本反而比旧的潮本更流行，泉本系统成为整个《荔镜记》戏文发展的主轴，但后来的改编都保留潮州戏文的主要关目。

二　嘉靖间的潮州风情

潮州文化源于闽南文化毋庸置疑，但潮州方言自元代即已独立发展。②嘉靖本半闽南方言半潮州方言，又改编自前本潮州戏文《荔枝记》，内容也呼应明代地方志所载的潮州民俗，剧本体现的是嘉靖时的潮州风情。不过，嘉靖本是闽地改编的作品，其中的文化风情可能是外来者眼中的潮州，而明清时期的潮汕方志也多出自外来入潮为官者，他们描述的民风习俗也是外来者的观点，两相呼应下更见潮州风情的独特性。嘉靖本展示潮州文化之时也重新肯定文化大传统，这是共享的文化脉络，因此论者误认剧中的风土人情为闽南文化特色。从文化载体的功能来看，嘉靖本明显见同中有异的文化脉络，而此脉络来自南戏流播的在地化现象。

剧中展示的潮州风情，呼应黄佐嘉靖于四十年编《广东通志》时记录的潮州风土民情：

> 风气大类八闽，习俗随之。君子外鲁内慧，小人外谨内诈。喜

---

① 吴守礼：《〈荔镜记〉戏文潮泉韵读异同表》，收入《明嘉靖刊〈荔镜记〉戏文校理》，从宜工作室，2001，第235~252页。

② 李新魁：《广东的方言》，广东人民出版社，1997，第298页。

食槟榔，嫁娶以为之礼。与人交，变态无恒，相时竞利。阻山滨海，尤劲悍难治。秋冬多瘴□，鲜服药，专事巫觋。自唐昌黎刺郡，以诗书礼乐为教，民始知书迓。宋郑南升、郭叔云传朱子之学以归，士笃于文行，民化于礼义。穷乡隘巷，弦歌之声相闻，亦号海边邹鲁。联名桂籍则始于太平兴国，时科不乏人文，风与中州颉颃。其在于今，士矜功名，商竞刀锥，工趋淫巧，农安惰弃，而惰淫亦不能免矣。①

上段引文来自旧志，之后黄佐说"或有游手好斗，习赌以为业，搬戏以诲淫，其流至于伤败风化"云云，并总结：

尚文趋利，流弊至于惰淫轻薄，而济之以谲诈。……向闻潮俗经昌黎之化，传晦庵之学，颇尚忠厚而有礼节。迩年以来，渐与广同，近又甚焉。观风者每以潮为诟病，盖秋千答歌，乡谈杂剧，兴谤健讼，重气轻生，服用粗啬，信尚巫鬼，疾不迎医，死多火葬，异姓拜契，夫妇轻相被弃，兹习俗之难变也。②

潮州风俗独特，并且当地人"习尚大都奢僭，务为观美，好为淫戏女乐"。此外，当地语言颇有特色：

语音类闽，其为歌也，海阳音轻雅，潮阳音柔婉，揭阳音劲直。自白沙倡学江门而人士为江门之歌，其声高迈。自阳明倡学南赣而人士为赣州之歌，其声和缓。若里巷村落之俗歌，则自为一腔。③

---

① （明）黄佐纂修（嘉靖）《广东通志》卷二十"民物志一·风俗"，收入《中山文献》第一辑第二十五册，广东人民出版社，2017，据广东省立中山图书馆藏明嘉靖四十年刻本影印，第 530~531 页。

② （明）黄佐纂修（嘉靖）《广东通志》卷二十"民物志一·风俗"，收入《中山文献》第一辑第二十五册，广东人民出版社，2017，据广东省立中山图书馆藏明嘉靖四十年刻本影印，第 532~533 页。

③ （明）黄佐纂修（嘉靖）《广东通志》卷二十"民物志一·风俗"，收入《中山文献》第一辑第二十五册，广东人民出版社，2017，据广东省立中山图书馆藏明嘉靖四十年刻本影印，第 531 页。下言娱乐内容，同页。

此地人喜歌唱，多唱畲歌、采茶歌、竞渡歌，并常举办时序活动。如"上元节"时要张灯、放花、办八仙、舞狮子，妇女要过桥度厄，儿童则架秋千玩乐，同时还要"斗畲歌，以善者为胜，和之以两团好"。至正月十六日另有求子嗣的送灯活动，也要唱歌并"和之以郎贪欢"。又如仲春祭祖时，"坊乡多演戏为乐"。黄佐更记"潮阳人"的特性："性多悍戾而善修饰，服食不尚华靡，而负气好争，近渐奢丽，士夫多重女戏。"①

黄佐，广东香山人，明世宗进士，嘉靖时授翰林院编修，宗程朱之学，并曾与王阳明论辩知行合一，阳明称其直谅。②其增补戴璟《广东通志初稿》而成《广东通志》，对潮州府的民情风俗有褒有贬。大抵以儒家温柔敦厚、仁爱信义褒扬唐宋以来的文化大传统，贬抑也出自相同观点，批评此地民风强悍势利，并特别强调"悁淫"问题。他的记录可见"外来"与"在地"的差异，字里行间透露在地文化被外来的文化大传统涵纳，但在地文化并未消失，因此外来与在地处于并存融通的状态。此处要特别看民风与习俗，对比嘉靖本的内容即见嘉靖时潮州的多层次文化交融。

记录说民风强悍，并因地势而工商业发达，逐利之风盛行，且人多好精致产品。又说当地人聪明而精于算计，常表里不一，因而人际关系多变化。更见夫妻情义淡薄而轻相背弃，也多趋附豪势而拜"契兄弟"者。又因逐利之风，多不务正业、游手好闲而赌博、搬戏以为乐者。这种负评反而突出此地工商发达、势利聚财、享受娱乐的地域特性。

转从嘉靖本来看，五娘、益春、黄氏夫妻、林大、媒婆、家仆小七等人的个性，以及剧中展现的市井生活都带有这些特征，并且第五出至第八出写元宵灯节，更见此地人有钱爱娱乐的风气。但剧中人物并不止如此，情节同时突出读书入仕的理想，家庭伦理与仁爱忠信的做人道理仍是主旨。读书、顾家、做人，本就是中国文化的主轴。即如黄佐之记，

---

① （明）黄佐纂修（嘉靖）《广东通志》卷二十"民物志一·风俗"，收入《中山文献》第一辑第二十五册，广东人民出版社，2017，据广东省立中山图书馆藏明嘉靖四十年刻本影印，第532页。

② （清）张廷玉等撰《明史》卷二八七，列传第一七五"文苑三·黄佐、欧大任、黎民表"，中华书局，1974，第7365~7366页。

自韩愈以来，潮州已内化儒家大传统，故有"士笃于文行，民化于礼义"的评价，韩愈更因其文治教化的贡献而被立祠祭拜。

今日潮汕地区的清代村落仍见文化大传统的脉动，如汕头市蓬洲村。蓬洲在明清时期称蓬洲所城，清嘉庆《澄海县志》记建城于明洪武十二年，本属揭阳县，嘉靖四十二年改隶新设的澄海县。[①]蓬洲今存谢氏宗祠、庄氏大夫第、陈氏大夫第、翁氏大司马家庙等明清宗祠。从名称、楹联及装饰来看，如翁氏大司马家庙悬挂近代子孙手抄翁万达《告乡父老子弟书》的书法作品，极重读书入仕、做人道理与家庭伦理。翁万达为嘉靖五年进士，与黄佐同时，后者更记揭阳"士尚诗书，民颇质朴，渐趋浮华"，可见嘉靖间潮州府的读书风气盛行。

读书风气来自士族大户，他们是乡里领导，立乡约教子弟，奠定读书入仕的风气，也推动儒家文化成为一般人的认知。一般人则多保留在地民风，他们的身上更体现在地与外来的交融。如黄佐记潮州人强悍势利，但也好读书，虽读书有明显的功利目的，其实是"民以化于礼义"的地区特色。嘉靖本描述的人物，多有既自私势利，又肯定儒家的做人原则的特征，他们既为自己又关怀他人，看似矛盾的人物个性更近真实人性。论者多言嘉靖本体现人生现实面，而那现实面正是潮州的民风特质。

再看习俗。此地旧俗喜食槟榔，槟榔更是重要的礼物，嘉靖本到处可见用槟榔待客。潮汕学者早已指出食槟榔是当地民俗特色。当地人又崇信鬼神，嘉靖本也多有体现，最直接的是第四十二出《灵山说誓》。这一出演陈三带五娘和益春私奔回泉州，途经灵山娘娘庙，陈三再度发誓说绝不亏心，只求回泉州后夫妻和谐。灵山娘娘正好外出，只有判官和小鬼守庙。判官听到陈三的誓言，直接对观众预示主角本前世夫妻的天定姻缘，以及今世必逢大难才可团圆的命定运数。下一出戏就演陈三被抓而有情人被迫分离。

嘉靖本中充满各种民间信仰：第二十出《祝告嫦娥》演五娘拜祷月娘求爱情圆满；第二十六出《五娘刺绣》演陈三为表心意，竟不顾男儿

---

① （清）李书吉等修《澄海县志》卷三"城池"，页 2b，嘉庆二十年刊本；"广东省情数据库"古籍影像电子资源，http://121.15.254.4:1980/SuniT/info.huizhou.gov.cn/shtml/guangdong//sqsjk/jz/xzk/。

尊严下跪向天咒誓，说若变心必以死为罚；第十一出《李婆求亲》演李婆说要合婚算命；第十三出《李婆送聘》演黄父烧香告知祖先女儿已定亲。此外，五娘与益春数次提及月老掌管姻缘，而演灯节盛会的四出，更见以天妃和观音比拟美人、以蓬莱比拟灯会的修辞用语。

这些信仰内容须作推敲。首先是灵山娘娘，来历难以考证，很可能是山东即墨灵山的青霄元君。即墨是战国时的齐国大城，乾隆《即墨县志·序》载："临淄即墨，太公之遗风犹有存焉。……人物辐辏，风俗充美，俨然一大都会。"①可见在清代文人眼中，即墨仍存古风。明人黄佐引潮州旧志，赞潮地为"海边邹鲁"，这是因为潮汕地区自古多中原人士迁入，他们带来了儒风与信仰而使该地文化昌盛，读书风气早于宋代时已盛，那正是外来文化大传统的影响。宋陈尧佐《送王生及第归潮阳》诗言："从此方舆载人物，海滨邹鲁是潮阳"，借出圣人的邹鲁来赞扬潮州士子功名有成。

再看天妃，即妈祖。妈祖的封号在宋代从夫人升为妃，元代更有六次封赠，皆作天妃，到明代洪武五年（1372）封"昭孝纯正孚济感应圣妃"，永乐七年（1409）再封"护国庇民妙灵昭应弘仁普济天妃"。康熙十九年（1680）再度受封，仍为天妃，但康熙二十三年则升格为"护国庇民妙灵显应仁慈天后"，此后惯称妈祖为天后。②剧中以天妃比喻完美女性，则妈祖信仰已从福建传入并流行。另一位用以象征完美女性的女神是观音，宋代女神化后成为民间信仰的超级神灵。③此外，剧中用蓬莱来指代吉庆喜乐，而这来自六朝的道教文学想象，认为蓬莱是清闲

---

① （清）尤淑孝、李元正修（乾隆）《即墨县志》，哈佛大学燕京图书馆藏乾隆二十九年刊本，第 1b–2a 页，"中国哲学书电子化计划"古籍影像电子资源：https://ctext.org/library.pl?if=gb&res= 94519。

② 肖登福：《从文献上看妈祖神格的宗教属性，兼论妈祖与佛道二教》，会议论文，2011年 6 月 9~12 日福建莆田学院《妈祖信俗学术研讨会》论文修订稿，电子资料：http://enlight.lib.ntu.edu.tw/FULLTEXT/JR–MAG/mag539095.pdf。

③ Glen Dudbridge, *The Legend of Miaoshan*, Oxford: Oxford University Press, 2004（Original 1978）, pp. 2-4；于君方著《寻找女性观音的可能前身》，徐雅慧、张译心译，《香光庄严》1999 年第 59 期；曹仕邦：《浅论华夏俗世妇女的观音信仰——兼论这位菩萨的性别问题》，《中华佛学学报》2002 年第 15 期。

自在的神仙境地。① 学者指出潮汕地区的一大特色即多神信仰②，此剧正有所体现。剧中的民间信仰都是普遍信仰，并非潮州独有，在当地流行反映在地文化的开放性。

习俗中尚有歌唱演戏这一大重点，尤其是记录中的"乡谈杂剧"与"秋千答歌"。"乡谈杂剧"指以在地乡音搬演在地故事。"杂剧"一词并非元杂剧，而是泛称搬演的一般用语，明代文人的曲论多见杂剧、传奇、戏文的混用。"乡谈"的用法则与万历本《荔枝记》的题名相同，万历本就是"乡谈杂剧"。嘉靖本的刊刻说明说有潮本，则嘉靖时的潮州确实已有在地戏文。黄佐说当地人歌唱"自为一腔"，即以在地方言唱"潮腔"。他说这是里巷歌谣，但潮州人必唱当地人熟悉且喜欢的潮调，这就是南戏的在地化发展，证明嘉靖时潮州戏文已流行。

黄佐谈歌唱就是从语言来说，并强调当地早已接纳外地歌曲，再见此地文化的开放性。他发现海阳、潮阳、揭阳三地的歌唱本有音调之别，但因儒家传统的传入而"趋同"，先流行音调高迈的"江门之歌"，之后流行音调和缓的"赣州之歌"，但里巷歌谣在"趋同"中仍存其旧。其论见在地特色经儒家思想而与文化大传统融汇，但在地特征并未消失，仍存于日常生活中，并以畲歌、采茶歌、竞渡歌的方式延续。

畲歌是斗歌对答的形式，儿童荡秋千也这么唱，所以叫"秋千答歌"，成人在节庆时的对唱取乐也是如此。第七出《灯下答歌》正有体现。这一出中的答歌先有对话，后才歌唱，曲牌即作【答歌】，内容用语言取乐，多讽刺性的粗鄙调笑语。这段答歌体现文人的文化大传统已介入民歌娱乐之中，如对话中的"琴棋书画""相如弹琴""苏秦读书"，挪用文学典故结构对话内容，歌唱则混用七言诗及长短韵句。民歌娱乐已内化了文人传统而出现艺术体制的变异。歌唱、搬演或为黄佐此等高级文人所鄙视，更因"女戏"——女子于台上献艺——而被认为是"慆淫"。但正是文人传统的介入，答歌走向文学化与儒家化，后者更赋予公开演出的合法性，所以作为文人读本的嘉靖本仍保留了答歌取乐的内容。

---

① 李丰楙：《仙境与游历：神仙世界的想象》，中华书局，2010，第 463 页。

② 陈汉初：《潮俗丛谭》，汕头大学出版社，2002，第 171~173 页；陈韩星、王泽晖、洪介辉：《潮汕游神赛会》，公元出版有限公司，2007，第 5~6 页；陈苇：《他乡遇故知——潮汕文化综论》，汕头大学出版社，2011，第 29、85 页。

三　多层融汇的潮州认同

嘉靖本展现了潮州的在地认同，并因文人传统的介入，形成文化大传统与在地认同的交融。闽地的改编则突出潮州在地认同的合法性。论者多误认嘉靖本体现的文化内容，更忽略文本内含多层交融的文化认同。

戏剧呈现文化中的常与异，搬演综合表现语言、风俗与民风，更推动文化认同的扩展。认同凝聚向心力，观演过程使人将某种特质内化为自身特质，共同欣赏更形成群体性的共同认知，促使观者同声一气地肯定某种状态，甚而去合力推动某种众所期盼的发展，如"陈三五娘"故事的舞台化与文本的固定化。闽地书肆刊刻潮州戏文并予以闽南化，说明原属潮州的在地认同因搬演被扩大，也为泉州人所接受。

嘉靖本体现的潮州文化认同并不单纯，有三个层次。

第一，在地认同。属于小传统的地域认同，源自在地人士以当地语言、习惯、创意来表现自身的生命过程，有独特的地域特征。当文人以语言文字介入在地认同，这种认同会被突出、扩大并确定，成为大传统的结构成分。这是一种差异性的认同，即被肯定的特性需符合共性规范，特性因此带着共性的影子；共性因纳入特性而持续发展，内化更使特性成为共性的结构成分，展现同中有异、异中见同的文化脉络。

第二，伦理道德认同。属于大传统的整体认同，认同对象是儒家的做人道理与礼教思想，以此为本追求和谐稳定的社会伦理关系。

第三，文人认同与衍生的文学、戏曲两种认同。此亦属于大传统，并因文人的文艺实践及其经历、个性和文艺偏好等，引出整体认同中的变化，即文人传统介入民间小传统并内化其文艺形式、创作手段、表现内容成为文人传统的结构成分。文人认同是大小传统融汇的关键。

三种认同状态同时存在，第二类与第三类制约第一类，第三类更是第一类与第二类融通的原因。融通来自内化，内化则赋予认同合理性与合法性，同时也形成认同模糊。如本属于潮州的在地认同被扩大为闽南地区的认同，而此认同更成为中国文化认同的共享成分，但潮州的在地认同仍有独特性，因此在与整体认同比较时容易出现模糊，与其他类似的地域认同混淆。此处可从剧中人因爱情而凸显的个性特征来做说明。

嘉靖本中的黄五娘坚持婚姻自主，有高度主体性，甚至在父母逼婚下以死相逼，进而以私奔成全爱情。论者多肯定五娘再现朴实的文化现实面，反映闽南文化特征，更有论者据此直言闽地的儒家礼教相对薄弱。[①] 五娘对爱情的态度十分复杂，她在不确定下泼辣刁钻，确定情感后则温柔顺从，这种复杂个性反贴近明人方志中描述的潮州民风，即：此地人个性强悍，但也已接受儒家的温柔敦厚之教。不只五娘如此，伶牙俐齿的贴身侍女益春、势利自私的父母、不择手段的林大、见钱眼开的媒婆，以及老是被欺负但嘴上不饶人的家仆小七，全都呼应上述潮州民风的记录。

反观泉州人陈三，个性温柔软弱。其兄陈伯延与其书童安童的戏不多，仍见类似个性。对比明显，可推原本的潮州戏文就有意区别潮泉两地的民风差异，而闽地改编的嘉靖本也未对差异再做改变。那么，五娘体现的就不是闽南女性的特质。作为对比项的泉州书生陈三，个性温软阴柔但却意志坚定，颇为特殊。此形象多为论者所忽略，不见他体现了引导多层次文化交融的文人认同。

南戏兴盛后，书生形象走向定式，宋代旧作与元代后的作品更有明显的"负心"及"痴情"之别。由于宋元旧作多亡佚，仅曲论与笔记中见负心说法。既是负心，此类人的个性当不温软。但细观今存剧作中的书生形象，反见温软才是传统，这是文人认同引导出的创作手段。谈及宋元旧作，必须看保留南宋戏文体制的《张协状元》。该剧虽经元明人的

---

① 参见钟东《揼荔与磨镜——对潮州戏文〈荔镜记〉中婚俗的探讨》，《戏曲研究》2006年第 2 期；陈雅谦《〈荔镜记〉的思想及"陈三五娘"故事的演变》，《泉州师范学院学报》2011 年第 1 期，以及《论〈荔镜记〉与我国明嘉靖前文学传统之联系》，《泉州师范学院学报》2013 年第 3 期；宋妍《审美现代性视野中的〈陈三五娘〉研究及其意义》，《福建论坛》（人文社会科学版）2012 年第 3 期；郑小雅《"互文"视角下的明嘉靖本〈荔镜记〉》，《福州大学学报》（哲学社会科学版）2015 年第 5 期。何丽娇亦认定闽南地区的"儒家礼教"薄弱，见《论〈荔镜记〉中黄五娘形象的独特性》，《闽台文化研究》2017 年第 2 期。

改动，学者皆认为仍近宋元旧本。改编主要是硬把负心受罚的结局换成欢喜大团圆，因此人物个性突变，张协最终接纳王贫女的态度不合理。细看剧中的张协，优柔寡断，但读书入仕的意志坚定。坚定的意志是他之后个性转变的重要因素，即发迹变泰后，意志锁定于权力地位上，因此拒绝承认王贫女的发妻身份，甚至挥刀砍断其手臂。

再看蔡伯喈，他也优柔寡断，但意志非常坚定。旧本《赵贞女》中的蔡伯喈被雷打死，则他也是负心，与张协异曲同工，但到了高明笔下，蔡伯喈从负心变成了专情，自始至终都坚持夫妻之情。面对夫妻情之外的一切事物，他仍是优柔寡断，个性近于张协。两人的最大差异是：高明版的蔡伯喈把意志锁定于夫妻情义上，不同于张协或前本蔡伯喈的功名利禄。就此而言，强调人物意志来推展故事的手法，元代戏文已相当成熟。

再看嘉靖本的陈三，他也是优柔寡断的阴柔书生，却在爱情上意志坚定，近于高明版的蔡伯喈，也像元代戏文《错立身》的完颜延寿马、《荆钗记》的王十朋，更有类似王实甫《西厢记》的张生。王十朋坚持夫妻情义，延寿马与张生都痴情，皆带着爱情至上的坚定意志。再看白朴《墙头马上》与《梧桐雨》中的裴少俊和唐明皇，又如郑光祖《倩女离魂》中的王文举，都有相同的个性特征。如此一来，书生都有固定的个性：温软但意志坚定。不过，南宋的功名利禄意志到了元代后转为爱情意志，且因重视爱情，为成全爱情而对家庭制约有反抗。坚定的爱情意志形成特殊形象，打破了读书人的形象与男子气概，如延寿马逃家；张生跳墙；裴少俊私下成亲；唐明皇身为帝王，政事即家事，却深陷情障，只能以梦追忆失落的爱情；王文举不顾世人眼光，接受私奔而来的张倩女；陈三放弃书生的身份而为奴仆，只求与五娘长相厮守。凡与爱情沾边，他们都坚定无比，更可放下男子气概，只求美人垂青。

与之相比，上述作品中的女性反而直接洒脱，更像男子汉。论者都肯定元杂剧中的女性自觉与自主，说法很有道理，但忽略女性的自主意识来自阴柔男性的衬托，突出她们打破既有规范的反动性。如此描绘男女并以男性衬托女性，这是创作传统。易言之，嘉靖本前已有塑造人物的戏曲传统，五娘为爱情而私奔正来自戏曲传统的引导。人物的自觉性突出，是因改编者转化传说为搬演时纳入在地民风，人物便出现独特的强势特质。同样的，陈三为爱情放弃身份的举动正同延寿马，因爱情而接受女性指挥更像张生，这个人物形象仍是戏曲传统的产物，目的在推动他与五娘的情感互动，由此来推进剧情。这个传统由创作戏曲的底层文人建立起来，后因戏曲走向文学化、精致化且愈加儒家化，书生必然是温柔敦厚但意志坚定，衬托女性的功能也就更明显。由于文人描述的是自身形象，所以书生形象较固定，不比女性形象的多变。

今存明本潮州戏文与明清泉州梨园戏戏文皆非上层文人之作，但嘉靖本的刊刻说明提及读本，实见文人传统。再如五娘自言姻缘自定、与李婆争执、为益春说话、质问陈三，她引述蒙学与女学的教材，包含朱熹的《小学》、邵伯温的《邵氏闻见录》、南宋儒生编的《名贤集》、明代范立本辑的《明心宝鉴》及明人集的《增广贤文》，明显见儒家礼教思维。有论者从五娘的个性说儒家礼教的约束力在东南地区较松弛，实不如此。唐代韩愈已治理潮州，大儒朱熹、陈淳、真德秀都是福建人，明代的唐伯元与薛侃则一为潮州人，一为揭阳人，怎能说东南沿海的儒家礼教较松弛呢？正是文人传统与潮州在地民风的结合，五娘走上舞台展示独特的个性特征，既自主大胆又传统顺从。传统顺从反映的就是儒家文化大传统，这是大团圆的合理条件。陈三与五娘相同，既可因爱情意志而抛弃儒生身份，又可因相同缘由而积极进取，支持并合理化行动的仍是伦理道德认同。况且，嘉靖本作为文人读本，就是一次符合文人品位的雅化过程。此外，嘉靖抄本《蔡伯喈》中的两则潮州戏文《荔枝记》残文，内容并不粗鄙，行草书迹工整，部分字迹更秀雅有力，则抄本应出自底层文人之手，再见文人传统。

谈及南戏，论者总喜欢说民间创作，都指向普通民众，但这说法忽略创作者的文学能力，他们不可能是一般人。南宋以来，士大夫因"师道精神"而于民间推动蒙学，引起读书入仕风潮，而读书识字的目的就是要变成入仕文人。实际能成功者不多，但不成功仍可为乡里教师，或为书会才人。元代后，曾在浙江当官的马致远，《录鬼簿》载他与工部主事李时中及勾栏中人花李郎和红字李二共同创作《黄粱梦》，后两人皆为艺人刘耍和的女婿。[①]《录鬼簿》称花李郎为学士，即因此人有才。这条

---

① 见《录鬼簿》卷上"李时中""花李郎""红字李二"条，亦见曹栋亭本《录鬼簿》卷上"红字李二""李郎""李时中"条；二本俱收入（元）钟嗣成《录鬼簿（外四种）》，古典文学出版社，1957，第 23~24、29、76、78 页。

记录见入仕文人介入戏曲活动，且时人看勾栏中人，若有文才者即以文人视之。文人传统早已介入戏曲创作，嘉靖本的底本潮州戏文应出自底层文人之手，同样推动了儒家文化大传统的普及化。

潮州戏文延续了宋元间的戏曲创作传统，其特色在以在地方言将盛行的传说改成舞台演出，方言与在地传说自呈现独具风情的在地认同。但是，在文人传统的影响下，仍见来自文化大传统的伦理道德认同，那是合理化剧中的私情与私奔的重要条件。

嘉靖本确实反映了一些在地文化的写实特征，易诱发在地观众的情感回应。私奔是此剧盛行的主因，并终因"淫"而为官府所禁。雍正《揭阳县志》记崇祯时揭阳县令陈鼎新禁此剧：

> 搬戏诲淫，其流至于为偷为盗。尤可恨者，乡谈《陈三》一曲，伤风败俗，必淫荡亡检者为之，不知里巷市井，何以翕然共好。及邑令君陈鼎新首行严禁，亦厘正风化之一端也。①

此为明末禁令。嘉靖人戴璟早已批评搬演引发"淫奔"，并立乡约禁淫戏：

> 访得潮俗多以乡音搬演戏文，挑动男女淫心，故一夜而奔者不下数女。富家大族恬不为耻，且又畜养戏子，致生他丑。此俗诚为鄙俚，伤化实甚。虽节行禁约，而有司阻于权势，卒不能着实奉行。今后凡畜养戏子者，悉令逐出外居，其各乡搬演淫戏者，许各乡邻里首官惩治，仍将戏子各问以应得罪名，方外者递回原籍，本土者发令归农。其有妇女因此淫奔者，事发到官，乃书其门曰淫奔之家，则人知所畏，而薄俗或可少变矣。②

---

① （清）陈树芝修（雍正）《揭阳县志》卷四"风俗"，书目文献出版社，1991，影印本，第 329~330 页。

② （明）戴璟修，张岳纂（嘉靖）《广东通志初稿》卷十八"风俗·御史戴璟正风俗条约"，广东省人民政府地方志办公室 2007 年据明嘉靖十四年刊本影印本，第 349 页；"广东省情数据库"古籍影像电子资源：http://121.15.254.4:1980/SuniT/info.huizhou.gov.cn/shtml/guangdong/sqsjk/jz/tz/。

　　前条说"乡谈《陈三》"，则《陈三》曲是潮调，后条用"乡音"，再证潮州戏文演出。康熙《潮阳县志》有类似的记录，"有乡谈《荔枝》曲词，败俗伤风，梨园唱之"云云①，可见清初仍搬演此剧。此时或已为梨园戏演出，但仍夹潮腔，所以说"乡谈"，更指明这原是潮州本土戏。

　　禁令并不成功，搬演仍盛，且有司要禁，却碍于在地豪贵而不行，政治干预的效果不彰。娱乐有强大的认同力量，所以演剧盛行，女性更因看戏而模仿剧中人的思维与行动。之所以模仿，即因在地认同形成的亲近感。豪贵干预政令，也来自相同原因，拒绝为政治利用的伦理道德所限，此更见当地的民风特征。

　　禁而不绝，突出在地认同的效力。福建书肆刊刻此剧，更是从文人认同来合理化作品。此剧流传不断，之后有"闽南化"的文本刊行与梨园戏演出，这仍是文人认同引导的结果。即因文人传统，嘉靖本原有的潮州风情被内化到文化大传统之中，结果原本独特的在地认同成为整体中国文化认同的共享成分。②

主要参考文献

［1］（明）戴璟修，张岳纂（嘉靖）《广东通志初稿》，广东省人民政府地方志办公室2007 年据明嘉靖 14 年刊本影印。

［2］（明）黄佐纂修（嘉靖）《广东通志》，收入《中山文献》第 1 辑第 25 册，广东人民出版社 2017 年据广东省立中山图书馆藏明嘉靖四十年年刻本影印。

［3］（清）陈树芝修（雍正）《揭阳县志》，书目文献出版社影印本，1991。

［4］（清）李书吉等修《澄海县志》，嘉庆二十年刊本。

［5］施炳华：《〈荔镜记〉音乐与语言之研究》，文史哲出版社，2000。

［6］吴榕青：《明代前本〈荔枝记〉戏文探微》，《泉州师范学院学报》2007 年第 25 卷第 1 期。

［7］吴守礼：《明嘉靖刊〈荔镜记〉戏文校理》，从宜工作室，2001。

---

① 转引自吴榕青《明代前本〈荔枝记〉戏文探微》，《泉州师范学院学报》2007 年第 1 期，第 86 页。

② 孙敏智，汕头大学中文系副教授，博士，研究方向：中国戏曲文化。汕头，515000。

［8］杨越、王贵忱等编《明本潮州戏文五种》，广东人民出版社，1985。

［9］曾永义：《极其贵重的民族文化资产——为〈荔镜记荔枝记四种〉序》，《福建艺术》2010 年第 4 期。

［10］赵山林、赵婷婷：《论嘉靖本〈荔镜记〉》，《文化遗产》2014 年第 4 期。

民国潮汕地区的霍乱防疫与公共卫生治理*

周昭根　吴　青　马泽娜

内容摘要　民国期间潮汕地区连年暴发霍乱疫情，传播范围广、感染人数多、持续时间长，且夹杂着政局动荡、战争、水旱灾害及由此导致的大饥荒，造成了较大的人口损失和社会恐慌。地方政府通过疫苗接种、科普宣传、卫生整治等方式应对疫情，但受医疗条件、思想观念等因素的限制，防治效果始终不尽如人意。在与流行性传染病长期斗争的过程中，地方政府和有识之士也意识到须加强公共卫生治理的系统性，并采取完善行政部门设置、制定和执行法律规范、持续推行疫苗接种、注意饮水和饮食卫生、开展城乡大扫除和整改公共厕所等措施。

关键词　潮汕地区　霍乱　疫埠　注射防疫　公共卫生

学界对近现代潮汕地区公共卫生事业的研究，主要聚焦于流行性传染病的暴发与防治、基督教传入与西式医疗机构在当地的建设。不同时期潮汕地方政府和民间慈善机构[①]致力于发展公共卫生事业等方面，其中

---

*　南方医科大学科研院 2020 年图书馆专项研究基金项目"广州地区医科高校图书馆医学史资源的建设"（202003），以及南方医科大学基础医学院 2021 年度教学改革项目"医学史资源与课程思政的链接路径探析"（JC202111）的阶段性成果；国家社会科学基金重大项目"中国传统医学疫情防控史料搜集、整理与研究"（项目编号：20&ZD222）的阶段性成果之一。

① 如周秋光撰文叙述海外潮人在潮汕本地开展的慈善事业，留意到慈善形式从"养济型"向"教养型"转变，参见《海外潮人慈善事业发展述论（1860—1949）》，《暨南学报》（哲学社会科学版）2020 年第 11 期。陈占山撰文叙述了天主教和新教在潮汕（转下页注）

以清末潮汕地区暴发的鼠疫、霍乱、天花等流行性传染病①和西方宗教通过医疗途径在潮汕地区传教的研究②成果为多。相关研究基本涵盖潮汕地区不同时期的医疗概况，清朝末年暴发的流行性传染病、基督教传教士开展医疗传教、本地善堂等机构开展医疗慈善活动受到较多关注，反映了近代以来潮汕地区的公共卫生事业在艰难条件下持续发展的状况。民国年间，霍乱疫情在潮汕地区连年暴发，因其传播范围广、感染人数多、持续时间长，且夹杂着政局动荡、战争、水旱灾害及由此导致的大饥荒，造成了较大的人口损失和社会恐慌，这些颇值得深入研究。

（接上页注①）地区开展医疗慈善工作的情况，参见陈占山《西方教会在潮汕的医疗慈善活动与影响》，《汕头大学学报》（人文社会科学版），2011 年第 6 期；石恩宇所撰《乡村治理视野下的现代潮汕善堂研究——以潮州大码头报德善堂与同奉善堂为中心的考察》（华南农业大学硕士学位论文，2016），文中叙述了潮汕善堂的源流、发展和现状，涉及对潮汕善堂在疫病防治方面的探讨；李华文所撰《民国后期潮汕地区的慈善救济与基层社会（1937-1949）》（湖南师范大学硕士学位论文，2017），文中探讨了民国后期潮汕地区慈善救济事业的发展，将公共医疗卫生事业纳入其中进行论述；王浩撰文探讨了民国北京政府时期潮汕地区慈善医卫活动等方面情况（王浩：《民国北京政府时期潮汕地区慈善救济事业研究》，湖南师范大学硕士学位论文，2017）等。

① 黄挺、林晓照合撰《西医、防疫、卫生与 1898 年潮嘉鼠疫》[《华南师范大学学报》（社会科学版）2018 年第 1 期］通过梳理《岭东日报》研究了 1898 年潮汕地区暴发腺鼠疫后，地方社会对这一传染病的认识、防治措施及公共卫生制度的完善；蒲丰彦在《19 世纪末潮汕民心不安与基督教会、大峰会——以鼠疫流行为中心》（《华侨华人文献学刊》2015 年第 2 期）中论述了潮汕民众因治安恶化、霍乱流行而试图通过基督教或大峰信仰来保护自己，其中也涉及基督教医疗传教的问题；李华文所撰《抗战时期潮汕地区的民间慈善与官方救助述略（1937-1945）》[《汕头大学学报》（人文社会科学版）2018 年第 10 期］、《民国时期两广地区的疫病与防治》（《经济社会史评论》2020 年第 2 期）和苏新华所撰《晚清潮汕地区鼠疫的流行及防治措施析论》（《哈尔滨学院学报》2014 年第 10 期）也涉及潮汕地区疫病流行的原因和种类、政府和民间的防治措施等内容。

② 如李楯熙等在《潮汕旧影：潮汕中外交流的光影记忆》（上海三联书店，2017）中收录了大量汕头开埠后传教士拍摄的照片，涉及近代潮汕的社会生活、城市风貌、民间信仰、新式教育、医疗卫生、灾害救助、教会传教等方面情况。照片多来自美国南加州大学图书馆、汕头大学基督教研究中心（购自美国耶鲁大学神学院）、美国俄勒冈大学图书馆、美国亚特兰大美北浸信会历史学会、英国伦敦大学东方及非洲研究学院图书馆、爱尔兰爱丁堡大学神学院世界基督教研究中心等机构所藏档案，以光影资料直观地记录了近代潮汕社会的日常生活和西方文化进入潮汕后相互交融的细节。

一　潮汕地区长期面临严峻的霍乱防疫形势

霍乱是由霍乱弧菌引发的烈性肠道传染病，主要经口传播（包括水源、海产品和被污染的食物等），具有"发病急、传播快、易于远距离传播和近距离扩散"等特点。[①]霍乱疫区内 2.5%~3.0% 的健康人可能是带菌者[②]，部分被感染者初期甚至没有明显症状，"潜伏在人群中为危险性最大的传染源"[③]，因此极易在短时间内造成大规模感染，"迨一朝卒发，渐至阖户沿村，风行似疫"[④]。患者病情一旦恶化而得不到有效治疗，病死率高达 50% 以上，"生死之分，在于顷刻"[⑤]，在医疗卫生条件受限或战乱、饥荒年代致死率更高，被民众称为"虎疫"。但是，中医古籍所载"霍乱"更接近于因食物中毒等原因导致的急性肠胃炎，"并非由霍乱弧菌引起的烈性传染病"[⑥]，因而在霍乱传入中国初期常出现"医者不知原委，理中、四逆，随手乱投"[⑦]的慌乱现象，且众医家在择药定量方面也存在不同程度的差别。

---

① 李柏生：《广东省霍乱弧菌分子进化与变异研究》，南方医科大学博士学位论文，2016，第 1 页。

② 贡联兵编《细菌性疾病及其防治》，化学工业出版社，2003，第 14、93 页。

③ 楼方岑编《传染病学》，人民卫生出版社，1958，第 92 页。

④ 张蕾编《王孟英》，中国中医药出版社，2017，第 34 页。

⑤ （清）赵晴初著，沈钦荣点校《存存斋医论》，中国中医药出版社，2019，第 13 页。

⑥ 赖文、李永宸：《岭南瘟疫史》，广东人民出版社，2004，第 267 页。如明代医家黄济之认为"霍乱"致病原因"一曰火，二曰风，三曰湿"［参见（明）黄济之撰，王春燕校注《本草权度》，中国中医药出版社，2018，第 39 页］。清代医家陈太初认为"有外受风寒，邪气入脏而然者；有不甚口腹，内伤食饮而然者；有伤饥失饱，或饮食不能化而然者"［参见（清）陈太初著，李亚军等校注《琅嬛青囊要》，中国中医药出版社，2016，第 103 页］；清代医家沈明宗注张仲景《金匮要略》指出："霍乱虽因外邪，实因内蓄积饮伤食而受风寒，肝脾不和，陡然上吐下泻，故为霍乱。"［参见（清）沈明宗著，宋建平等校注《张仲景金匮要略》，中国中医药出版社，2016，第 32 页］上述似指急性胃肠道炎症。在病因方面，医家普遍将其归结为"气"之类的因素。在治疗方面，历代医家将霍乱分为寒症和热症并分别采取不同的治疗方法，其一是内服汤药丹丸，如清代医家柳宝诒在《惜余医案》中所载"飞龙夺命丹""玉枢丹"等方；其二是外用针灸、按摩等方式。

⑦ 张蕾编《王孟英》，第 34 页。

潮汕地区自古以来饱受疫病袭扰[①]，在 19 世纪末 20 世纪初是"岭南东部鼠疫重灾区"[②]，而潮汕地区与东南亚联系密切，人员、货物往来频繁，"这些国家出现瘟疫流行，往往会波及这一地区"[③]。在早期遏制疫病传播的过程中，西方教会及其医院发挥了重要作用：一方面"改变了本地缺医少药的局面，在一定程度上消除和缓解了人民的痛苦，促进了本地医疗慈善事业的发展"[④]；另一方面，英国长老会在潮汕地区构建医疗福音网络，并通过医疗手段"在教会体制内重建了地域认同和家族认同"[⑤]。

---

① 赖文、李永宸在《岭南古代瘟疫流行的社会背景》[《南京中医药大学学报》（社会科学版）1999 年第 1 期]中综合分析了岭南古代瘟疫流行的区域、主要时段、种类及特点；在《霍乱在岭南的流行及其与旱灾的关系（1820～1911 年）》(《中国中医基础医学杂志》1999 年第 1 期）中探讨了海路传入、旱灾对当地霍乱流行的影响；在《岭南瘟疫史》（广东人民出版社，2004）第一章"岭南疫情概述（1879—1911 年）"中，两位学人根据光绪朝《揭阳县续志》《普宁县志稿》《潮阳县志》《海阳县志》等方志记载，以及当代新编志书，如《揭阳县志》（1993）、《揭西县志》（1994）、《普宁县志》（1995）、《澄海县志》（1992）、《南澳县志》（2000）、《饶平县志》（1994、1998）等，较详细地统计了晚清潮汕各县的灾害事件数，涉及鼠疫、天花等传染病导致的重大疫情和水、旱、地震、冰雹等类型自然灾害。通过对方志记载内容和统计数据的分析，可以辅助判断疫情的主要类型、重要灾害区等情况。在第五章"影响岭南疫情的诸因素"中，作者统计了疫情数、灾害及社会事件数以及二者的相关率，分析比对说明潮汕地区"疫情数与自然灾害、社会事件的相关率均居中等水平"。

② 赖文、李永宸：《岭南瘟疫史》，第 190 页。

③ 赖文、李永宸：《岭南瘟疫史》，第 183 页。

④ 陈占山：《西方教会在潮汕的医疗慈善活动与影响》，《汕头大学学报》（人文社会科学版）2011 年第 6 期，第 21 页。

⑤ 胡卫清：《基督教与中国地方社会——以近代潮汕教会医院为个案的考察》，《文史哲》2010 年第 5 期。此外，王海燕所撰《近代西方传教士在潮汕揭阳的医疗慈善活动——以揭阳真理医院为例》(《西部学刊》2018 年第 11 期）探讨了基督教在揭阳从事慈善医疗的概况。李榭熙著主要使用了教会史料和港台文献，但在论述一些细节问题时也使用了汕头市档案馆所藏民国档案和《潮阳县志》（周恒重修，1884）等方志材料，如第三章"基督教传入中国内地"论述京冈村孙氏宗族与当地长老会的关系时，引用了汕头市档案馆所藏民国档案（编号 12-11-14）等资料，指明"官方的军事行动导致一些敌对的群体转而求助于浸信会和长老会"（参见李榭熙《圣经与枪炮——基督教与潮州社会（1860-1900）》，社会科学文献出版社，2010，第 100 页）。随后，在论证"长老会在利用医疗服务进行传教方面做得比浸信会更为成功"（李榭熙《圣经与枪炮——基督教与潮州社会（1860-1900）》，第 121 页）时，李榭熙引用了同一卷宗中关于潮汕地区两座教堂的资料：揭阳县人蔡亚雷于 1870 年代在汕头福音医院接受治疗返乡后，在家乡建成西浦堂并向族人传教；饶平县一间佛教斋堂的主人在同一医院接受治疗后，改信基督教并将斋堂改为教堂。在第五章"潮州地区的教会网络"论证墟市教会内部的等级秩序时，拓林堂和长美堂的档案提供了佐证，"这种类型的教会总是随着当地墟（转下页注）

地方卫生机构、驻军医务人员也使用现代医疗卫生手段进行传染病防控，取得了积极的成效。此外便是民间慈善组织（如善堂等）自发的行动，对传染病的防治和救赈等医疗卫生事业成为"这一时期潮汕地区慈善救济事业的着力点"①。海外潮人也积极参与"以救生殓死为核心的慈善救济和以教育、医疗及其他公共建设为中心的公益活动"②。

1890 年代至 1920 年代初暴发第六次世界霍乱大流行，中国也连年发现病例或报告流行，霍乱成为 20 世纪上半叶国内最频发的流行性传染病之一，如上海自 1919 年首次发现病例后"有 28 年报告霍乱的发生或流行"③。1820 年代以来，广东频繁出现霍乱病例或流行，潮汕地区尤其是汕头亦多次暴发疫情甚至被列为"疫埠"，对当地民众日常生活和商贸经济的发展产生不利影响，以下是部分年份汕头的疫情概况。

1891 年、1895 年、1910 年、1911 年、1912 年，汕头均报告发现霍乱病例。1914 年，汕头、潮州等地霍乱流行，仅汕头福音医院就接收了78 位霍乱患者，"其中多为患儿，开展了静脉输注盐溶液的方法进行治疗，对难以暴露足够大的允许输液静脉的病人，采取口服补液"④，澄海县苏北、樟林、隆都等地"死亡 400 余人"⑤。

（接上页注⑤）市的等级层次而发展"（李榭熙《圣经与枪炮——基督教与潮州社会（1860~1900）》，第 166 页）。

① 王浩：《民国北京政府时期潮汕地区慈善救济事业研究》，湖南师范大学硕士学位论文，2017，第 58 页。

② 周秋光：《海外潮人慈善事业发展述论（1860—1949）》，《暨南学报》（哲学社会科学版）2020 年第 11 期，第 1 页。

③ 李文波编《中国传染病史料》，化学工业出版社，2004，第 24 页。除 1899~1925 年说，陈我隆等学者认为第六次世界大流行的时间为 1899~1923 年；另有学者依据此次大流行期间的两次高峰，视为第 6 次（1892~1895）和第 7 次（1900~1925）世界大流行。学界主流观点认为霍乱疫源地为印度恒河流域，于 1820 年代侵入中国东南沿海并扩散，6 次霍乱世界大流行中有 5 次波及岭南，至 1911 年止岭南共出现 34 年次、68 县次霍乱流行（参见赖文、李永宸《岭南瘟疫史》第 268 页；单丽《从方志看中国霍乱大流行的次数——兼谈霍乱首次大流行的近代意义》，《中国历史地理论丛》2017 年第 34 卷第 1 期，第 149 页；陈我隆编著《霍乱的防治》，人民出版社，1984，第 8 页）。

④ 汕头市第二人民医院编《汕头市第二人民医院院志》，内部资料，第 51 页，藏于广东省立中山图书馆。福音医院，英兰长老会海外宣道委员会委派医疗传教士吴威凛（Dr. William Gauld）于 1863 年在汕头创办，是粤东最早的西医医院，后成为英兰长老会潮汕教区的中心医院。

⑤ 汕头市卫生局编《汕头市卫生志》内部资料，1990 年印刷，第 8 页。

1919 年夏，汕头霍乱流行，福音医院建立霍乱防治医院（每间病房 5 张病床，并设一个护士站），"接治霍乱病人 350 人，死亡率约 20%"①。至 8 月，上海河泊司宣布汕头"不复为有疫口岸"②，由汕抵沪船只不复需要检疫。同年，北方直隶、奉天等地亦暴发霍乱疫情，北洋政府"发文令地方政府注意"③。1925 年、1926 年，汕头等地报告霍乱流行。

1927 年 9 月，汕头出现霍乱流行，江海关监督及领事团随即宣布汕头为疫埠④，要求所有从汕赴沪船只服从《上海船只防卫染症章程》进行检疫工作。福音医院收治 200 名霍乱病人进行高渗盐水治疗，"取得了良好的康复"⑤效果。

1928 年 5 月，霍乱疫情在潮汕地区迅速蔓延，"地方传染颇多"⑥。汕头"连日复有霍乱症发生"⑦，经调查多因饮食卫生问题导致，于是制定《取缔贩卖饮食卫生规则》，要求公安局严格执行。同月，汕头市政府决定联合市内各医疗机构、机关单位、慈善团体发起卫生运动大会，同时要求全市中小学组织学生开展灭蝇活动。6 月，汕头市政府决定加快建设传染病医院，市长黄开山致函汕头总商会，希望总商会与同济善堂协商，在半个月内筹集 1 万元，"以免工程中止"⑧。

1929 年 9 月 5 日，汕头再次发现霍乱病例，至 14 日迅速增加十多例，市政府制定一系列措施加以防控。包括：加紧建设传染病医院用于隔离治疗；要求市内各工厂学校人员注射疫苗；组织卫生消毒队和卫生演讲队；对疫区居民强制劝导注射疫苗；对疫区内及附近粪溺进行消毒，并限制当日运出郊外；取缔贩卖无皮瓜果及检查饮食卫生。至 18 日，霍

---

① 《汕头市第二人民医院院志》，第 52、198 页。

② 《汕头船抵沪不再验疫》，《申报（上海版）》1919 年 8 月 24 日，第 10 版。

③ 皮国立：《民国疫病与社会应对——1918 年大流感在京、津与沪、绍之区域对比研究》，《新史学》2016 年第 27 卷第 4 期，第 99 页。

④ 林云陔：《宣布汕头为疫埠案，准粤海关监督来函，令卫生局查明具复》，《广州市市政公报》1927 年第 269 期，第 37 页。

⑤ 《汕头市第二人民医院院志》，第 199 页。

⑥ 《广东揭阳糖厂关于请检送防疫注射针药的函》，广东省档案馆藏档案，档号：019-003-46-114-115。

⑦ 《令公安局饬区严加取缔贩负饮食品商贩以杜疠疫由》，《汕头市市政公报》1928 年第 34 期，第 108 页。

⑧ 《函请汕头总商会半个月内筹募一万元，移解过厅，完成传染病院及购置开办各费由》，《汕头市市政公报》1928 年第 34 期，第 121 页。

乱疫情始得有效控制，"已呈扑灭之象，日仅一二宗"①。市长许锡清将汕头防疫经过函告潮安县党部卫生运动委员会，并附送夏秋卫生要点、预防霍乱方法等文件图纸。

1931 年 6 月，汕头出现疑似霍乱病例，7 月、8 月间各发现 3 例疑似病例。汕头市政府迅速购备疫苗，"分别委托市内各公私立医院代理免费注射"②，并由卫生科组织防疫队在市区开展注射工作。但是港英政府在"未明瞭汕头地方情形及卫生行政状况"③的情况下，于 7 月 13 日将汕头列为疫埠，随后台湾也将汕头视为疫埠，以致商旅受阻，市长黄子信不得不先后致函驻汕英领事和日领事请予撤销，"行旅往还，均感便利"。同年，厦门暴发天花疫情，"计两星期内因痘死亡人数四十余人"④，汕头随即将厦门列为临时疫埠，并通告各国驻汕领事，要求所有从厦赴汕轮船一律照章受检、船员接种疫苗，该规定实施至厦门疫情消除才行撤销。⑤同年，汕头市政府将"收海港检疫权"和"宣传卫生常识"列入年度施政方针，并针对后者制定了具体方案：组织清道夫打扫街道；派人前往东南亚募捐，所得款项将用于改建传染病医院；编印卫生常识传单和小册子，按户派送；缮写标语、制作宣传画、设置宣传栏；派人前往工厂学校和交通要道演讲等，"启发民众卫生常识，以期促起觉悟"⑥。

1932 年，霍乱在全国 23 省和 312 个城市大流行，仅国民政府救济水灾委员会卫生防疫组就报告霍乱病例 100666 例，死亡 31974 人，致死率达 31.76%。⑦疫情首先在上海等地暴发，汕头于 6 月宣布上海为疫埠，

---

① 《公函复潮安县党部卫生运委会本市霍乱发生经过及办理情形由》，《汕头市市政公报》1929 年第 49 期，第 127 页。

② 《公函驻汕英领事：转函港政府解释误会，撤销七月十三日指汕头为疫埠之公告由》，《汕头市市政公报》1931 年第 72 期，"卫生目"，第 7 页。

③ 《公函日领事：函复本市前发现疑似霍乱早已肃清，请转函台湾总督府将指本市为疫港通告撤销由》，《汕头市市政公报》1931 年第 73~75 期合刊，"卫生目"，第 8~9 页。

④ 《训令公安局：准汕头海港检疫所函称业经宣布厦门为疫港，所有由该处来汕轮船应停石炮台附近候验由》，《汕头市市政公报》1931 年第 76~80 期合刊，"卫生目"，第 6~7 页。

⑤ 根据黄挺、林晓照的研究，汕埠新关至迟在 1894 年鼠疫流行时已实施检疫制度［参见黄挺、林晓照《西医、防疫、卫生与 1898 年潮嘉鼠疫》，《华南师范大学学报》（社会科学版）2018 年第 1 期，第 35 页］。

⑥ 《汕头市政府二十年度施政方针》，《汕头市市政公报》1931 年第 67 期，第 3 页。

⑦ 李文波编《中国传染病史料》，化学工业出版社，2004，第 24 页。

要求"沪轮来汕停泊石炮台,候检后方准泊岸"①。至 7 月,疫情在北方大连、营口及绥远、河南、山西各城市蔓延,南方香港、广州等地也接踵染疫,陇海线豫西段交通因此中断。上海遂将香港、广州、汕头、厦门、塘沽、天津各地列为疫埠,"不论船客、船员、水手等,须一律施行检疫,在未接奉检疫医官签发通行许可证以前,不得先自离船上岸"②。至 9 月,上海取消对天京、塘沽、烟台、香港、广州的检疫要求,中国红十字会在上海设立的临时医院也相继停办,但是从香港直接赴沪船只"仍照常例检疫",途径汕头、厦门的船只"仍应施以点名检疫之手续"③,可见相关地区疫情仍然持续。是年汕头发病 590 例,死亡 80 人,致死率达 13.56%。④1934 年,汕头再次报告出现疫情。1935 年全国海港检疫管理处接到报告称,广州、汕头两地发现"真性虎疫"⑤,但因疫情较轻,有望在短期内扑灭。

1937 年 9 月,汕头霍乱蔓延,市政府设置临时收容所"专司诊治"⑥。与此同时,南下日寇已逐步逼近潮汕,频频轰炸汕头、澄海和潮安等地,"目标全在医院及慈善机构"⑦,其军舰逐渐靠近妈屿、南澳,即将封锁汕头对外通信交通。汕头秩序大乱,各报馆工人受惊吓纷纷辞工返乡,商店关门停业,各银业开始向潮安转移,各商会负责人也仓皇出逃。怡生和新海门两艘轮船于 10 日抵汕,船上搭客竟找不到驳船,也无法住宿,所载大米也找不到工人卸货。国民政府以"违者显有意破坏大局,应即查封产业,尽法重惩"⑧威胁,要求各商会负责人于 28 日前回市服务,各商店于 29 日前复业。然而岭东防空司令部要求各县组织民众开挖防空壕或避难室,"限 10 月 10 日前完成"⑨,明显日寇已是兵临城下之势。

---

① 《沪轮到汕须经检疫》,《申报(上海版)》1932 年 6 月 19 日,第 4 版。
② 《海港检疫处霍乱周报》,《申报(上海版)》1932 年 7 月 14 日,第 16 版。
③ 《海港检疫处霍乱周报》,《申报(上海版)》1932 年 9 月 15 日,第 15 版。
④ 李文波编《中国传染病史料》,第 46 页。
⑤ 《全国海港验疫管理处谋扑灭广州汕头虎疫》,《医药评论》1935 年第 126 期,第 43 页。
　1930 年成立全国海港检疫管理处,陆续收回海港检疫权。
⑥ 《汕霍乱蔓延》,《申报(上海版)》1937 年 9 月 26 日,第 2 版。
⑦ 《敌海空军侵扰下之潮汕情况》,《申报(上海版)》1937 年 9 月 30 日,第 8 版。
⑧ 《潮汕各商业奉令复业》,《申报(上海版)》1937 年 9 月 26 日,第 2 版。
⑨ 《岭东各县筑防空壕》,《申报(上海版)》1937 年 9 月 26 日,第 2 版。

1938 年 5 月 29 日，汕头再次被香港列为疫埠，至 6 月初 "每日死者约 15 至 20 人"①。美国浸礼会电请美国红十字会空运足够 5 万人使用的疫苗到汕。至 7 月，汕头患病人数已超 600 人，200 余人病亡，在港潮商计划购进大批量疫苗运往汕头为民众注射。②揭阳县也暴发霍乱疫情，"患者多不治，死者无数"③，逾 4 万民众争相前往真理医院、平民医院等机构请求注射疫苗④，卫生署和中国红十字会先后派出工作队赴揭支援防治工作。1939 年，汕头等市县相继沦于敌手，霍乱防疫形势更加艰难。

汕头连通穗港澳和东南亚，"是中国较早对外开放的贸易港口之一，也是粤东、闽西、赣南地区的物资集散地和海上门户，素有'岭东之门户，华南之要冲'之称誉"⑤，因此每次暴发疫情都会对港澳地区产生影响。首先是防疫的压力，如 1938 年港府宣布广州、厦门、汕头等地为疫埠，对所有由汕赴港和经汕赴港的轮船实行强制检疫与强制疫苗注射，且乘客注射疫苗后，轮船须在指定区域停留观察 24 小时，乘客经确认没有感染后才可以登岸，一旦发现病人则 "全体搭客须留船上，在禁海过五天之苦闷期间，始得登岸"⑥。其次是阻碍商旅，影响经济贸易。该检疫规定执行至次年 3 月仍未取消，旅港潮嘉商会认为 "对乡人来港殊多不便"，"非独影响汕商人，而于轮船公司亦颇为影响"⑦，于是联名致函华民政务司，请求 "恢复由汕来港三等客自由登陆"⑧，但是政务司迟迟未做回应。疫情期间，计划由汕头运往东南亚的大量货物滞销，而战争严重阻碍穗港交通导致香港物价上涨，尤其是新鲜白菜竟涨至 7 倍，汕头商人顺势将滞销货物转运至香港，"市场赖此接济，价格渐趋平复"⑨。各海关也针对洋人把持下检疫工作不力等情况据理力争，顺应时势收回了海港

---

① 《烟台汕头霍乱流行》，《申报（汉口版）》1938 年 6 月 21 日，第 2 版，
② 《汕头霍乱盛行，患者达六百余人》，《申报（汉口版）》1938 年 7 月 8 日，第 1 版。
③ 《汕头市卫生志》，第 10 页。
④ 揭阳县卫生局编《揭阳县卫生志》，广东人民出版社，1992，第 8 页。
⑤ 汕头市港口管理局编《汕头港口志》，交通人民出版社，2010，第 11 页。
⑥ 《汕头海防等地客轮抵港须入禁海》，《申报（香港版）》1938 年 7 月 15 日，第 4 版。
⑦ 《港汕轮照常行走，货物拥挤》，《申报（香港版）》1939 年 5 月 2 日，第 6 版。
⑧ 《林子丰等昨谒华民司请取消汕轮到港检疫，华民司表示愿转达卫生局》，《申报（香港版）》1939 年 3 月 28 日，第 5 版。
⑨ 《港蔬菜涨风已跌，汕头广州蔬菜纷纷运港》，《申报（香港版）》1938 年 12 月 14 日，第 3 版。

检疫权，如汕头检疫所长期被英人把持，汕头太古洋行先是"违章抗缴检查费"，继则未经检查擅自开行轮船，汕头检疫所将此事电告广州，希望得到国民政府的支持，要求"以后凡出口轮船，非经职所检查、签发健康证书，不许放行，以维检疫事权"①。

二　战争与饥荒背景下霍乱疫情的暴发及防治

潮汕地区于 1940 年代初依然连年暴发霍乱疫情，传播范围广、感染人数多、持续时间长，且当时处于全面抗日战争的大背景下，广州和香港先后沦陷，日军控制了港口、航路和各陆地交通要道，对西药和医疗器具等重要物资的接济造成极大阻碍。同时，当地遭遇罕见旱灾并引发严重饥荒②，部分灾民向赣南逃荒，加剧了疫病的传播扩散，"沿途饥寒交迫，瘟疫流行，因而死亡载道"③，恰如李华文所指，"处于一个天灾人祸并行的失范年代"④。

---

① 《汕头检疫所交涉收回主权》，《申报（上海版）》1931 年 9 月 12 日，第 11 版。饶宗颐：《潮州志》（民国三十五年铅印本），上海书店出版社，2013，第 516 页。伍连德曾奉南京国民政府命令多次赴汕头检疫处视察并于 1936 年正式办理接收事宜。

② 关于当地遭遇饥荒的情况，苏新华《大饥荒下的民众、政府与华侨应对研究——以1943 年潮汕地区为个案》（《农业考古》2018 年第 1 期）、李华文所撰《民国后期潮汕地区的慈善救济与基层社会（1937–1949）》（湖南师范大学硕士学位论文，2017）和《抗战时期潮汕地区的民间慈善与官方救助述略（1937–1945）》[《汕头大学学报》（人文社会科学版）2018 年第 34 卷第 10 期］等论文涉及饥荒的影响和政府、善堂、地方名人、华侨、日伪政府等各方面的应对。此外，饶宗颐编《潮州志》（民国三十五年铅印本，上海书店出版社，2013）和中共汕头市潮阳区委党史研究室编《潮阳自然灾异志》（香港天马出版有限公司，2014）、汕头市卫生局编《汕头卫生志》（内部材料，1990）、揭阳县卫生局编《揭阳县卫生志》（广东省人民出版社，1992）等新编地方志书，以及地方文史资料也有涉及。

③ 陈卓凡：《抗战后期潮汕的天灾人祸》，政协广东省民政厅等编《广东文史资料精编·上编·第 5 卷》，中国文史出版社，2008，第 35 页。

④ 李华文：《抗战时期潮汕地区的民间慈善与官方救助述略（1937–1945）》，《汕头大学学报》（人文社会科学版）2018 第 34 卷第 10 期，第 33 页。贡联兵、赖文、李永宸等学者已论述过灾荒、饥馑与传染病流行的关系：饥饿导致胃液分泌减少、"胃酸缺乏的人更易于感染"（参见贡联兵主编《细菌性疾病及其防治》，化学工业出版社，2003，第93 页），"使人群营养不良、集体抵抗力降低，感染疫病的机会大大增加，从而引发剧烈疫情"（参见赖文、李永宸著《岭南瘟疫史》，第 496~499 页）。

（一）加强医疗救治力量，开展大规模免费疫苗注射

1940 年夏，潮汕地区再次出现霍乱大流行，疫情初期汕头 6 个善堂收殓尸体"平均每天达 140 具"，"仅存心善堂在 5、6 月间便收埋了 2700 多具尸体"①，金砂乡有人口 4500 多人，患疫死亡 1167 人、占当地人口 25.5%，当地民众"性命朝夕难保，路旁厝角死尸横陈"②。经各县市医务人员全力扑救，疫情终于在次年 2 月平息。1941 年 9 月，霍乱疫情再次暴发，揭阳县民众"来院请求注射及请领疫苗者络绎不绝"③。1942 年夏，汕头出现霍乱疫情高峰，"每日患斯疾者甚众"④，并逐渐向潮州庵埠等地传播，至 9 月下旬已蔓延到揭阳第二区炮台、洋淇和第四区官头等地，因这一波疫情致死率极高，给整个潮汕地区民众造成极大的生命威胁和心理恐慌。为此，国民政府和汕头日伪政府均采取应急措施控制疫情蔓延。同期，广西也暴发民国期间烈度最大、"发病和死亡人数最多"⑤的一次霍乱疫情。

揭阳县为"杜绝传染，维持公众健康"⑥，在市区设立防疫注射站，派出医务人员每日驻守各站为民众免费接种疫苗。县卫生院 8 月间共计诊治霍乱 2 例，另有疟疾等传染病 200 多例。县卫生院和县第一卫生所于 9 月初设立疫苗注射站，给接种疫苗者发放注射证，并禁止未经注射者返回疫区。至 9 月下旬，县属二、四、五各区的疫情得到控制，但一区的维新、盘中、集合以及三区的永贞等地疫势骤剧，县卫生院于是紧急派人前往接种疫苗。第一区卫生院分院在 10 月份先后为 3200 人接种疫苗。⑦11 月，第一区卫生院主任刘百平带领该院护士前往盘乔乡为驻

---

① 《汕头市卫生志》，第 11 页。
② 《汕头市志》编写委员会编《汕头市志（初稿）》第 3 册，第 1 页，内部资料，藏于广东省立中山图书馆，1961 年印刷。
③ 《揭阳卫生院九、十月份工作报告》，《广东卫生》1941 年第 29~30 期合刊，第 27~28 页。
④ 《汕头虎疫症盛行 敌借此毒杀居民》，《岭东民国日报》1942 年 9 月 15 日，第 2 版。
⑤ 廖兵、张根福：《民国时期地方政府应对重大传染病组织动员能力探析——以《大公报》（桂林版）报道的广西霍乱为中心》，《浙江师范大学学报》（社会科学版）2021 年第 46 卷第 2 期，第 85 页。彼时并未暴发世界规模的霍乱大流行，全国范围也未出现如 1932 年般蔓延多省，致使陇海线这种重要交通线路中断的严重情况，故可以推测是广西桂林、广东潮汕等局部地区的流行。
⑥ 《揭卫生院派员为囚徒注射》，《岭东民国日报》1942 年 10 月 11 日，第 2 版。
⑦ 《棉树防疫》，《岭东民国日报》1942 年 11 月 14 日，第 2 版。

军各连士兵接种疫苗，并讲演霍乱伤寒预防办法，受该团士兵"唱歌欢送"①。县卫生院还派出医务人员到县监狱为囚犯接种疫苗。

军队医务人员也参与到防疫工作中。10月，军政部第八防疫大队第二中队派出技士钟宗枢和卫生稽查谭家盛等携带200瓶疫苗和医疗器具赴潮揭一带协助防疫。钟宗枢抵揭后将100瓶疫苗交给县卫生院分发所属各区乡卫生所，并与卫生稽查谭家盛、县卫生院长李锡祥分赴各乡卫生所协助防疫。两天后疫苗告罄，已有大批民众接种。1942年9月底10月初，揭阳县第四区出现疫情，区长召集区卫生分院、中西医生和卫生院开会讨论如何进行清洁大扫除、取缔街头小贩、市民饮水卫生、购领和接种疫苗，"一切卫生健康等均有详细讨论"②，并由区长向驻军申请一批疫苗先分发各卫生所、为民众接种。

受疫苗生产能力的限制，各县市不时面临疫苗短缺的情况。1942年9月，揭阳县因疫苗缺乏，不得不临时改疫苗注射为广泛宣传，"使对于清洁防疫事项家喻户晓，以遏止疫症流行"③。11月，当地疫苗供应一度十分困难，经林运锦医生赠送40罐疫苗使"工作不致中断，疫势藉戢"④。因接种疫苗并未获得民众的充分理解，直到疫情蔓延，"病亡甚众"才慌乱地前往卫生院请求注射，甚至邻县民众也搭船前往揭阳求助，以致县卫生院不得不在忙乱中另派人手从事渡口渡船的检疫工作。此后疫情进一步蔓延，民众逐渐意识到预防注射的重要性。第一区棉树村甚至自行购办疫苗，请区卫生院分院为乡民注射，"受种人数甚众"⑤。根据1940年至1946年广东省血清及疫苗制造量亦可看出，1942年各地疫情蔓延期间全省疫苗制造量达到峰值281300撮，且1941年至1943年连年突破10万撮，在此前和此后均低于10万。⑥同在1943年，经行政院审查，国民政府决定拨款300万元，另向中央储备银行借款700余万元用于"制

---

① 《注射防疫》，《岭东民国日报》1942年11月13日，第2版。
② 《揭第四区署召开防疫会议》，《岭东民国日报》1942年10月3日，第2版。
③ 《揭环境卫生会决议案》，《岭东民国日报》1942年9月29日，第2版。
④ 《揭阳县卫生院报告书》，《广东卫生》1941年第21~22期合刊，第27~30页。
⑤ 《棉树防疫》，《岭东民国日报》1942年11月14日，第2版。
⑥ 《1940年至1946年广东省血清及疫苗制造一览表》，广东省档案馆馆藏档案，档号：006-002-0796-086。该统计数据应未包括日伪政府生产使用的情况。

造霍乱疫苗工料费用"①。

自 1940 年起，揭阳县加紧筹建县卫生院、各区卫生分院、各乡卫生所，认为这是完善卫生行政机构、"实施医疗防疫必不可或缺之条件"②。11 月，揭阳县着手组建县级卫生院，因霍乱疫情影响推迟至 1941 年 1 月 1 日组建完成。至 3 月已先后组建 11 个卫生所，县政府对"已成立者督导使其健全"③，并敦促其他各乡加紧筹建。卫生院和各乡卫生所医务人员均由专业人才担任，如卫生院院长李锡祥，毕业于巴黎市政公学卫生系和柏林大学研究院；医师吴扬兰毕业于日本帝国大学医科；化学师杨一香毕业于比利时劳工大学，其他医务人员均毕业于医科院校或担任过院长、护士长等专业职务。11 个卫生所的主任均为医科院校毕业或肄业、年龄普遍在 35~45 岁之间、大部分为揭阳本地人士，如表 1 所示。

表 1　揭阳县 1940 年 12 月至 1941 年 3 月成立的 11 个卫生所

卫生所	地址	成立日期	主任	年龄	籍贯	学历	履历
第一区卫生所	历西镇	1940 年 12 月 3 日	陈锡臣	44	惠来	汕头福音医院毕业，注册医师	曾任国民革命军独立第二师中校医官
第一区卫生所	石炮台	1941 年 2 月 1 日	郭树就	37	揭阳	潮安红十字会医院毕业	潮州红十字会医院医师
第一区公安乡卫生所	公安乡	1941 年 2 月 1 日	黄周泽	37	揭阳	揭阳真理医院肄业	曾任汕头警察局医务所助理医佐兼司药
第一区永乐乡卫生所	古溪市	1941 年 2 月 18 日	张铭科	62	普宁	石益世医院毕业	曾任普宁十三乡十二中队军医
第一区智勇乡卫生所	智勇乡	1941 年 3 月 1 日	柳宗惠	41	潮安	上海沪华医院毕业	省立韩山师范学校校医
第一区渔江乡卫生所	渔江乡	1941 年 3 月 10 日	黄畅达	37	揭阳	揭阳真理医院肄业	曾任汕头华洋贫民工艺院医师

---

① 《行政院决议拨款制造疫苗》，《申报（上海版）》1943 年 9 月 15 日，第 2 版。
② 《揭阳卫生院九、十月份工作报告》，《广东卫生》1941 年第 29~30 期合刊，第 27~28 页。
③ 《揭阳县卫生院报告书》，《广东卫生》1941 年第 21~22 期合刊，第 27~30 页。

续表

卫生所	地址	成立日期	主任	年龄	籍贯	学历	履历
第一区和顺乡卫生所	和顺乡	1941年2月1日	吴长雄	29	揭阳	塔头博济医院毕业	—
第一区惠安乡卫生所	塔头墟	1941年3月15日	吴沧吾	36	揭阳	中国红十字会汕头分会毕业	曾任国民革命军第八路左翼总指挥部医官
第四区蓝宁乡卫生所	蓝宁乡	1941年1月15日	王华英	33	揭阳	揭阳中南医院毕业	—
第四区梅南乡卫生所	梅南乡	1941年3月1日	陈纯全	36	揭阳	汕头福音医院毕业，医师	曾任枫口分驻所救护队长
第四区蓝清乡卫生所	上坪埔	1941年2月1日	钟振塑	35	揭阳	揭阳新亨医院毕业	曾任棉湖天生医院医生

资料来源：《揭阳县卫生院报告书》，《广东卫生》1941年第21~22期合刊。

地方善堂和中医师也积极参与到防治工作中。1940年霍乱流行期间，揭阳中医师魏炳宪曾"以仲景医法进行辨治，救人不少"[1]。1942年4月，揭阳县计划组织中医诊疗所，谋求解决抗战期间西药来源枯竭的问题，认为"有赖中医药补助"[2]。10月，揭阳县第三区着力整饬政务，因该区卫生分院久未成立，"影响公众健康殊大"[3]，于是召集各机关团体、中西医生和地方士绅集会商讨，即席表决筹建分院并推举黄鹰芳为分院主任。11月，揭阳受德善团在西马路百贸华洋货店、韩祠路、北门柳云祥先生医馆、新街头大生堂、东门街郭森记豆干店等设置代送处，向民众赠送"神效救急霍乱圣散"，并称有意代其赠药者可致函索药。12月，揭阳县"为求业务保障、加强战时社会服务工作"[4]，特成立国医学会筹备委员会，

---

① 《揭阳县卫生志》，第369页。众医家在治疗时普遍采用白术、茯苓、干姜等带有理气中和功效的药材，"四逆汤"等经方也一直沿用，相关经方对轻症患者有一定疗效。
② 《揭阳县卫生志》，第9页。
③ 《棉湖筹组卫生分院》，《岭东民国日报》1942年10月22日，第2版。
④ 《本县筹设医学会》，《岭东民国日报》1942年12月22日，第2版。

负责组织医学会事宜。但是，"民国时中医已失防疫工作之主导权"[①]，中医药界在彼时只能提供有限的辅助。1943 年，当地太和、崇心、平德等善堂积极参与疫区的疫苗注射、消毒殓尸、施医赠药、洒扫街道等防疫工作。

（二）大力开展防疫宣传，强调公共卫生

国民政府行政院卫生署曾指出霍乱暴发的重要原因在于"我国人不明了预防医学及公共卫生常识"[②]，主张大力向民众灌输预防霍乱的医学常识。潮汕各县市也采取多种措施加强防疫宣传。一方面，通过报刊媒体登载大量文章进行科普、防疫、卫生等方面的宣传，详细介绍霍乱的发病症状、传播途径及防治方法，并提出重在预防的原则。"消灭霍乱病菌的来源，杜绝霍乱传染的途径"[③]，如将病人排泄物消毒后掩埋；无论在日常还是疫病流行时都要打预防针；注意饮食，饮用沸水，焚毁病人使用过的物品；扑灭苍蝇以消灭疫病媒介，同时注意用纱罩遮盖食物；禁忌露宿；等等。《岭东民国日报》还指出彼时各县卫生机关虽然开展防疫宣传和疫苗注射，但由于宣传力度尚不到位、社会陋习尚未打破、现代医学常识匮乏，民众对于个人饮食和公众卫生没有充分注意，以致未能迅速遏制疫情蔓延，因此提出：各地应增加防疫经费、组建宣传和注射队、印刷大量宣传物品由宣传队带往各乡分发，并由各乡保长负责强制注射，"所有乡民一律施注，不得规避"[④]。

另一方面，由各县卫生工作人员前往学校等单位进行防疫讲演，提高民众的卫生防疫意识。如揭阳县卫生院于 1941 年 9 月举办旅店菜馆店员训练班，院长李锡祥、医师林伟明分别讲授"旅店菜馆之卫生""公共卫生"等课程，每次授课听众在 70 人以上。李锡祥于 1942 年 10 月 17 日前往县立简师讲演《民族生存与卫生运动》，讲演内容分为民族生存"量"与"质"两方面，提出揭阳地区"战前五年每年每万人平均增生 303 人，战后五年平均每年每万人增生 239 人"[⑤]，而沦陷区的减生人数则

---

① 复旦大学历史学系编《药品、疾病与社会》，上海古籍出版社，2018，第 310 页。
② 国民政府行政院卫生署编《霍乱及其预防方法》，1935 年印，第 2 页。
③ 《霍乱及其预防法》，《岭东民国日报》1942 年 9 月 24 日，第 2 版。
④ 《扩大防疫运动》，《岭东民国日报》1942 年 9 月 25 日，第 1 版。
⑤ 李锡祥：《民族生存与卫生运动》，《岭东民国日报》1942 年 10 月 26 日，第 2 版。

更多，其原因在于地方秩序动荡、经济贫困、壮丁离散等——最重要的原因是婴儿死亡和弃婴，因此"保障妇婴安全"是当前民族卫生最要紧的事情。他再次提出预防的重要性，认为如能加强各县各级卫生机构对民众防疫的宣传和指导，将可使中华民族每年减少死亡五百万人。11月30日，李锡祥又前往县立二中讲演，再次强调了公共卫生"是社会改造运动的中锋"，是"阐发传扬'兼爱''亲仁'进入大同的福音"[1]。

在沦陷区，日伪政府以严酷手段对待染疫群众，甚至传闻要"将汕市内一切无业流民捕禁，拟全部杀死"[2]，致使汕头民众大量外逃。日伪政府军警火焚死者尸身，并要求市民一旦染病要立即报告，否则将病人全家严刑拘捕，甚至出现"有被用毒药注射以致死亡者，为数甚多"[3]的传闻，以致许多染疫死者的家人恐招致杀身之祸，竟直接弃尸街头。日伪政府实行强制注射和患者隔离的目的虽具有科学依据，其最终目的却是在于维护统治，"他何曾有所爱于顺民，他所怕的是敌人的疾患会转而成为他的威胁"[4]。有记者感叹："沦陷在非人世界的汕头孤岛同胞，遭敌寇铁蹄的蹂躏，复受痢疫的残害，天灾人祸重重压迫，弄的求生不得求死不能。"[5]在潮州庵埠，日伪政府派兵到各乡调查户口，不时有身体虚弱、形容憔悴、饥饿浮肿的平民遭直接逮捕，且传闻要将被捕者押送至汕头"用毒药注射致使立毙"[6]，引起部分平民出逃。庵埠伪政府切断了对外交通，商店闭门停业，以致食品和日常生活用品无从购买，百姓既面临疫情威胁，又遭受饥饿之苦。

然而，此役未能根除霍乱，至1943年夏再次暴发疫情，汕头于6月被内务总署列为疫埠，后省政府于9月拨款30万元用于救治灾民。[7]加之饥荒和战乱频仍，潮汕地区大量民众染疫：揭阳县患者10余万人，

---

① 李锡祥：《社会改造与卫生运动》，《岭东民国日报》1942年12月5日，第2版。
② 《汕头动态》，《岭东民国日报》1942年9月14日，第1版。
③ 《汕头虎疫症盛行 敌借此毒杀居民》，《岭东民国日报》1942年9月15日，第2版。
④ 李锡祥：《公共卫生》，《岭东民国日报》1943年11月29日，第2版。
⑤ 《孤岛的惨象》，《岭东民国日报》1942年9月16日，第1版。
⑥ 《庵埠交通断绝，商店停业》，《岭东民国日报》1942年9月17日，第2版。日伪政府要求沦陷区内平民换发良民证，每件加收1元4角用于粘贴本人相片。
⑦ 广东省地方志编撰委员会编《广东省志·卫生志》，广东人民出版社，2003，第26页。

"县城死亡 3000 多人"[①]，严重者如新桃村东畔围 36 户中有 13 户尽亡；惠来县死于饥疫者达 12 万余人；"澄海县仅千人口的西敦村死于霍乱者达 200 多人；潮安浮洋的斗文、陇美、仙庵 3 个乡人口 7900 人，发病 1189 人，死亡 1030 人"[②]；潮阳县全县死亡 23.31 万人，仅海门镇死亡 1.1 万余人；第五区峡山"死于饥疫、敌祸 6000 多人"[③]。此外，敌机轰炸医院、民众因饥荒或争夺水源而爆发械斗[④]，均加剧了地方秩序的混乱，对防治霍乱疫情产生不利影响。汕头棉安善堂掩埋队"几乎夜以继日苦干，共收埋尸骸 8000 多具"[⑤]，潮州集安善堂"1 个月共收埋死尸 2300 多具"[⑥]。1946 年，霍乱疫情再次暴发，汕头"全市死者数千人"[⑦]，揭阳县患者 554 人、死亡近百人。[⑧]

李锡祥在 1943 年 10 月疫情暂告平息后提出：相比无情的霍乱和饥荒，战争才是威胁人类生存的最可怕敌人，因此"要用自强去代替自伐，要用互助去代替相残"，"要努力去求新，使我们永远能够控制一切利用生存的铁律扫荡威胁我们的敌人"[⑨]。这也从侧面昭示：任何地区公共卫生治理能力的建设与彼时国家的综合国力是密切相关的。战争和饥荒交

---

① 《揭阳县卫生志》，第 9 页。此处数据应是包括了因饥荒而死者。

② 《汕头市卫生志》，第 11 页。

③ 中共潮阳区委党史研究室、汕头市潮阳区地方志办公室编《潮阳自然灾异志》，香港天马出版有限公司，2014，第 108 页；峡山街道志编纂委员会编《峡山街道志》，海天出版社，2016，第 16 页。

④ 根据《潮阳县自然灾异志》记载，凡大旱造成农田失收的年份，各乡往往因争水爆发械斗或诉讼，如：1945 年 10 月至 1946 年 4 月大旱 7 月余，全县缺粮人口 91.16 万人，多地因争水发生纠纷；1947 年春耕雨水失时，全县农田成灾 31.5 万亩，多地因争水械斗；1949 年春旱，爆发多起械斗案件和争水诉讼。

⑤ 政协汕头市升平区委员会文史委员会：《升平文史·第 1 辑·潮汕善堂专辑》，第 3~4、17、38 页。如商平路油布店蔡炳发号店主蔡某成染疫暴亡，其妻趁敌伪尚未察觉迅速将尸体收埋，但数日后其 8 岁的小儿子也染疫病亡。因事先来不及向敌伪报告，一家人恐遭杀害，蔡妻竟携子 6 人和义子 1 人在永泰街二马路投海。后其义子被人捞获救活，而蔡妻和 6 亲子竟"死亡无踪，一家绝灭"。（见《孤岛的惨象》，《岭东民国日报》1942 年 9 月 16 日，第 1 版）

⑥ 吴华胥：《1943 年潮汕旱灾见闻》，《广东文史资料精编·上编·第 5 卷》，文史出版社，2008，第 82 页。

⑦ 《汕头市卫生志》，第 11 页。国民政府卫生部于 1947 年统计了 1940~1946 年霍乱、天花、鼠疫等 12 种传染病患者及死亡人数情况。

⑧ 《揭阳县卫生志》，第 215 页。

⑨ 《防疫得来的教训》，《岭东民国日报》1943 年 10 月 25 日，第 2 版。

加的年代里，社会秩序严重失范、物质资源严重短缺、各种谣言动摇士气民心，求得一线生机成为广大平民百姓的首要目标，甚至为了争夺农田和水源而爆发激烈械斗。此时一旦暴发严重传染病疫情，势必对生产生活造成重大的冲击，最终依然是平民百姓为此付出巨大代价。1949 年中华人民共和国成立以来，党和政府坚持"预防为主"的方针，大力加强海港检疫检测、建设医学专科学校、扩建或新建各级别医院或卫生院、组织医务人员培训、开展公共卫生治理、宣传医学卫生常识，霍乱常年流行且死亡率较高的状况终于得到遏制，古典霍乱得以根治，此后所发生多为输入性副霍乱病例。[①]

三　作为系统性工程的现代公共卫生治理

在与鼠疫、霍乱、天花等流行性传染病长期斗争的过程中，潮汕地区的公共卫生治理能力也在逐步提升。从政府机关到平民百姓都逐渐接受疫苗注射、检疫消毒、隔离治疗[②] 等现代防治手段，先后在 1930 年代初和 1940 年代初经受了两次大规模霍乱疫情的冲击，中医药也在此过程中发挥了一定的作用。政府机关和有识之士也进一步认识到：疫病的防治不仅仅依靠医学手段——仅疫苗接种就涉及了政治、经济、文化等多方面因素的影响[③]，而且"提倡卫生不是一部分人的责任"[④]，现代卫生管理和疾疫预防体系的建立，还包括卫生行政机构的设置与完善、医疗保

[①] 《汕头市卫生志》，第 24、33 页。1961 年起，埃尔托副霍乱在印度尼西亚暴发流行，随后蔓延至世界多地，形成第 7 次世界大流行。同年，汕头专区海丰县香洲公社发现首例输入性副霍乱病人，次年暴发大规模流行，至 1963 年得到有效控制、1964 年平息。"4 年间全区共发病 8843 例，死亡 808 例"，仅 1962 年"发病 8562 例，死亡 775 例"。1974 年，汕头卫生检疫所在检测中发现从槟城经新加坡的马来西亚籍华人旅客携带副霍乱弧菌，采取紧急防疫措施成功防止了疫情传播。陈我隆认为"只要充分注意本病传染源的多型性和隐蔽性，认真预防和对待受染物品，加强检疫措施，霍乱的传播是可以制止的"（见氏著《霍乱的防治》，人民卫生出版社，1984，第 8 页）。副霍乱至今仍在世界多国流行，是《中华人民共和国国境卫生检疫法》所列检疫传染病之一。

[②] 关于传统社会对隔离防疫的争论和实施，可参见余新忠《疫病应对与中华民族精神的涵育初探》，《历史教学》2020 年第 11 期。

[③] 〔美〕洛伊斯·N. 玛格纳：《传染病的文化史》，上海人民出版社，2019，第 125 页。

[④] 《汕头市卫生运动大会宣传大纲》，《汕头市市政公报》1929 年第 46~47 期合刊，"附录"，第 2 页。

健能力的建设与提升、医学常识的宣传与接受、国民体质的锻炼与增强、私人家庭卫生与公共场所卫生都受到充分重视等多个方面。

（一）完善卫生行政部门设置，制定各类管理规则

1921 年，汕头市设立卫生局，着力加强房屋清洁、市场管理等工作，对传染病的防治也取得了一定成效，潮海关税务司富乐嘉认为"这要归功于这个城市环境卫生的大改进"[①]。1930 年，市政府明确卫生科相关职责，下设保健、洁净、防疫 3 股，设科长 1 名、股长 3 名、股员和事务员若干、稽查员 5 名。保健股负责医师、药师、中医士、西医士、看护助产士、牙科医士的注册和管理，制药、配药和麻醉品输入、售出、使用的登记管理，饮食卫生的检查和取缔，卫生教育和宣传，卫生统计等事项。洁净股负责街衢沟渠的疏浚清洁，公共厕所的建设和取缔，旅馆、屠宰场、浴场、戏院、公园等场所的公共卫生等事项。防疫股负责传染病的研究和预防、传染病院和麻风病院的管理、检疫、娼妓的卫生检验、停柩的取缔等事项。另组建卫生巡查队，由卫生科教授"卫生常识、指挥及执行关于卫生行政一切事务"[②]，负责管理清道夫、捡鼠夫、养牛夫和执行卫生行政取缔规则。相应地，市政府连续出台《汕头市政府管理酒楼饭店茶居卫生规则》《汕头市第一市场管理规则》《汕头市市政府取缔屠户规则》《汕头市市政府取缔厕所暂行规则》《汕头市市政府取缔畜犬规则》等一系列涉及饮水、饭店酒楼茶居、市场、屠宰场、公厕多方面的管理规则，着手建立一个涵盖立法、执法、行政、稽查、处罚等更完善的卫生管理体系。1942 年，揭阳县成立环境卫生促进委员会，负责宣传防疫、组织卫生大扫除、评选卫生示范地段等工作。

但是，部分基层官员未曾接受卫生方面教育，主管卫生行政的官员"亦每每忽略公共卫生的重要性，对于上峰的政令发生厌烦的心理，对于卫生事业亦味同嚼蜡，只知配配几剂药、治疗几个病人就算是尽了卫生主管者的能事"。李锡祥将城镇行政废弛比喻为因长期无人使用而成为"一堆废铁"的好机器，将制定完备却没有执行的卫生法规比喻为一堆废

---

① 中国海关学会汕头海关小组、汕头市地方志编撰委员会编《潮海关史料汇编》，内部资料，1988 年印，第 134 页。

② 《汕头市卫生行政实施概况》，《广东民政公报》1930 年第 53 期，第 241 页。

纸,认为"本来具备有良好公共卫生设备的城镇,可能因为行政的废弛暴露着一幅比较原始乡村未有什么公共卫生设备更足可怕的景象"①。对于部分学校在卫生工作上的怠慢,李锡祥也非常愤慨:"现在我们可以指责卅年前的学校当局,怠慢卫生设施,千万不要让卅年后的人们亦同样的指责我们。"②李锡祥提出"公共卫生是一个行动的名词,须要力行不懈的去推动"③。而卫生机构的职责在于推进公共卫生,希望主管官员能不断推行、使卫生法规产生实效,而且政治和教育也要为卫生工作提供一定支持,"在医疗上是以实行公医制度为终点,民我同胞;在救护上是以普救为职志,无间亲仇;改良环境卫生,满足每个人心灵及身体上康乐的需要;预防疾疫,使每个人无疫痾的威胁;奖励优生,使每个人无生理上的遗憾;保护妇婴,使稚弱有安全康乐的享受"④。

(二)推广疫苗注射,加强医疗保健和卫生宣传

至 1920 年代,通过接种疫苗预防传染病已在上海、广州等城市得到一定程度的认可,如上海巴斯德研究院统计 1928~1931 年上海法租界霍乱发病情况,发现军营、学校、公董局、警察局、水电公司各部普遍进行了疫苗接种,故 4 年里未出现霍乱病例。1931 年夏,上海闵行镇和普惠疗养院附近霍乱流行且死亡率甚高,而由于该院所有人员都接种了疫苗,"受接种之职工无一霍乱者"。该报告还提出:"自民国廿七年起,界内罹霍乱者强半,皆系未接种之人,有时接种者(百分之十)亦可罹病,但受接种者所罹之病较未受接种者之病为轻,而死亡率亦较轻。未受接种者之霍乱死亡率为 10.67%,已受接种者仅为 3.765%。"⑤1932 年全国霍乱流行时,伍连德分析上海在此次疫情中死亡率较低,"查在此 1300

---

① 李锡祥:《公共卫生》,《岭东民国日报》1943 年 11 月 29 日,第 2 版。
② 李锡祥:《学校卫生》,《揭阳教育》1943 年第 1 期,第 30~31 页。
③ 李锡祥:《公共卫生》,《岭东民国日报》1943 年 11 月 29 日,第 2 版。
④ 李锡祥:《公共卫生》,《岭东民国日报》1943 年 11 月 29 日,第 2 版。2020 年 2 月 27 日,国家卫健委高级别专家组组长钟南山院士在广州医科大学举办的疫情防控专场新闻会上呼吁 CDC 要有一定行政权(北京日报客户端,https://baijiahao.baidu.com/s?id=1659661018669067722&wfr=spider&for=pc),再次引起有识之士对于优化卫生行政机构设置及其职权功能的思考。
⑤ 《预防霍乱接种之有效问题》,广东省档案馆馆藏档案,档号:020-009-190-226-227。

例内，有 9 例在病前注射预防针，故 9 例均得治愈复原"[1]，并对供应自来水和预防注射寄予期望。但是在部分乡村地区，接种疫苗尚未得到普遍的认可，"等到霍乱到处展威，打得到支离破碎的时候，大家才向卫生院讨救"[2]。

以汕头为例，市政府也通过接种疫苗、加强卫生稽查等方式，不断加强对各类疫病的防治，如 1930 年 10 月，市政府拨款采购大批疫苗，由市卫生科联合各医院组织预防霍乱注射队分赴各区为民众实施免费注射，共计 13150 人接种了疫苗。但是，彼时各地使用的疫苗良莠不齐，"随着疫苗需求量日益增加与制造设备和人才不足的矛盾加剧，全国各省出现了大量未经呈准、擅自制造疫苗及各种生物制品的公、私厂所"[3]，国民政府内政部和广东省政府要求，除了中央防疫处和上海卫生试验所制造的疫苗外，其余都要"施以适当检查"[4]，对于市面上贩卖的不符合标准的霍乱疫苗一律严格取缔。全面抗战期间，国民政府因获得国际联盟卫生组织在疫苗成品和研发技术等方面的援助，增强了直接抗击霍乱疫病和间接抗击日本侵略的能力。[5] 此外汕头市政府根据卫生部条例由卫生科联合市内各医院和社团开展疫苗接种，并为出洋民众设置种痘处。防治狂犬病方面，市政府订立管理家犬规则、组织各区警员和卫生巡查员稽查以防狂犬伤人。

在公共医疗方面，汕头市政府先后设立市立医院、麻风病医院和警察医务所，另有私立同济医院、益世医院、福音医院、博爱医院等作为补充，并先后颁布医师、药师、助产士的职业条例。市政府要求全体中西医师一旦诊断或发现疑似霍乱等 8 种烈性传染病，应当立刻上报以便设法预防。在 1932 年 6 月汕头市霍乱疫情严峻、医院床位紧张时，市

---

[1] 《海港检疫处霍乱周报》，《申报（上海版）》1932 年 7 月 14 日，第 16 版。伍连德时任上海检疫处长兼上海防止霍乱临时事务所主任。

[2] 李锡祥：《民族生存与卫生运动》，《岭东民国日报》1942 年 10 月 26 日，第 2 版。

[3] 吕强：《民国文献中的疫苗使用与管理——以民国报刊报道的霍乱疫苗为例》，上海中山学社编《近代中国》（第 27 辑），上海社会科学院出版社，2017，第 110 页。

[4] 《训令各医院等预防霍乱疫苗除由中央及上海卫生试验所制造者外均应施以适当检查由》，《汕头市市政公报》1933 年第 92 期，"卫生目"，第 14~15 页。

[5] Mary Augusta Brazelton, "Engineering Health: Technologies of Immunization in China's Wartime Hinterland, 1937–45", *Technology and Culture*, 2019, No.60（2），pp. 409.

政府还曾要求同济善堂搭建敞篷作为临时医院。揭阳县医院建立了访视制度：在候诊室经个别谈话后认为有必要访视者，会安排专人上门探视、酌量赠送药品，并填表上报；另外派出医务人员定期探视治疗监狱在押犯人，经谈话后认为有必要者，"代狱犯访视其家庭"⑥。另外，汕头市亦加大打击力度，对未经注册的医生和镶牙店、庙宇药签、江湖术士等非正规行医"严禁肃清"，于1928年5月22日命令市内各庙宇司祝"克日将刻板药方销毁，永远不准再有此举"⑦。1929年，国民政府卫生部、广东省民政厅要求"将各地庙宇中施给仙丹药签神方乩方等事一律禁止"⑧，汕头市长许锡清命令公安局和卫生巡查队严格巡查，对假借上述名义为人治病者一经发现严惩不贷。

与此同时，潮汕地区各政府机关、公私医院、中小学校、慈善社团、民间人士通过多种途径不断加强卫生宣传，努力提高全社会的卫生意识。汕头市政府的做法是：广泛印制散发各种标语、海报、宣传册（1932年6月曾印发4万份《霍乱浅说》），出版《卫生周刊》（至1930年已出版66期），组织演讲队在交通路口为民众演讲卫生常识和防疫方法；举办卫生展览会和卫生大会等公共活动、放映卫生电影，如1930年7月在普益社和青年会举办为期5天的卫生展览会，其间展映卫生电影并邀请名人登台演讲。1934年4月，汕头市市长翟宗心在市政府纪念周演讲中提出"在市政范围之内务必设法促进卫生，策市民于安全地位"⑨，大力提倡公共卫生。为"鼓励国民体育"，市政府还规定各小学每年举办两次学生运动会，并酌情奖励其他私人体育社团。

市政府还要求：市立各小学开学时，应由市立医院派出医生进行健康检查，私立小学则由市政府督促校医进行检查，还派出卫生科员视察各小学卫生状况，协助提升卫生设施和加强卫生训练。1941年，揭阳县政府为考察在校学生健康状况，制作健康检查记录表、分送已立案的高小以上学校，要求各校安排校医或就近聘用医务所医师检查登记。但是，

---

⑥《揭阳卫生院九、十月份工作报告》，《广东卫生》1941年第29~30期合刊，第27~28页。

⑦《布告取缔神庙刻板药方》，《汕头市市政公报》1928年第32~33期合刊，第72页。

⑧《布告奉民政厅严禁各庙宇仙丹药签神方乩方由》，《汕头市市政公报》1929年第46~47期合刊，卫生目第1页。

⑨《促进卫生事业》，《汕头市市政公报》1934年第100、101期合刊，第3页。

各学校对于学生体检和举办运动会的执行力度究竟如何，还有待进一步检视，李锡祥就质疑："有几家学校能每学期给学生们有好的健康检查记录"，"如果学校当局对于学生的健康及卫生习惯不加留意，怎样能够叫他做公民时遵守卫生规律，保持卫生习惯"，"有哪一家学校里设有卫生室，可以给医生护士治疗学生的疾病，指导学生，矫治缺点，供给学生作卫生上的咨询？"①因此，他建议依托现有的卫生机构和人员，如县卫生院、区卫生分院、校卫生室及其医师、护士、助产士，每所或若干所学校组建"学校健康教育委员会"，训练学生参加公共卫生活动，并进一步与学生家庭建立联系、改良学生的家庭卫生状况。

（三）注重公共场所卫生，开展大扫除运动，对公私厕所进行整治规范

汕头市政府制定《清道夫服务规则》，按照警区面积大小分配对应人数的清道夫，已经设置马路的各区各分配牛车一辆、清道夫一组，"专司扫除马路及收运沿路住户垃圾之责"②，并根据季节不同规定了对应的工作时间及时长。清道夫受市卫生科指挥，其职责包括：保管区内一切清道公物；收运各店户的垃圾；扫除和挑运垃圾装载到垃圾船或倾倒至指定垃圾场所；每天上午下午各清理一次路旁沟渠和垃圾箱、住户的垃圾桶；雨后疏通马路街巷积水等。至 1930 年市政府共雇用清道夫 147 名、捡收死鼠夫 2 名，购备牛车 6 辆、手车 4 辆、洒水汽车 1 辆。同时实行奖惩制度：服务勤劳、扫除清洁者记功 1 次，记功满 3 次奖励 1 元；服务满 3 个月以上无请假记录者记功 1 次，记功满 3 次奖励 1 元；反之，工作懈怠、扫除不净者则记过，记过满 3 次扣薪 1 元；"旷职无代工者"每天扣薪 1 元，满 3 天以上即行革除；故意损坏公物或在宿舍聚赌、吸食鸦片、藏匿匪赖者，由科长呈报市长惩处。

国民政府卫生部于 1929 年公布《污物扫除条例》，要求各县市应于每年 5 月 15 日至 12 月 15 日举行大扫除，"由卫生部及各省民政厅、特别县市政府联合各机关、各团体及民众行之"③，此后大扫除亦成为各县市

---

① 李锡祥：《学校卫生》，《揭阳教育》1943 年第 1 期，第 27~28 页。

② 《汕头市市政府清道夫服务规则》，《广东民政公报》1930 年第 53 期，第 250 页。

③ 《国民政府公布污物扫除条例》，《汕头市市政公报》1929 年第 46、47 期合刊，"附录"，第 4 页。

主政官员的例行工作之一。1929 年 6 月，汕头市政府联合各医院、各社团召开卫生运动大会，"要全市各个人都晓得卫生的重要"①。会上决定于7 月 2~6 日在青年会、普益社放映卫生电影，举办卫生图画展览和演讲；7 月 9~13 日分区进行大扫除，并于 7 月 15 日检查全市卫生状况。1931年 8 月，驻汕独立二师也参与大扫除工作。②1932 年，翟宗心到任汕头市长后"对于公共卫生极为注意"③，随即组织开展全市大扫除。1934 年 5月，汕头市举行卫生比赛和大扫除，并要求自来水公司在 10~15 日尽量延长供水时间，垃圾粪溺承包商多备船只用于清理运送垃圾秽物，并印刷 2 万张传单分发给住户商店。

1942 年 9 月，揭阳县召开秋季清洁运动大会，各机关团体和学校到场者千余人，参会人员分为 6 组、携带扫帚和粪箕等器具，由县长带领分赴 6 镇各街道打扫卫生，"以为民众表率，俾蔚成清洁风气"④。本次大扫除定于 9 月 27~30 日举行，活动前由县城各中小学组织宣传队前往城区和各乡镇广为宣传，发行夏令卫生大会特刊，警察局负责编划打扫区域和编队，各机关自备打扫工具，各镇自备垃圾船 2 只，"船租由各镇先行垫支，在各镇卫生建设费项下拨给"⑤；活动期间由各机关团体主管官员带领，打扫室内外环境卫生、清理沟渠、宣传饮水卫生、扑灭蚊蝇、清理公私厕所等；活动后由县政府、警察局、卫生院、各镇公所、政工队、各学校代表共同评定等级，分别予以奖惩。10 月，揭阳县要求各镇使用募捐所得卫生事业费制备垃圾车 1 辆、雇用清道夫至少 1 名，"常用清除垃圾"⑥。经全县人员共同参与打扫，"各马路街巷已清扫洁净、焕然一新"⑦。12 月 27~29 日，揭阳县举行冬季大扫除，县卫生院编制预算，经费定为各镇 100 元、警察所 200 元，并于活动后举行卫生检查，"各镇挨

① 《汕头市卫生运动大会宣传大纲》，《汕头市市政公报》1929 年第 46、47 期合刊，"附录"，第 2 页。

② 陈嘉顺：《汕头影踪》，暨南大学出版社，2016，第 153 页。

③ 《汕头市举行全市清洁大扫除情形》，《汕头市市政公报》1932 年第 81 期，第 19 页。

④ 《揭昨举行 清洁运动——陈县长执扫为民倡》，《岭东民国日报》1942 年 9 月 29 日，第 2 版。

⑤ 《揭秋季清洁运动》，《岭东民国日报》1942 年 9 月 28 日，第 2 版。

⑥ 《揭城警所召开清洁会议》，《岭东民国日报》1942 年 10 月 13 日，第 2 版。

⑦ 《揭举行清洁运动后派员检查》，《岭东民国日报》1942 年 10 月 2 日，第 2 版。

户检查，登记分数"①。

汕头市粪捐公司按照商店和住户数量，分区分段安排对应人数的挑粪工，并根据季节不同规定工作时间及时长。1931 年，市政府考虑"各机关学校均提早办公及上课"②，将挑粪工收倒时间从早上 6 点至 9 点改为早上 5 点至 8 点。市政府还划定 15 处垃圾倾倒点，安排专人负责对市内改良公厕进行清洗消毒，对于未按规定倾倒垃圾者处罚制造垃圾箱，如1932 年 8 月共罚造垃圾箱 102 个。③1942 年 10 月，鉴于挑粪公司不遵规定办理，"于公众卫生、县民健康殊有妨碍"。揭阳县也对粪便清洁做了严格规定：每天上午 5 点半前是清除住户人粪的时间，挑粪木桶应加备木盖，白天不能将粪船停泊在市内等。同月，揭阳县针对长期以来"附城厕所栉比、臭气熏蒸，不独不合卫生，且对于整个市容观瞻有碍"④的情况进行治理，要求将所有不符要求的厕所填塞，另行择定地点建筑公厕，未按时填塞的厕所将由各镇长和警所督责拆除。县政府要求各镇镇长负责招商承建和经营公厕，所得收益除扣还地租外，由镇公所和承建人各得一半，且承建人"永远享受公厕利得"。各镇第一个公厕应于 12月 25 日前开始建筑，次年 1 月 15 日前完工。中标公司应预缴建筑费 2万元，选择城外离河流 30 尺的地点开建，如经批准后 3 个月内没有开工建筑，县政府将没收费用自行负责建筑。

（四）注重饮水和饮食卫生，整改屠宰场、街头摊贩等

1935 年，卫生署已提出预防霍乱在于"一方面能尽量灌输一般民众对于预防这病的常识；一方面尽力设法处置粪便、改良饮水，以杜绝霍乱的病源及其传播的途径，不数年后，我国也何尝不能把霍乱完全灭绝？"⑤在饮水卫生方面，汕头市政府每月对商办自来水厂进行两次化验并将检验结果登报公示。韩江沿岸住户所购用上游淡水经化验被发现"微菌太多，不合饮用"⑥，市政府于是布告禁止饮用。因市内居民常在

---

① 《揭定期举行冬季大扫除》，《岭东民国日报》1942 年 12 月 26 日，第 2 版。

② 《规定粪溺捐收倒时间》，《汕头市市政公报》1931 年第 66 期，第 10 页。

③ 《卫生科八月份工作报告》，《汕头市市政公报》1932 年第 84 期，第 21 页。

④ 《筹建公厕 揭城召开会议讨论》，《岭东民国日报》1942 年 10 月 11 日，第 2 版。

⑤ 国民政府行政院卫生署编《霍乱及其预防方法》，1935 年印，第 2 页。

⑥ 《汕头市卫生行政实施概况》，《广东民政公报》1930 年第 53 期，第 240 页。

户内开凿深井取水，经化验被发现含碱太多也不符合饮用标准，市政府布告只能用于洗涤、不得饮用。此外，市政府要求所有制造清凉饮品食品的商店和摊贩必须使用煮沸的自来水或经政府认可的泉水。1932年6月，市政府化验发现自来水"水质浑浊，菌落颇多，5毫升内即含有大肠菌"①，市长翟俊千致函自来水公司指出饮用水不卫生极易引发霍乱等传染病，要求迅速设法改良。1938年10月，揭阳县组织用水消毒运动大会，城厢各机关、团体、学校等均参加。1941年，揭阳县组建卫生院时，由毕业于比利时劳工大学的杨一香担任化验师，负责饮用水的检验工作，并制作家庭滤水缸简易图纸分发给住户，"务期家喻户晓，广为设置"②。

1928年，汕头市市长黄开山要求警察局根据《取缔贩卖饮食卫生规则》，取缔摊贩"将食品露置、不加盖藏，或将生果去皮发卖"③等行为，并要求各区警岗及卫生巡查队随时检查。时至1932年5月，各食物店"日久玩生，仍多有不遵照规则办理者"④，且上海已发现霍乱多起，市政府认为汕沪交通便利，应提前加以防范，于是重申布告卫生规则并印发1000份《取缔贩卖饮食卫生规则》、2万份《取缔市街清洁规则》，限令各食物店或摊贩在一周内制备玻璃纱罩，重新登记清凉饮料店，要求住户商店必须在指定地点倾倒垃圾。

1930年，汕头市政府通过制定法规加强对酒楼、饭店、茶居等餐饮场所的卫生管理，包括：人员方面，患肺痨、麻风、花柳、癣疥等传染病者不能从事餐饮相关职业，服务员一律穿着长可及膝的白色外衣；食物方面，所有食物应用铁丝罩遮护，病死或腐烂的肉类食品、含有毒质臭味的饮料一律不得售卖；器具方面，店中所有冷热食具、公用面巾使用前都要经沸水消毒，放置到密厨里，砧板应用沸水在早晚各清洁一次；

---

① 《训令自来水公司：据报最近数周食水不洁，仰迅即设法改良，以重民食由》，《汕头市市政公报》1932年第82期，"卫生目"，第16页。

② 《揭阳县卫生院报告书》，《广东卫生》1941年第21、22期合刊，第31页。

③ 《令公安局饬区严加取缔贩负饮食品商贩以杜疠疫由》，《汕头市市政公报》1928年第34期，第108页。

④ 《布告取缔贩卖饮食物卫生规则并限一星期内制备玻璃纱罩由》，《汕头市市政公报》1932年第81期，卫生目第3页；《卫生科工作报告》，《汕头市市政公报》1932年第81期，报告目第5页。

场地设置方面，须将《汕头市政府管理酒楼饭店茶居卫生规则》悬挂在店内，厨房里和周边不得设置厕所，每年须将全店内外墙壁用石灰水刷新两次，店内放置痰盂供顾客和工作人员使用，严禁随地吐痰等。对于违反卫生规则者，按甲乙丙三等，处 10 元以下罚金。根据卫生规则：售卖饮料食品必须用玻璃纱罩遮盖；天然无皮生果未经蒸制禁止售卖；食物店所售食物必须煮熟，熟食品不得加生葱、姜、蒜、韭黄等，不得将没有煮熟的冻牛乳售予顾客；所有食物不得添加未经市政府认可的颜料；生果必须在顾客取用时才切开，饮食品必须等顾客购买时才用杯盘盛出，不能预先盛起摆卖引来飞蝇；盛载食物或调剂食物的铜铅器必须用锡镀过。对于违反上述规定者，"除将该物没收外，得处五日以下之拘留或五元以下之罚金"①。

同时，市政府建筑集中的买卖菜市，制定市场卫生规则，并择定厦岭港建筑新屠宰场。市政府规定，买卖菜市于每天上午 5 点开市、下午 7 点收市，每天上午 10 点和每天下午 7 点进行一次清扫，每周六正午用大水洗扫全场步道，每月 1 日用大水洗扫场内摊位，每次大扫除时由消防队协助。市场内各摊位自行设置垃圾筐、不得随意丢弃垃圾，更不允许在市场内设置便溺场所。对于违犯规定者处五角以上至五元以下罚款，如被罚者不服则交由警署处理。关于牲畜屠宰，市政府规定：不准屠宰售卖病畜死畜、不正当肉类（如狗肉、母猪肉）、变色变味及腐烂肉类；屠户每天要清洗屠宰场器具、处理屠宰残余的皮骨毛甲；一旦出现畜疫流行，政府将命令停止相应畜类的屠宰贩卖，直到疫症消除。对于违反上述规定者，将处以 20 元至 100 元罚款，"再犯加倍处罚，至三次者勒令停止营业"②。

结　语

晚清以来，潮汕地区已紧密融入东南亚区域经济网络，与穗港澳、厦泉漳、东南亚各地均有密切的经济贸易往来，伴之而来的也有对时局

---

① 《汕头市市政府取缔贩卖饮食物卫生规则》，《广东民政公报》1930 年第 53 期，第 246 页。
② 《汕头市市政府取缔屠户规则》，《广东民政公报》1930 年第 53 期，第 248 页。

动荡的高度敏感和流行性传染病传播的巨大风险。前者如军阀混战①、广州和香港沦陷均对当地经济造成不利影响，后者如清末所暴发鼠疫等疫情的重创，其间还夹杂着收回海关检疫权、维护国家主权等多方面的考量，不但对当地经济贸易抗风险能力、公共卫生治理能力提出严峻挑战，还涉及跨区域的协调配合，甚至是国家层面的宏观决策支持。在原潮州府所辖范围内，汕头、揭阳、潮州等地的行政区划虽已发生了较大变化，其内部经济贸易集散网络却继续发挥毛细血管般的作用，是当地的资本、人力、物产等要素在东南亚区域经济网络中发挥作用所不可或缺的重要基础，在面对霍乱等疫情时势必也迫切需要协调防疫、相互支援，任何一地都无法独善其身。

民国期间，鼠疫、霍乱、白喉、脑膜炎、结核病、麻风病、疟疾等传染病的蔓延对广东乃至全国的公共卫生治理提出了严峻挑战，而对家猪耕牛等牲畜传染病的防治也成为农林部门关注的重点之一。潮汕地区由于地理位置和商业贸易等原因，频频暴发传染病疫情，尤其以 1930 年代初和 1940 年代初霍乱疫情的暴发和防治颇具代表性。但是，相比半个世纪前视疫病为"天谴"、求诸巫神、"禁屠祈雨"的传统观念和拒绝免费接种疫苗等情况②，从政府官员到广大民众都已逐渐接受新式医疗手段，加强了公共卫生观念，同时认识到公共卫生治理的系统性要求，即医疗防治水平的提升须与政府对公共卫生的严格规范和主动治理，民众的公共卫生、科学防治、强健体魄等观念的加强密切相关，这对于突发流行性传染病的防控和国民体质的增强都有积极意义，但也可以看到树立国民新式医疗卫生观念的艰难。当然，各地防疫工作也受到客观条件的诸多制约，卫生部门大多依据上级行政部门的公文指令行事，相关的医疗器具和疫苗药物多依赖上级拨给，总体上医疗防治能力差强人意。此外，历次防疫多停留于区域性的政策执行经验，往往缺乏更高层次的专项工作会议部署与充分的经验交流。新中国成立后，这一情况得到了很大的改善，如 1950 年召开全省卫

---

① 1929 年 6 月，汕头市政府发布《汕头市举行第三次全市大扫除通告》称：根据卫生部命令，原定于 5 月份举行全市大扫除，"因值政变，未能依期举行，现在大局敉平，亟应补行，以重要政"。

② 黄挺、林晓照：《西医、防疫、卫生与 1898 年潮嘉鼠疫》，《华南师范大学学报》（社会科学版）2018 年第 1 期，第 34、38 页。

生工作会议、1960 年在佛山召开全国城市爱国卫生运动会议等，最终根治了鼠疫和霍乱等困扰潮汕地区乃至全省多年的顽疾。[①]

主要参考文献

[1] 黄挺、林晓照：《西医、防疫、卫生与 1898 年潮嘉鼠疫》，《华南师范大学学报》（社会科学版），2018 年第 1 期。

[2]《汕头市卫生行政实施概况》，《广东民政公报》1930 年第 53 期。

[3] 贡联兵编《细菌性疾病及其防治》，化学工业出版社，2003。

[4] 赖文、李永宸著《岭南瘟疫史》，广东人民出版社，2004。

[5] 李文波编《中国传染病史料》，化学工业出版社，2004。

[6] 汕头市卫生局编《汕头市卫生志》，内部资料，1990 年印刷。

[7] 揭阳县卫生局编《揭阳县卫生志》，广东人民出版社，1992。

① 周邵根，南方医科大学基础医学院，硕士，研究方向：中国近现代史、思想政治教育。广州，510515。

吴青（1979-），女，江苏南通人，哲学博士，暨南大学中国文化史籍研究所教授、博士生导师，研究领域：中西文化交流史等，广东广州，510632。

马泽娜，汕头市六都中学教师，本科，研究方向：历史教学、区域史。汕头 515144。

刘侯武新加坡行迹考述

——兼论筹办潮州大学及新修《潮州志》问题*

刘晓生

内容摘要　1947~1948 年，两广监察使刘侯武曾两次赴新加坡。1947 年新加坡之行的主要动机是募款筹办潮州大学，并取得一定成效；1948 年新加坡之行的初衷主要是遵医嘱"易地养疴"，但在康复期间仍念念不忘动员潮侨捐款筹建"潮大"并敦促上年认捐款项到位。1948~1949 年，刘侯武主持潮州修志馆，曾多次与总编纂饶宗颐联名致函新加坡潮侨，请求推销新修的《潮州志》，取得一定的成效。1952~1956 年，刘侯武受聘为新加坡潮阳会馆朝阳学校首任校长，从事海外华文教育，尽心竭力，捐薪助学，作育英才，终使该校发展成为当地华校之模范。

关键词　新加坡　刘侯武　饶宗颐　潮州大学　《潮州志》

引　言

刘侯武（1892~1975），讳盛扬，字侯武，潮阳仙陂乡（今广东省汕头市潮阳区谷饶镇仙波乡）人。[①] 1909 年加入同盟会，1911 年参加广州

---

* 感谢潮汕历史文化研究中心、刘侯武先生后人、陈荆淮先生、李国瑛博士为本文提供相关资料，同时感谢匿名评审专家为拙文提出宝贵的修改意见。

① 关于刘侯武的确切生卒年和字号，详见拙文《刘侯武生卒年、字号及传世书迹系年考》，《潮商·潮学》2020 年第 8 期。

起义，曾向海外募款赞助革命，受孙中山赏识。1925 年任潮安县长，政绩卓著。1934 年任监察委员，刚正廉明，弹劾时任铁道部部长顾孟余和行政院院长汪精卫，"直声震于中外"。1939 年特派为两广监察使，与监察院长于右任缔结姻亲。1947 年辞官后致力于筹办"潮州大学"，兼任汕头南华学院董事长，同时主持潮州修志馆。1949 年之后寓居香港，维护乡邦文献，不遗余力。1953 年旅居新加坡，被聘为潮阳会馆朝阳学校首任校长，作育英才。1957 年返香港，直至终老，享寿八十四岁。

作为民国潮汕名人，刘侯武先生的道德文章为当时海内外潮人所共仰，堪称德高望重。然而，学界对刘氏生平与思想的研究尚未深入[①]，尤其是刘侯武在海外（包括新加坡）的活动事迹。故本文通过专题研究刘侯武与新加坡及当地潮阳会馆的关系，以深化刘侯武人物个案研究，同时有助于全面认识民国时期筹办"潮州大学"和编纂《潮州志》等涉潮重要历史事件。

一　两赴新加坡（1947~1948）

刘侯武早年曾向海外华侨募款支援革命，又负责海外党务多年，还被推举为国民党全国代表大会华侨代表。因此，他与海外华侨（包括新加坡潮侨）有着十分密切的关系，亦了解海外潮侨向来热心家乡的文化教育事业。1947 年刘侯武"弃官从教"之后，遂亲赴香港、南洋等地，呼吁海外潮人大力支持筹办潮州大学。1947~1948 年，刘氏两赴新加坡。关于刘侯武这两次海外活动的情形，笔者结合新见文献资料，在今人研究的基础上作进一步的阐述。

1. 1947 年新加坡之行

2006 年黄挺《海外潮人对潮汕地区兴办大学的推动与贡献》（下文

---

① 拙稿《刘侯武研究资料集》（待出版）卷四"传记汇集"，辑录刘侯武先生传记（传、小传、行状、传略、事略）计 20 多种。其中《弹劾顾孟余之监委刘侯武事略》（1934年）是最早的版本，虽仅是前半生传，但记述丰富，较少为 1975 年之后的版本所关注。郑颢《刘侯武先生小传》（约 1959 年）存世手稿有两种，经刘氏本人校改（补），其重要性不言而喻。朱振声《悼念两广监察使刘侯武》（1975 年）除了介绍刘氏基本生平，还披露一些真实生动的故事，耐人寻味。至于后出的《刘侯武先生书法集·刘侯武先生小传》（刘遵义主编，2013 年），为集大成之作。

简称"黄文")首次对 1947 年刘侯武赴新加坡募款筹建潮州大学的情况进行考述。① 2012 年林晓照《民国时期潮汕地区筹办大学的争论》（下文简称"林文"）亦涉及此。② 本文在此略作两点补述。

其一，往返新加坡的时间。黄文指出，"8 月，刘侯武来到新加坡"③，并未言及刘氏抵达新加坡及离开新加坡的具体时间。1947 年 7~9 月，刘侯武先后到香港、泰国、新加坡、槟榔屿等地募款。7 月下旬，刘氏由香港飞赴泰国曼谷。当地潮侨答应捐建"潮大"教室四座。④ 据《刘侯武抵星 请侨胞救灾》（中央社新加坡三日电）载"刘侯武昨乘机抵此"⑤，可知 8 月 3 日，刘侯武由曼谷乘飞机抵达新加坡。8 月 10 日夜，刘氏出席醉花林欢迎宴，报告潮州大学筹建情形。新加坡潮侨答应捐建教室一座，并即席成立"新加坡区潮大筹委会"（由侨领李伟南主事）。8 月 17 日，刘侯武离开新加坡赴槟榔屿，出席全马来亚潮州公会联合会第十周年纪念会暨第九届代表大会，积极劝募"潮大"筹建经费。⑥ 至 9 月 13 日下午，刘氏飞返香港，结束南洋之行。⑦ 从 8 月 3 日至 17 日，1947 年刘侯武新加坡之行时间为半个月。

其二，赴新加坡的动机。一般认为，刘侯武此次新加坡之行的动机是向潮侨募款以筹建潮州大学（如陈嘉庚所言"为创办潮州大学南来"），黄文亦不例外。⑧ 然而，由香港《华侨日报》转载的中央社新加坡 8 月 3 日新闻却以《刘侯武抵星 请侨胞救灾》为话题进行简短的报道："刘侯武昨乘机抵此，向此间侨胞呼吁救济华南水灾灾民，以及协助故乡教育事宜，拟向潮州侨胞敦促在华南设立潮州大学。"⑨ 又，《民国广东大事记》

① 黄挺：《海外潮人对潮汕地区兴办大学的推动与贡献》，《汕头大学学报》2006 年第 5 期。
② 林晓照：《民国时期潮汕地区筹办大学的争论》，《潮学研究》2012 年第 2 期。
③ 黄挺：《海外潮人对潮汕地区兴办大学的推动与贡献》，《汕头大学学报》2006 年第 5 期。
④ 关振东：《情满关山：关山月传》（第二版），中国文联出版公司，1998，第 131 页，载："关山月 1947 年 7 月 26 日开始南洋之行。抵达泰国不久，关山月找到了刘侯武先生。这位潮汕人氏，来到曼谷如故乡，到处都是熟人。通过刘侯武，关山月认识了许多华侨。"此可佐证刘侯武是年 7 月下旬已在泰国曼谷。
⑤ 《刘侯武抵星 请侨胞救灾》，《华侨日报》1947 年 8 月 5 日，第一张第四页。
⑥ 穷潮侨：《刘侯武奔驰南洋各地筹建潮大成绩颇可观（续）》，《雷达》1947 年第 77 期，第 2、7 页。
⑦ 《刘侯武返港》，《香港工商日报》1947 年 9 月 14 日，第一张第三页。
⑧ 黄挺：《海外潮人对潮汕地区兴办大学的推动与贡献》，《汕头大学学报》2006 年第 5 期。
⑨ 《刘侯武抵星 请侨胞救灾》，《华侨日报》1947 年 8 月 5 日，第一张第四页。

载"1947 年 8 月 2 日，两广监察使刘侯武抵新加坡，为广东水灾募捐筹赈"①。5 月下旬至 6 月下旬，广东地区（包括潮汕韩江）发生严重水灾，广东省政府主席罗卓英致电中央各部、院，呼吁赈济广东水灾。②刘侯武南洋之行前夕，恰逢广东发生大水灾，故报纸宣传的所谓"为华南灾民请命"仅是一个话题而已。刘氏抵达新加坡后，就开门见山地公开声明此次南行，主要是募款倡办"潮大"，其次是鼓励潮侨投资建设汕头港。③因此，刘侯武 1947 年新加坡之行（向潮侨募款），其主要动机并非赈济广东水灾，而是筹建潮州大学。

2. 1948 年新加坡之行

1948 年，刘侯武再赴新加坡。《大公报》（香港版）以《筹募潮大经费 刘侯武再出洋》为题进行简短的报道④，而黄文、林文均未提及刘氏此次新加坡的行踪。兹据旧报刊资料，略述如下。

3 月下旬，刘侯武主持召开潮州大学筹备委员会工作会议，决议：（1）由翁照垣负责向香港侨绅募款；（2）争取从广东省政府拿回潮州金山中学的校产⑤；（3）与同乡洽商将广州、香港、上海三地潮州会馆产业拨充"潮大"建校基金。⑥

同年 6~8 月，刘侯武开启第二次南洋之旅，计划敦促香港、新加坡、泰国和越南各地潮侨将上年（1947 年）认捐的款项汇回国内，以应付建设"潮大"的工程费。6 月 20 日，刘氏离汕赴港。⑦7 月 18 日，新加坡八邑会馆在醉花林俱乐部设宴欢迎刘侯武先生莅临，潮属各会馆代表及陈振贤、黄芹生、陈三余、吴俊森、林应标、林守明、方静堂等出席晚宴。刘氏重点报告潮州大学筹办进展及潮汕教育发展现状，呼吁马潮联

---

① 广东省立中山图书馆：《民国广东大事记》，羊城晚报出版社，2002，第 849 页。

② 广东省立中山图书馆：《民国广东大事记》，羊城晚报出版社，2002，第 841~844 页。

③ 穷潮侨：《刘侯武奔驰南洋各地筹建潮大成绩颇可观（续）》，《雷达》1947 年第 77 期，第 2、7 页。

④ 《筹募潮大经费 刘侯武再出洋》，《大公报》（香港版）1948 年 6 月 21 日，第 6 版。

⑤ 林晓照：《民国时期潮汕地区筹办大学的争论》，《潮学研究》2012 年第 2 期，该文认为"与杜国庠、张竞生、杨新声等人不同，刘侯武似乎对金中校产不寄予希望"。其实不然，在筹建"潮大"事宜上，刘氏对金中校产是看重并极力争取的。

⑥ 《筹办潮州大学 决向香港侨绅募款》，《申报》1948 年 3 月 31 日，第 6 版。

⑦ 《筹募潮大经费 刘侯武再出洋》，《大公报》（香港版）1948 年 6 月 21 日，第 6 版。

合会大力支持家乡"潮大"的筹办。① 7 月 21 日，刘侯武将离新加坡，
接受侨领李伟南、连瀛洲等欢宴，当地官员英海军总司令夫妇等亦赴宴
欢送。次日（22 日），由新加坡飞赴泰国。② 8 月 13 日，驻泰国大使馆
武官卓献之设宴为刘侯武夫妇洗尘。8 月 22 日，旅泰潮州刘氏宗亲于
潮阳同乡会所举行欢迎刘侯武先生莅泰茶话会。③ 8 月 25 日，刘氏由
泰国飞返香港。④ 从 6 月下旬至 7 月 22 日，1948 年刘侯武新加坡之行
时间约一个月。⑤

值得注意的是，刘侯武在 6 月下旬就已抵达新加坡，当地潮侨却迟
至 7 月 18 日才设宴欢迎之。汕头地方通信标题云"筹募潮大经费 刘侯
武再出洋"⑥。言下之意，刘氏第二次南洋之行的主要动机或目的仍是
募款筹建"潮大"，但当时海外的报道却透露了不同的消息。

> 潮阳前两广监察使、现任汕头南华大学董事长兼潮州府志委员
> 会主任刘侯武，此次遵医嘱易地南来疗养，下榻连瀛洲氏寓所。地
> 方清幽，空气极佳，复得精通脉理之陈振贤氏数次为之诊治，积年
> 宿疾，不一月竟为之霍然康复，殊出意外。查氏（笔者按，刘侯武）
> 虽在疗养期中，对于筹建潮大一事，倡导仍不遗余力。为筹办潮大，
> 彼个人之殚精竭力不计外，舟车飞机往来一切用度，所费已不止港
> 币二万元。是项开销，纯由渠个人负责。出钱出力，公尔忘私之精
> 神，实属可贵。氏以健康恢复，乃于廿二日由空路赴暹。……本坡
> 八邑会馆特于十八日晚七时，假醉花林俱乐部设筵欢宴刘氏。……
> 刘氏即起立报告渠此次南来养病经过，除对陈振贤氏为之治愈宿疾
> 备致谢意外，对于筹办潮大及开凿龙空涵暨金中变卖校产，南华学

---

① 《潮州大学何时实现：刘侯武在八邑会馆欢宴席上再呼吁 希望马潮联合会应负起更大之
　责任》，《潮州乡讯》1948 年第 2 卷第 12 期，第 3 页。

② 香港南洋报社：《半日刊》第十四期，1948 年 9 月 5 日。

③ 《暹中国大使馆卓武官欢宴刘侯武夫妇》，《潮州乡讯》1948 年第 3 卷第 2 期，第 5 页。

④ 《刘侯武先生南行归来：遄返家乡 营葬先茔》，《南洋报》1948 年第 14 期。

⑤ 《南洋报》1948 年第 14 期，言刘侯武"于本年（1948）六月十八日飞星疗治"。此处 6
　月 18 日恐非刘氏抵新加坡时间，而很可能是从汕头老家出发（先经香港，再赴新加坡）
　的时间。即 6 月 18 日从汕头出发，20 日抵香港，当月下旬再飞赴新加坡。

⑥ 《筹募潮大经费刘侯武再出洋》，《大公报》（香港版）1948 年 6 月 21 日，第 6 版。

院及商船学校迁汕经过与乎对潮汕青年之裨益等等问题，均详作申述，历时达一句钟毫无倦容。氏指出潮大之创设，果能如理想所预期，则不仅可提高潮州文化，且足以解决潮汕之粮食问题。预计新填海坦百万亩，以及荒山荒地的利用，在在均足以增加耕地面积，解决粮荒，从而潮大的经费，亦不无着落，可谓一劳而永逸。惟此为未来之事，眼前所应该计划者，厥惟捐款之筹募，钱一有着即可办理。至于南华学院，刻下可容学生七百余名，在潮州大学未成立以前，尤盼诸乡侨协力赞助，共同支持。最后，氏盼望对于桑梓教育，要踊跃争先。若互相推诿，彼此观望，则徒费时间心力而已。论其切实办法，各地应以单位负责，希望马潮联合会负起更大之责任云。①

（暹京通讯）前两广监察使刘侯武氏来暹后，对于一般宴会多婉词谢绝，现康健已有增进。中国大使馆卓武官，以刘氏敝屣功名，锐意主办地方文献，提倡大学教育，虽在养病期间，仍殷殷以此为念，特于十三晚七时，在武官署设筵为刘氏夫妇洗尘。……又讯，旅暹潮州刘氏宗亲，以刘侯武氏此次莅暹养病，不便踵门多扰精神，特于八月二十二日假座潮阳同乡会举行茶话会，欢迎刘侯武氏夫妇……②

贤达刘侯武先生，昔年奔走革命，尽瘁党国，卓著勋劳！……卸去两广监察使职务。先生于返乡休养之余，时于地方文教，尤多劈（擘）划倡导口积极筹办潮州大学，及重建东山教育区外，并承推任潮州修志馆主任委员，深获地方人士及海外侨胞同情。旋遵医嘱，易地养病，于本年六月〔十〕八日飞星疗治。……七月廿一日于离星飞暹前，尝接受新嘉坡侨领李伟南、连瀛州诸先生之口宴欢送。……先生复以在野之身，对星口侨胞宣达国内政情，指导华侨内向，提倡发展家乡教育文化。在南国愉口环境中，病势日渐痊愈，体重增加，精神焕发！……先生在暹探视亲友，慰问侨胞，……留

---

① 《潮州大学何时实现：刘侯武在八邑会馆欢宴席上再呼吁，希望马潮联合会应负起更大之责任》，《潮州乡讯》1948 年第 2 卷第 12 期，第 3 页。

② 《暹中国大使馆卓武官欢宴刘侯武夫妇》，《潮州乡讯》1948 年第 3 卷第 2 期，第 5 页。

逗匝月，与当地军政人口口各侨社往还，极为欢洽！去月廿五日，先生由暹偕夫人及女公子乘中航机飞抵香港，寓居九龙叶医生处。记者闻讯趋谒，承发表南行观感：……筹备潮州大学，建设工程浩大，此种艰巨使命，现仍积极进行，务达成功，以副（孚）众望。……①

以上三条旧报纸资料，载刘侯武"此次遵医嘱，易地南来疗养""报告渠此次南来养疴经过""此次莅暹（泰国）养病""旋遵医嘱，易地养疴……飞星（新加坡）疗治""在南国愉口环境中，病势日渐痊愈，体重增加，精神焕发"，无不提到刘氏的身体健康状况。那么，1948年刘侯武第二次南洋之行前，其身体状况究竟如何？

刘侯武早年奔走革命，从政则尽瘁党国。抗战胜利后，身体并不康健。1948年2月10日（农历正月初一）夜至4月14日，刘氏抱恙在身，其间共生病三回。3月下旬，刘氏返仙波家乡，不久即卧床，十日不起，张松风医生诊治多次均无效。幸得三倕沈倩品医治调理，始见好转。②

1948年6月下旬，刘侯武遵医嘱，赴南洋静心疗养。先抵新加坡，下榻侨领连瀛洲寓所。幸得名医陈振贤悉心诊治，加上当地环境清幽雅静适宜调养身心，故刘氏积年宿疾方得以逐渐康复。

综上，刘侯武1948年新加坡之行的初衷，与其说是为了募款筹建潮州大学，倒不如说是遵医嘱"易地养疴"。然而，刘氏此番南洋之行，亦念念不忘募款筹建"潮大"——当时唯一的志愿，故在新加坡和泰国康复期间，刘侯武仍锲而不舍地动员潮侨捐款筹建"潮大"并敦促上年认捐款项到位。

二　致函新加坡侨领请求推销《潮州志》（1948~1949）

刘侯武向来积极倡导编纂地方志书，他曾不遗余力地倡修《潮州志》

---

① 《刘侯武先生南行归来：遄返家乡 营葬先茔》，《南洋报》1948年第14期。
② 据刘侯武1948年4月14日致黎民悦、刘世光信函（函见刘遵义《刘侯武先生书法集》，内部刊印，2013，第56页）。

和《潮阳县志》。关于刘氏对新修《潮州志》的贡献，林枫林《刘侯武：嶙峋风骨·清逸情怀》[①]和黄楚芬、黄继澍《潮州修志馆简史》[②]等文章已有不少阐述，本文在此基础上作进一步的论述。

全面抗战胜利后，两广监察使署从广西迁回广州，刘侯武即延请潮州府各县耆宿俊彦，集议纂修《潮州志》。[③] 1946 年 7 月，第五区行政督察专员郑绍玄兼任潮州修志委员会主任委员，聘饶宗颐任总编纂。11 月 5 日，潮州修志委员会召开第一次委员会议，决议设"潮州修志馆"于汕头同益后路六号（今民生路七号，该址原为潮州大学筹备处）。1947 年 12 月，郑绍玄专员卸任，辞去主任委员兼职。1948 年 1 月 28 日，潮州修志委员会召开第二次委员会议，公推刘侯武任潮州修志委员会主任委员。[④]

经费匮乏，始终是潮州修志委员会面临的棘手问题。刘侯武主持潮州修志馆之后，不仅多方募捐，还亲自"鬻书输捐"（个人书法润例由修志馆代订）。刘氏擅书法，且德高望重，料想可募得不少笔润（部分拨助南华学院购置图书）。[⑤] 历时三载，新修的《潮州志》次第成稿，付梓在即。该志书卷帙浩繁，考虑到印刷费甚为庞大，修志委员会采取预约订购办法（先付书款，出版后再寄送志书），以解决出版经费问题。全书采用仿宋字体连史纸，线装精印，共 50 册（另附精装地图 1 册），定价港币 200 元，预约价八折优惠仅港币 160 元。该志书计划分 3 期出版，首期于 1949 年 7 月面世。潮汕地区政府机关尽力协助推销。同时，修志馆主事刘侯武与总编纂饶宗颐不遗余力地致函热心桑梓文化的海内外潮人（包括新加坡潮侨），请求积极认购，共襄盛举。

1948~1949 年，刘、饶二氏与新加坡潮侨之间有多次关于订购《潮州志》问题的信件往来。这批资料原文献存佚未知，但有八封函件著录于当时的新加坡《潮州乡讯》。[⑥] 这八封函件文献价值较高，因学界未见

---

① 林枫林：《刘侯武：嶙峋风骨·清逸情怀》，载赖宏主编《第六届潮学国际研讨会论文集》，澳门潮州同乡会，2005，第 205~227 页。

② 黄楚芬、黄继澍：《潮州修志馆简史》，《潮州日报》2011 年 6 月 30 日，第 C2 版。

③ 陈素：《影印潮阳县志·序》，刘世京藏旧资料。

④ 黄楚芬、黄继澍：《潮州修志馆简史》，《潮州日报》2011 年 6 月 30 日，第 C2 版。

⑤ 《刘侯武先生鬻书助修志 兼以笔润捐助南华学院购置图书》，《南洋报》1948 年第 10 期。

⑥ 潮汕历史文化研究中心藏《潮州乡讯》（全二十五卷，复印本），该文献原件收藏于新加坡陈传忠先生处。

系统整理^①，故特全文转录之（见以下表格）。

序号	发函时间	发函者	收函者	函件内容	文献出处
第1函	1949年4月24日	刘侯武	黄芹生	芹生吾兄惠鉴： 　　奉函敬悉，州志印费，渥承兄及伟南、缵文、振贤、子△明诸兄鼎力襄助，热心桑梓文化事业，感佩殊深。瀛洲、锡光二兄，亦经函请协助，乞与商量推销办法。志书现已着手开印，需款孔殷，而预约款项又极零碎，不能即时集齐。用specially函渎吾兄费神，从速转各同乡多方认购，惠借款项，以应急需，共襄盛举，无任感盼之至。尚此 　　　　敬候 旅安！ 　　　　　　　　　弟刘侯武敬启 　　　　　　　　　卅八年四月廿四日	《潮州乡讯》1949年第4卷第7期
第2函	1949年5月21日	刘侯武、饶宗颐	黄芹生	芹生先生大鉴： 　　奉教祇悉一一，州志荷承热心推销，扶助乡邦文化不遗余力，至感至佩。第一期志书下月可以面世。虽时局不安，相信此种学术性工作不至受政治影响，故现仍在赶紧编印，尚祈转告各同乡踊跃认购，加以支撑，勿使其功亏一篑也。兹先奉上预约收据三十张（每张一部），烦分送各已订购者，并请将各位姓名地址开示。仍希继续推销，函示部数，当再奉寄。又前寄新闻稿，祈交乡讯发表。兹再附上国内学术界权威、前交通部长、现任广东省文献委员会主任委员叶恭绰先生为潮志所撰序文，亦请送乡讯刊出，使乡人共同明瞭志书之重要，有以共策其成。无任感祷之至。尚此敬复 　　　并候 旅安！ 　　　　　　　弟刘侯武、晚饶宗颐拜复 　　　　　　　　　　　　五月廿一日 （缵文先生及诸同乡请代问候！预约收据因邮寄过重且下月即可提取志书，又须寄回，往返需时，故暂寄存有信保管，俟将来再汇寄。又及。）	《潮州乡讯》1949年第4卷第9期

---

① 林枫林《刘侯武：嶙峋风骨·清逸情怀》一文仅收录第2函及刘侯武致喻英奇函（藏于汕头档案馆）。

续表

序号	发函时间	发函者	收函者	函件内容	文献出处
第3函	1949 年 6 月 4 日	黄芹生等	刘侯武、饶宗颐	侯武、宗颐二兄大鉴： 　　敬启者，关于推销预约府志事，现经订购而兼交款者共三十三部（购者芳名另列），兹即函再丰抹港币五千元，无论何时需要，可向支领。至其馀，候络续收集之后，再行汇上，免介（订购者全数共六十部）。而府志出版之日，希即从先托由汕汇通街福升号付叻四顺或骏丰均可，以慰各人之望也。至现尚在继续推销之中，祈免介念。专此 　　　　并颂 　　大安！ 　　黄芹生、连瀛洲、杨缵文、林守明、李伟南、 　　　　　　　　　　　　　陈振贤 　　　　三十八年△六月四日	《潮州乡讯》1949 年第 4 卷第 9 期
第4函	1949 年 6 月 21 日	刘侯武、饶宗颐	黄芹生等	芹生、瀛洲、缵文、子明、伟南、振贤诸先生惠鉴： 　　敬奉来教，祗悉一一。蒙推销志书六十部，并汇下港币五千元，具见诸先生敬恭桑梓，热心文化，至深感佩。经先向有信庄关照，预日内支用。志书下月可有一部分出版，届时当即依数送福升行转上不误。因卷帙浩繁，全部出齐尚须相当时间，故决定各门分志出版后，逐一尽先送还预约人，以免延搁时日。惟是印费庞大，第一期应交印刷款，迄今尚未能清付。深望诸先生鼎力，继续推销，共襄其事，以竟全功，无任感盼。幸甚。专此敬复 　　　　恭候 　　旅安！ 　　　　　　　　刘侯武、饶宗颐拜启 　　　　　　　　六月廿一日	《潮州乡讯》1949 年第 4 卷第 10 期
第5函	1949 年 7 月 23 日	黄芹生等	饶宗颐等	（缺）	据第 6 函

续表

序号	发函时间	发函者	收函者	函件内容	文献出处
第6函	1949年8月2日	饶宗颐	黄芹生	芹生先生惠鉴： 　　七月廿三日来书敬悉，刻州志印成沿革、疆域、大事、地质、教育等门，为装潢力求精备，特加印册边，俾易查检。现先装成者有沿革、大事（秦至明）各一册△，即先交福升栈转上一百部，乞转还各预约人，馀日内即可续付。惟请继续广为推销，以便第二次还书时可以多付，预约收款困难，想为书未出版，不足取信所致，故虽眉急需款，而不敢频函续催。现幸书已面世，不爽出版预期，想推销当较易为力也。现该印务局为购置工料，急迫催款，且值开工时期，一切进行更无由延缓，在此待款万急之情形，拟请先生先为垫付成额款项，以济眉急，勿俟书款汇收再行汇来。因一往一复需时近月，此间工作即无由开展。素稔先生热心志事，屡承赞助于前，当能玉成于后，而不厌其扰渎之甚也。又州志全书卷帙浩繁，每部五十册，以印一千五百部计，共七万五千馀册，即于汕市觅一场所放存此巨量书册，真大伤脑筋。如不赶紧销出，则存书越来越多，其何以堪，仍望先生与瀛洲、缵文、守明、伟南、振贤诸同乡先生，鼎力推售，有以解决此种种困难问题。至于赞修人姓名，依志书成例，俱著录于卷首及卷末中（尚未付梓），其他各门则仅署纂辑人而已，著名之顺天府志及嘉应州志皆如是也。谨此并及，伫候复教，无任翘企。专此 　　敬请 旅安！△ 　　　　　　　　　　晚饶宗颐敬肃 　　　　　　　　　　八月二日 （缵文、伟南、振贤、瀛洲、守明诸先生请代致候，恕不一一。）	《潮州乡讯》1949年第5卷第2期。

续表

序号	发函时间	发函者	收函者	函件内容	文献出处
第7函	1949年8月10日	黄芹生等	刘侯武、饶宗颐	侯武、宗颐先生同鉴： 径复者，接八月二日来书，诸情拜悉。承云府志书经依期面世并装成沿革、大事一百部寄福升栈转来，甚喜。俟收到之日，当即发交预约人。收款方面，一因当兹时局飘摇不定，二则志书迟迟未到，故鸠收颇感困难。盖在一般人心眼中，订购志书纯系交易性质，对货未见而欲先收款诸多诿延。在此情况之下，亦属难以勉强。今若得书抵步△，相信收款当能顺利进行也。继续推销一节，自当竭力进行，祈免廑注。兹由香转上港币三千五百元，至祈查收，此为续收款之一部分，馀候续收续寄，幸勿介及。专函 敬颂 大安！ 黄芹生、连瀛洲、李伟南、陈振贤、杨缵文、林守明 八月十日	《潮州乡讯》1949年第5卷第2期
第8函	1949年8月15日	刘侯武、饶宗颐	黄芹生等	芹生、伟南、缵文、振贤、守明诸先生均鉴： 八月十日赐书，祗悉汇来港币三千五百元，经照收妥，免介。志书已交福升行付去三百本（计沿革志、疆域志合订一册一百本，大事志一自秦起迄明止一百本，大事志二自清起迄民国三十五年止一百本），收到乞复慰。以下各门在装订，陆续可以付上，余款请费神催收并希鼎力继续推销，当再续寄。诸先生热心文化，不遗余力，佩仰曷极。志书有须改进处，诸乞随时指正，尤所祷望。专此 敬颂 旅祺！ 弟刘侯武、晚饶宗颐拜上 八月十五日	《潮州乡讯》1949年第5卷第2期

说明： △ 该函"函敬悉，州志印费，渥承兄及伟南、缵文、振贤、子"一句，《潮州乡讯》排版时误录为"承兄及伟南缵文振贤子函敬悉，州志印费，渥"。另，函中提到"子明"，与"林守明"或为同一人。

　　△ 此函年份应为"三十八年"，《潮州乡讯》误录作"三十七年"。此处特别感谢本文匿名评审专家指正！

　　△ 此函"大事（秦至明）各一册"，《潮州乡讯》原录作"大事各一册（秦至明）"。

　　△ 该函末"旅安"二字，《潮州乡讯》排版时误录于"八月二日"之后，现予更正。

　　△ 该函"抵步"，疑为"抵埗（埠）"之误。

这八封信函中，第 1、3 函的具体时间为 1949 年 4 月 24 日和 1949 年 6 月 4 日；第 2、4 函落款时间为 5 月 21 日和 6 月 21 日，两函与第 3 函内容前后相应，可判断其具体年份均为 1949 年；第 5、6、7、8 函均写于 1949 年该志分卷首次出版面世前后，具体时间分别为 1949 年 7 月 23 日、8 月 2 日、8 月 10 日和 8 月 15 日（第 5 函时间据第 6 函推知）。

经刘、饶二人不懈争取，新加坡方面对潮州新志的认购取得一定的成效。截至 1949 年 6 月，新加坡潮侨团体及个人共订购 69 部（一说 60 部），其中 33 部已支付书款。黄芹生等侨领将收集的第一笔书款港币 5280 元转出 5000 元，由修志馆刘、饶二人收用。① 不到一个月时间，新加坡方面又增订 10 部，累计达 79 部，合计港币 12640 元。即便如此，当时尚未能完全付清该志书第 1 期印刷款。② 同年 8 月中旬，《潮州志》分卷《沿革志、疆域志》《大事志一（秦至明）》《大事志二（清至民国）》等三册已正式出版面世。当月底，修志馆将这三册志书各 100 本（共 300 本）寄到新加坡，由潮侨黄芹生等代为分发给各预订单位或个人。③

1949 年底，因时局动荡，《潮州志》出版不无受影响，但仍在国内继续印行。至 1950 年 2 月，新面世的分卷志书陆续运抵新加坡，共有 12 册。④ 同年 7 月，又有 6 册运抵新加坡，合计 18 册。当时新加坡、槟榔屿预订近百部，但与当地众多的潮侨人数相比较，购书数量仍不多，故新加坡《潮州乡讯》仍不时报道和呼吁乡侨踊跃订购。⑤ 此后，关于新加坡方面订购《潮州志》的情况，限于资料匮乏，未得详考。而计划出版的 50 册《潮州志》，因时局动荡关系，最终仅出版了 20 册，且"无卷

① 《叶恭绰盛赞潮州新志星预约踊跃达七十部》，《潮州乡讯》1949 年第 4 卷第 9 期，第 4 页。（1949 年 6 月 16 日出版）
② 《潮州新志本月出版 印刷费庞大盼乡侨继续预约》，《潮州乡讯》1949 年第 4 卷第 10 期。（1949 年 7 月 1 日出版）
③ 《潮州志开始出书 首批三百册经运抵星》，《潮州乡讯》1949 年第 5 卷第 2 期。（1949 年 9 月 1 日出版）
④ 《潮州志继续出书 再运到艺文志等六册》，《潮州乡讯》1950 年第 6 卷第 1 期。（1950 年 2 月 16 日出版）
⑤ 《潮州志续到六卷》，《潮州乡讯》1950 年第 6 卷第 11 期。（1950 年 7 月 16 日出版）

首无志末，余稿散佚"①。

三　从事新加坡华文教育（1952~1956）

　　刘侯武生平热心文化事业，尤其重视发展教育，曾兼任上海建华电政专门学校校董（1933 年）②、桂林美术专科学校校董（1941 年）③、桂林无锡国学专修学校董事长（1942 年）④ 和汕头南华学院董事长（1946 年）⑤，等等。1947~1949 年，刘氏辞官归故里，致力于筹办潮州大学，同时筹建家乡仙波学校⑥，可惜两者均功亏一篑，令人惋惜。1949 年之后，刘侯武离开大陆，旅居香港。1952~1956 年，刘氏膺任新加坡朝阳学校⑦校长，从事海外华文教育。刘侯武的这段履历，较少为国内学者所关注，故本文试为论述之。

　　1952 年 11 月 15 日，由新加坡潮阳会馆主办的朝阳学校，举行首届董事就职典礼及第一次会议。会议决定聘请刘侯武为首任校长。⑧ 23 日，刘氏以校长身份，去函新加坡潮阳会馆，对同乡热心办学表示钦佩，将来旅费拟赠予朝阳学校作基金或教育用途。1953 年 1 月 14 日，朝阳学校正式举行首届开学典礼。该校学生小学部 215 人，幼稚园 51 人，教职员 12 人。其时，校董事会主席蔡柠正请陈才清律师向当地教育局申请刘侯武先生入境事宜，故暂由马任雄代理刘氏行使校长职务。6 月 23 日，刘侯武飞抵新加坡，走马上任。新加坡刘氏总会设宴为其洗尘。⑨ 7 月 1 日，刘侯武正式出任新加坡朝阳学校校长。9 月 20 日，刘氏出席新加坡

① 黄继澍：《饶宗颐和他的〈潮州志〉》，载赖宏主编《第六届潮学国际研讨会论文集》，澳门潮州同乡会，2005，第 228~238 页。

② 《建华电政专门学校奉市教育局令改名建华电信工程传习所续招男女新生》，《申报》1933 年 1 月 7 日，第 9 版。

③ 谢凌云：《民国时期广西的书法教育研究》，广西师范大学硕士学位论文，2015，第 33 页。

④ 见郑颢所撰《刘侯武先生小传》，其中有刘侯武补之内容。

⑤ 《改推校董并聘名誉校董 推刘监察使侯武为董事长》，《南华学院院报》1947 年迁汕再版第 1 期，第 9 页。

⑥ 《刘侯武先生昔年尽瘁革命 今致力文教事业》，《南洋报》1949 年第 23 期。

⑦ 朝（cháo）阳学校：刘侯武介绍资料多误作"潮阳学校"。

⑧ 新加坡潮阳会馆：《新加坡潮阳会馆金禧纪念特刊》，内部刊印，1976，第 126 页。

⑨ 据刘世瑞藏旧照片（有刘侯武笔迹）。

潮阳会馆二十七周年纪念联欢会。①

1954年2月14日，参加新加坡潮阳会馆第十七届理监事宣誓就职典礼。②刘侯武兼任该届监事会审查。③5月4日，朝阳学校召开第九次董事会议，通过刘侯武提议的"三大计划"——增建教室、开辟运动场及充实图书馆。刘氏与林雨岩、蔡桴、张汉三、陈展翼、黄兴德、丘永烈等人，即席被推举为小组委员。经募捐，筹得两万余元款项，用于购置图书和开辟运动场。④9月12日，刘氏出席新加坡潮阳会馆庆祝成立二十八周年纪念暨会员联欣大会。⑤作为一校之长，刘侯武为朝阳学校的发展出钱出力，不仅以个人名义捐款5000元（用于扩建朝阳学校校舍）⑥，还为该校题写校名（"朝阳学校"）、书校训（"自强不息"），甚至为校歌作词（1969年有修正，沈光辉作曲）。

1955年1月30日，刘侯武出席新加坡潮阳会馆第十八届职员宣誓就职典礼。⑦9月25日，刘氏出席潮阳会馆庆祝成立二十九周年纪念会。⑧1956年3月18日，刘侯武出席新加坡潮阳会馆第十九届理监事暨朝阳学校第四届董事宣誓就职典礼。⑨10月24日晚，刘氏由新加坡飞抵香港。12月11日，新加坡潮阳会馆召开第十九届第七次理监事联席会议，通过刘侯武由香港来函辞职（原校务主任陈景迪继任校长职务）。⑩1957年，新加坡潮阳会馆理事会特聘乡贤刘侯武先生为第二十届（1957~1959）名誉理事长，以示景仰。⑪

由新加坡潮阳会馆主办的朝阳学校，在创办之初校舍经费相当匮乏。因首任校长刘侯武为当地教育部所尊仰，使该校获得甲等津贴，同时获

---

① 新加坡潮阳会馆：《新加坡潮阳会馆金禧纪念特刊》，内部刊印，1976，第77页。
② 新加坡潮阳会馆：《新加坡潮阳会馆金禧纪念特刊》，内部刊印，1976，第62页。
③ 新加坡潮阳会馆：《新加坡潮阳会馆金禧纪念特刊》，内部刊印，1976，第93页。
④ 潘醒农：《新加坡潮州八邑会馆金禧纪念刊》，新加坡潮州八邑会馆，1980，第151页。
⑤ 新加坡潮阳会馆：《新加坡潮阳会馆金禧纪念特刊》，内部刊印，1976，第77页。
⑥ 新加坡潮阳会馆：《新加坡潮阳会馆金禧纪念特刊》，内部刊印，1976，第314页，"筹款扩建朝阳学校校舍征信录"。
⑦ 新加坡潮阳会馆：《新加坡潮阳会馆金禧纪念特刊》，内部刊印，1976，第77页。
⑧ 新加坡潮阳会馆：《新加坡潮阳会馆金禧纪念特刊》，内部刊印，1976，第77页。
⑨ 新加坡潮阳会馆：《新加坡潮阳会馆金禧纪念特刊》，内部刊印，1976，第63页。
⑩ 新加坡潮阳会馆：《新加坡潮阳会馆金禧纪念特刊》，内部刊印，1976，第127页。
⑪ 新加坡潮阳会馆：《新加坡潮阳会馆金禧纪念特刊》，内部刊印，1976，第94页。

专款增建教学楼。刘氏担任校长的数年间，尽心竭力，捐薪助学，终使该校发展成为当地华校之模范。

刘侯武自 1956 年底卸任朝阳学校校长职之后，因幼子世荣、世华定居新加坡，故而仍不时往来于香港和新加坡之间。笔者所能见到的资料，有 1957~1958 年的几次活动记载：1957 年 7 月 15 日（星期日），旅居新加坡的刘侯武携世荣、世华两儿，与南洋医院胡载坤医师及其小孙女游新加坡植物园。①8 月 4 日，新加坡潮阳会馆举办公演潮剧以筹募扩建校舍基金。刘侯武为之书宣传横额及对联，并与同人观看公演潮剧《老正天香》。②9 月 22 日，刘氏出席新加坡潮阳会馆三十一周年暨朝阳学校五周年庆典活动，并发表演说，语多勉励。③1958 年 12 月 21 日，刘侯武出席新加坡潮阳会馆举行朝阳学校新校舍落成典礼。④12 月 23 日，刘氏曾携幼子世荣、世华参观新加坡南洋大学。⑤至 1971 年，刘侯武在八十大寿之后，由四男世荣迎养于新加坡，但不慎跌伤，加上过不惯南洋生活，故不久仍返香港居住。⑥

余　论

刘侯武不仅重视发展文化教育事业，对地方民生公益事业亦极力推动。全面抗战结束后，刘氏曾积极督促恢复汕头救济院，说服名流游剑池担任该院董事长，还亲自负责筹措经费。刘侯武在 1947~1948 年两次新加坡之行期间，积极向李伟南、杨缵文、黄芹生、连瀛洲等潮侨募款。在林连登、林伯歧、陈元春等侨领返潮汕时，刘氏又力请捐资赈济。因此，刘侯武对汕头救济院的发展与光大功不可没！⑦

---

① 据刘世京藏旧照片（有刘侯武笔迹）。
② 新加坡潮阳会馆：《新加坡潮阳会馆金禧纪念特刊》，内部刊印，1976，第 168~169 页。
③ 新加坡潮阳会馆：《新加坡潮阳会馆金禧纪念特刊》，内部刊印，1976，第 141~142 页。
④ 潘醒农：《新加坡潮州八邑会馆金禧纪念刊》，新加坡潮州八邑会馆，1980，第 159 页。
⑤ 据刘世京藏旧照片（有刘侯武题识）。刘侯武在任朝阳学校校长期间，与潮阳会馆林雨岩、钟水发被推举为新加坡南洋大学筹备委员会委员。新加坡南洋大学由陈六使于 1953 年倡办，1955 年成立。1956 年 3 月 15 日，南洋大学举行开学典礼，30 日（校庆纪念日）正式开课。
⑥ 戎马书生（朱振声）：《悼念两广监察使刘侯武》，香港《大成》1975 年第 23 期。
⑦ 《刘侯武先生昔年尽瘁革命 今致力文教事业》，《南洋报》1949 年第 23 期。

　　海外潮侨向来对桑梓的文化教育和公益事业十分热心，慷慨奉献。刘侯武深刻认识到这一点，故其主持筹办潮州大学、新修《潮州志》乃至发展家乡医疗卫生等公益事业时，坚持不懈地向潮侨呼吁并亲自募款，尽心竭力，且不惮烦劳。刘侯武籍贯广东潮阳，他与新加坡潮阳会馆名誉理事长连瀛洲等潮侨领袖有同乡之谊。新加坡潮侨钦仰乡贤刘侯武先生的刚正廉明和道德风范，积极捐款筹建"潮大"、赈济桑梓并认购《潮州志》，甚至敦聘刘氏担任朝阳学校（由潮阳会馆主办）首任校长。1965年，古稀之年的刘侯武（74岁）还动员新加坡等东南亚华侨捐建台北于右任墓园牌坊和纪念亭[①]，并协助办理建筑费、征集楹联等相关事宜。1971年，刘氏八十诞辰，新加坡潮阳会馆募款影印《潮阳县志》以为贺寿之纪念。总而言之，刘侯武与新加坡及当地潮阳会馆有着深厚的历史渊源。

　　虽然"潮州大学"筹办功败垂成，《潮州志》出版未竟全功，新加坡朝阳学校亦早已不复存在，但往事并不如烟。刘侯武与新加坡潮侨的交往事迹，以及刘氏在新加坡潮阳会馆的教育经历，早已铭刻在近百年海内外潮人文化交流的历史长河当中。[②]

---

① 江柏炜：《于右任墓调查暨评估修复计划》，阳明山国家公园管理处委托办理报告，2014年12月。

② 刘晓生，肇庆学院博物馆文物博物馆员，硕士，研究方向：肇庆文化（"端学"）及潮汕民国人物。肇庆，526000。

潮汕侨批中所见在暹华侨亲友间的
日常互动

张　钊

内容摘要　亲友间的日常互动是旅居暹罗的潮州人在侨批中提及的主要内容。根据侨批中的信息可知，华侨们日常的互动情形各不相同。有的人能够时常与亲友面对面交流，有的人知晓亲友在暹罗的近况，也有人由于种种原因与亲友信息不畅。这一现象充分证明，来自华南乡村的跨国移民尽管有着依靠血脉亲情和宗族观念建立起来的情感和关系网，但在旅居海外期间由于生存空间的不断扩大和地理距离的不断延伸，日常生活中相互之间的联系并不那么牢固。

关键词　华侨　亲友　书信　日常互动

引　言

2020 年 10 月 13 日，习近平总书记在广东考察期间专程前往汕头侨批文物馆，听取有关侨批历史和潮汕华侨文化的介绍。他强调：

> 侨批记载了老一辈海外侨胞艰难的创业史和浓厚的家国情怀，也是中华民族讲信誉、守承诺的重要体现。要保护好这些侨批文物，

加强研究，教育引导人们不忘近代我国经历的屈辱史和老一辈侨胞艰难的创业史，并推动全社会加强诚信建设。[①]

早在 2013 年，广东、福建两省近 17 万件侨批向联合国申报"世界记忆遗产"，成功入选《世界记忆名录》，其中广东潮汕地区约含 10 万件。《广东省侨批档案保护管理办法》在 2017 年 12 月 8 日经广东省人民政府第 12 届 121 次常务会议通过并公布，于 2018 年 3 月 1 日起正式施行。广西师范大学出版社于 2007 年、2010 年和 2015 年先后影印出版了三辑共 108 册《潮汕侨批集成》，收录 8 万多封侨批。中山大学历史人类学研究中心和潮汕历史文化研究中心合作建设的"潮汕侨批数据库"于 2018 年 5 月开通，收录约 10 万封侨批。可以说，现如今无论是在中央还是广东地方，侨批作为历史文物和文献资料的独特价值早已有口皆碑。对侨批这样一种纸质文献类文化遗产最好的保护方式莫过于进行大规模整理和解读，使其内容和文化意蕴得以传播于世。

在近代闽粤两省沿海地区民众"下南洋"的移民潮中，移居暹罗（今泰国）的潮州人是一股不可忽视的力量。20 世纪三四十年代，家在澄海、潮安等地的潮州人在旅居暹罗期间寄往家乡的书信构成了今日所见的潮汕侨批中的很大一部分。这些被称为"侨批"的书信是一种另类的口述史料和文物，寄信的华侨在信中讲述了旅外生涯的点点滴滴，为今日的学者研究华侨在外的日常生活提供了大量细致的文字信息。一般而言，人们在外地打拼之余，都会利用节假日或其他闲暇时间与同在该地谋生的亲友相互走访、互通消息。这是人的本性使然。历史上在暹谋生的华侨亲友之间自然也不会缺乏日常互动。那么他们之间主要有哪些互动形式？具体是什么样的情形？其背后反映出了什么问题？这些都值得关注。

近年来，大量学者对潮汕侨批进行了研究，较有代表性的有陈春声[②]、

① 《习近平在广东考察时强调 以更大魄力在更高起点上推进改革开放 在全面建设社会主义现代化国家新征程中走在全国前列 创造新的辉煌》，《人民日报》2020 年 10 月 16 日。
② 陈春声：《侨批分析：近代韩江流域"侨乡"的形成》，载卞利、胡中生主编《民间文献与地域中国研究》，黄山书社，2010，第 95~146 页。

张慧梅 ①、陈子 ②、陈嘉顺 ③、陈瑛珣 ④、陈丽园 ⑤、曾旭波 ⑥ 等人。总的来看，上述学者的论文主要围绕海外华侨与侨乡亲友之间的互动和联系展开论述，较少专门涉及同样在外谋生的亲友之间的日常互动和交往。相比之下，一些从事社会学研究的学者，如陈达 ⑦、陈礼颂 ⑧、葛学溥 ⑨（Daniel H.Kulp Ⅱ）等，对潮汕侨乡进行了细致的调查，相关成果中有不少关于海外华侨与亲友关系的分析。不过，相关分析并不是在海外华侨的视角下展开的。与此同时，海内外学界关于海外华侨旅外期间的在地化社会关系网的研究主要集中于方言群、社团、同乡会等方面 ⑩，即对华侨社会

① 张慧梅：《百姓视野下之"华侨"——侨批所见之潮安金石龙阁乡陈氏》，载潮汕历史文化研究中心、汕头大学潮汕文化研究中心编《潮学研究》第 10 辑，花城出版社，2002，第 278~299 页。

② 陈子：《20 世纪以来泰国华侨华人与澄海侨乡互动研究》，暨南大学文学院中外关系研究所博士学位论文，2015。

③ 陈嘉顺：《务实、谦谨、崇礼的潮人民性——潮安东凤博士林乡林氏一家侨批所见》，载王炜中主编《首届侨批文化研讨会论文集》，潮汕历史文化研究中心，2004，第 294~302 页；陈嘉顺：《亲情与礼仪：冷战时代的南洋华人家庭关系——潮安林氏一家批信所见》，载陈景熙主编《潮青学刊》（第一辑），社会科学文献出版社，2013，第 192~206 页。

④ 陈瑛珣：《潮汕移民家庭中的女性生存心态——以旅泰潮侨许柔金寄澄海弟媳的一批侨批为据》，载王炜中主编《第二届侨批文化研讨会论文集》，香港公元出版有限公司，2008，第 391~400 页。

⑤ 陈丽园：《情系家计——澄邑山边乡陈宅家批为例论侨批的本质》，载王炜中主编《首届侨批文化研讨会论文集》，潮汕历史文化研究中心，2004，第 232~240 页；陈丽园：《从侨批看跨国华人的教育与社会传承（1911—1949）》，《东南亚研究》2011 年第 4 期；陈丽园：《社会变迁与跨国华人家庭的建立——以陈遗恩家庭为例》，《暨南学报》（哲学社会科学版）2013 年第 5 期。

⑥ 曾旭波：《澄海"大娘巾药丸"在东南亚的经营及传播——以华侨陈国保家族批信为个案》，载陈春声、林伦伦主编《潮学研究》总第 23 期，社会科学文献出版社，2020，第 108~121 页。

⑦ 陈达：《南洋华侨与闽粤社会》，商务印书馆，2011。

⑧ 陈礼颂：《一九四九年前潮州宗族村落社区的研究》，上海古籍出版社，1995。

⑨ 〔美〕葛学溥：《华南的乡村生活——广东凤凰村的家族主义社会学研究》，周大鸣译，知识产权出版社，2012。

⑩ 较有代表性的成果有 William Skinner, *Chinese Society In Thailand:An Analytical History*, Ithaca, New York: Cornell University Press, 1957；William Skinner, *Leadership and Power in the Chinese Community of Thailand*, Ithaca, New York:Cornell University Press, 1958；林悟殊：《泰国大峰祖师崇拜与华侨报德善堂研究》，（台北）淑馨出版社，1996；潘少红：《泰国华人社团史研究》，厦门大学南洋研究院博士学位论文，2008；龙登高：《海外潮人的国际联系》，载潮汕历史文化研究中心、汕头大学潮汕文化研究中心编（转下页注）

组织层面的研究，而非华侨个人日常社会生活之间的互动。因此，有必要从海外华侨个人的视角出发，对日常生活中海外华侨与在外亲友之间的互动进行更为细致的解读和分析。从这个角度出发，侨批无疑是最合适的资料。关于侨批的研究价值，陈春声认为：

> 　　保存至今的数十万份侨批中，包含了侨乡和侨居地普通人家日常生活的大量经济资料，既有房地产买卖、物价变动、债权债务等直接与市场活动相关的记录，也有移民、雇佣、乡族权益和婚丧嫁娶等涉及更复杂经济关系的内容，还有许多有关时局变动和国家政令影响日常经济活动的描述。从这些资料不但可以看出普通人日常经济生活的情形，因为这是家庭内部的通信，从中也常常可以非常真确地体验到他们从事经济活动背后的观念和情感。①

　　本文根据早年暹罗华侨寄回潮汕侨乡的侨批资料中的部分内容，从在暹华人亲友互动关系的变化这一角度，来讨论海外华人社会生活中原有的观念和组织遭到的挑战，与其他学者关于海外华人社会的相关研究进行学术对话，以便加深对相关问题的认识。

一　与亲友会面相见

　　人与人之间经常面对面地直接交往使他们的相互关系容易超出工作范围，形成个人之间的情感联系，从而形成人际关系的非正式的一面。②除了慰问新近搭船自汕头来暹罗的亲友外，早先已在暹罗安顿下来的华侨们相互之间自然也不会少了会面。如一位华侨就在寄给家中祖母的信中写道："至于叔父家口人多，每日所得亦不外敷自己口食，而姑母与

（接上页注⑩）《潮学研究》第 6 辑，汕头大学出版社，1997，第 608~618 页。

① 　陈春声：《侨批分析：近代韩江流域"侨乡"的形成》，《民间文献与地域中国研究》，第 145 页。

② 　吴增基、吴鹏森、苏振芳主编《现代社会学》（第五版），上海人民出版社，2014，第 135 页。

叔父同居一处。侄儿常时与姑母叔父坐谈。卢氏荆妻知之。"①显然，这位华侨在日常生活中是常去拜访长辈的。也有华侨在寄给家中老父的信中写道："今逢俺乡世杰来店坐谈，一切各事已经知明。"②

与今天人们相聚的情形类似的是，许多华侨往往也会趁外出公干之便或专程出门一游顺路前去与该地亲友会晤。如一位澄海籍朱姓华侨就在寄给家中祖母的信中写道："所嘱回梓一事，兹因经济问题实难如命。庆添兄台昨日由谷来山巴收账，道经北榄坡，与儿坐谈。庆添兄所云新春尚无一决回梓。三舅父刻下无正业可做。"③一位黄姓华侨则在寄给家乡岳父母的信中写道："另者成潮姻兄上日来哒叻一游，住宿二十外天。今天再上胶信四老姻处，顺此告知。"④也有华侨在寄给家中长辈的信中说道："接到教谕，彼时侄人在山吧后溪下谷买货，曾到芳仁哥处坐谈，说及成福很久未寄家批。"⑤

在亲友之间的会谈中，各自的近况往往成为主要话题。如一位澄海籍林姓华侨就在寄给家中侄子的信中写道：

> 你表兄炳渐于年底至余寓中坐谈，余询其近来近况，彼谓现仍无正业可作。他有儿子三人，男一女二，生计甚难维持。余乃给之以款，近日复再向余讨取，因不能辞却，故与之数铢银。但余亦费用极多，所以月间除寄批并此间费用外，实无余款可存耳。⑥

也有澄海籍蔡姓华侨在寄给家中子女的信中写道："上次集祥嫂所询

---

① 《暹罗黄锡麟寄澄海菊池乡黄宅祖母》，年份不详，11 月 2 日，载潮汕历史文化研究中心编《潮汕侨批集成》第 11 册，广西师范大学出版社，2007，第 348 页。

② 《暹罗谢秀春寄潮安井美乡父亲》，年份不详，2 月 3 日，《潮汕侨批集成》第 77 册，2015，第 225 页。

③ 《暹罗朱乾先寄澄海莲阳西吴乡朱宅祖慈》，1938 年 12 月 9 日，《潮汕侨批集成》第 28 册，2007，第 455 页。

④ 《暹罗黄和民寄岳父母》，地址不详，1938 年 10 月 5 日，载潮汕历史文化研究中心、侨批档案馆编《潮汕侨批档案选编（一）》（下册），香港天马出版有限公司，2011，第 371 页。

⑤ 《暹罗薛芳兰寄澄海程洋冈乡大伯母》，1934 年 9 月 6 日，《潮汕侨批集成》第 27 册，2007，第 209 页。

⑥ 《暹罗林圣源寄澄海南砂乡林松炎》，1939 年 6 月 19 日，《潮汕侨批集成》第 30 册，2007，第 88 页。

之事，集祥兄现在住址在旧时所居之地。该处地名唤安南巷中段，门牌未详。且吾亦不时至他厝坐谈，每言塘山中刻下行情如何艰难、生活如何惨苦等事"。⑦一位家在潮安的陈姓华侨则在寄给家中弟弟的信里写道："另者楚森吾弟前月出来坐谈，有言亲翁叫吾弟做一小生理，扶助二三百铢之度。吾夫着叫吾弟若做生理出来英肯埠做也，比外社实在好也。"⑧也有来自澄海的林姓华侨在寄给家人的信中写道："上日我到谈相叔家中坐谈，言及定浩刻下闲居在家，思欲在塘继续读书费用甚大，无能力负担他之学费。"⑨

　　有的时候，华侨往往会借转交回批的机会前往在暹亲友处一叙。如有华侨就在寄给家中母亲的信里写道："日前付来卢继奎表兄之信，儿经亲送至该地'潮茂号'交卢继奎收，同时且在该店与卢继奎兄面谈，其乐融融，顺此告知。"⑩也有华侨在寄给家中母亲的信中这样写道：

　　　　但阿细姨所附之一纸，儿亦交还阿畔。但儿十一月三十日到暹，即晚与阿畔在六叔店中相遇，把阿细姨吩咐与他对说。仍者阿畔与我所说的话，就是说阿细姨在樟林开了麻雀（即"麻将"——笔者注）台，此话亦是外人与他说的。⑪

　　一位澄海籍黄姓华侨则在寄给家中妻子的信中写道："而岳母所寄一信，欲交尔叔父。吾即交他观阅。而尔叔父并无言说甚话，谨维默坐无言而已。"⑫也有一位陈姓华侨在寄给家中双亲的信中写道："兹付两岳叔信之言，母亲要蓝布，候有亲友客头来往，男自当寄去不误……两岳叔

⑦　《暹罗蔡绍勤寄澄海程洋冈乡蔡少精》，年份不详，7月25日，《潮汕侨批集成》第27册，第334页。

⑧　《暹罗陈素清寄潮安鹤塘乡陈楚钦》，1938年6月20日，《潮汕侨批集成》第103册，2015，第354页。

⑨　《暹罗林益民寄澄海樟林北社林宅南社乳母》，1947年5月8日，《潮汕侨批集成》第35册，2007，第123页。

⑩　《暹罗曾哲坤寄澄海图濠乡慈亲》，1950年5月10日，载潮汕历史文化研究中心、侨批档案馆编《潮汕侨批档案选编（一）》（上册），香港天马出版有限公司，2011，第13页。

⑪　《暹罗郑亚耳寄澄海樟林永兴街慈亲》，年份不详，1月25日，《潮汕侨批集成》第32册，2007，第307页。

⑫　《暹罗黄锡麟寄澄海菊池乡黄宅祖母》，年份不详，1月30日，《潮汕侨批集成》第11册，第332页。

时常与男坐谈，如家函过月未寄，有时无利可取，祈免介耳。"①

有的华侨因故未能与在暹亲友会晤，往往会修书一封向家中说明情况并保证尽快会晤。如一位华侨就在寄给家中双亲的信中表示："莲妹处坐谈，儿尚未前往。一候实行既嘱之事，届时当向姆母报知，免介。"② 也有华侨在寄给家中妹妹的信中保证："承嘱向令家翁磋商之事，因姐之住址相距甚远，故尚未照命令会面。候下月姐往矣之时自当如命。"③ 一位潮安籍华侨则在寄给家中妻子的信中说道：

> 至于关年数月来未尝会面。因他住在谷郊外水门萱园内，地方僻静，又未知其住址。屡次托人前往，均未能会面。待余有闲之时，自己亲往，定能寻得其住所，然后嘱彼写信回塘可也。④

值得一提的是，许多华侨因故未能为返乡省亲的亲友送行，只得在信中聊表歉意。如一位华侨因未与自暹返乡的叔父送行故而在寄给叔父的信中解释道："近闻大人荣旋故里，甚为欣慰。恨家务烦忧，且不知何日起航，致未能送行，于心殊属不安。恭维一路平安，安抵家乡，至以为祝。"⑤ 一位刘姓华侨在寄给返乡表弟的信中说道："佳丰表弟：你此次回唐，我没有时间下谷来送行，请原谅。兹特寄国币五万元以问候并致歉意。"⑥ 有家在澄海的华侨则在寄给家中亲戚的信中表示："日前动身回梓，弟不能送，望勿见罪是幸。"⑦ 也有同为澄海籍的华侨在寄给亲戚的

① 《暹罗陈家泉寄家中双亲》，地址不详，1950 年 4 月 15 日，《潮汕侨批集成》第 40 册，2010，第 115 页。

② 《暹罗成昌寄双亲》，地址不详，1950 年 1 月 4 日，《潮汕侨批档案选编（一）》（下册），第 252 页。

③ 《暹罗林舜卿寄澄海东陇乡福纶宝号》，1947 年 1 月 10 日，《潮汕侨批集成》第 35 册，第 62 页。

④ 《暹罗黄喜吉寄潮安岗湖乡陈氏妻》，1939 年 4 月 4 日，《潮汕侨批集成》第 107 册，2015，第 393 页。

⑤ 《暹罗英存嫂寄潮安鹤塘乡陈运昇》，1947 年 3 月 3 日，《潮汕侨批集成》第 103 册，第 164 页。

⑥ 《暹罗刘正坤寄澄海图濠乡曾佳丰》，1947 年 4 月 16 日，《潮汕侨批集成》第 6 册，2007，第 235 页。

⑦ 《暹罗林利标寄澄海湖心乡林成传》，1947 年 6 月 13 日，《潮汕侨批集成》第 3 册，2007，第 437 页。

信中表示："兄之回国，弟因住居山巴尚未洞悉。候至下谷方才知兄驾回梓里，送行未及。谅大驾水陆定然一路平安。兹值便舟付寄上大银六元，聊作践行之需，尚希笑纳。"① 有家在隆都的华侨则在寄给家人的信中说道："前天闻丙父老婶回塘，余无暇出谷与彼坐谈，心中甚觉不畅。"②

除了会晤座谈外，当亲友遭遇麻烦或者恰逢喜事时，华侨往往也会参与其中。如一位潮安籍郑姓华侨就在寄给家中妻子的信中这样说："不幸吾大舅父大人在于六月初一日寿终。吾与鉴清弟料理丧事忙碌，故此家批迟寄之，对生意一方面鉴清弟继续经营。"③ 可见，这位华侨与自己的表弟朝夕相见，一同处理舅父的后事。一位名叫陈松锦的华侨则在寄给家中曾祖母的信中写道：

> 但此次山巴照料三叔父，因想生意过度，致使心神上有些不妙，言语上多欲答错，对于生意收数以及买卖一切完全不理，甚至还叫他妻饲他一世人。自今日起他已不能生意了。现家中一切皆其妻担负，看其举动，似系激钱太过所致。吾祖父无法可办，只得写下一信命男前往坐谈。男已在上月前去二天。④

显然，这位华侨是受祖父委托前往拜访和照顾自己那因为生意失败而精神失常的叔父，并进一步了解其真实情况。

至于在暹亲友的婚姻大事华侨更不会错过。如一位华侨就在寄给家中亲戚的信中这样汇报："秀清妹已于去月和维君在圣堂举行正式结婚。是日我和吟妹也同在一堂共伸庆贺，及至晚间始回。我们拿阿妈给我们之双酒瓶送给她以作贺礼。"⑤ 也有华侨则在寄给家中叔父的信中将堂妹的

---

① 《暹罗大进寄澄海月窟乡刘寿春》，1935 年 8 月 7 日，《潮汕侨批集成》第 31 册，2007，第 176 页。

② 《暹罗吴宝得寄饶平隆都前沟乡吴锡钦》，1948 年 9 月 22 日，《潮汕侨批集成》第 19 册，2007，第 7 页。

③ 《暹罗郑芳良寄潮安鲲江乡绣莺》，1950 年 6 月 14 日，《潮汕侨批集成》第 43 册，第 34 页。

④ 《暹罗陈松锦寄澄海本都居美后陈乡曾祖母》，1947 年 9 月 1 日，《潮汕侨批集成》第 21 册，2007，第 35 页。

⑤ 《暹罗温鉴清寄澄海樟林南社乡林锦臣》，1932 年 9 月 23 日，《潮汕侨批集成》第 31 册，第 517 页。

婚礼情形作如下汇报：

> 现侄奉母亲之命，特为报告才惜妹婚事经过如下：才惜于本月初十日晚十时出嫁，侄赠时钟一对，二兄赠四十铢，阿陆赠二十铢，仕叔赠金耳环一双价十余铢，才香赠衣服十余铢，父亲赏拜四十铢，母亲赏拜四十铢，二嫂赠修饰品若干，此次合才惜夫家所赠，共得千五六百铢。新婚后三天，药房方面得荣兴送来果品一盘……又得宴席一桌，蜂牌酒一支，新桥方面所得亦然。才惜此次新婚，诸事顺利。家姑（即"家婆"——笔者注）及其夫十分垂爱，真可庆也。①

可以说，从走亲访友到商议事情，从转交批信到参与亲友的红白事，旅居暹罗的潮州籍华侨往往会抓住来之不易的机会与在暹罗的亲友会晤座谈，相见叙旧，以增进感情，沟通情感，了解亲友的动态和近况。这一切自然都是在亲情、乡情作用和驱使下发生的现象。可以说，尽管已经告别故土，这样面对面的交往让许多华侨在心理状态和社交网络上并未与家乡分离。

二　互通消息

同样是旅居暹罗的华侨，但很多时候因为身处异地，加之平素艰苦谋生，故也有很多人并无较多闲暇时间与同在暹罗的亲友互访。在这样的情况下，有的华侨与亲友之间虽不得见面，却尚能互通信息。他们往往会在寄给家人的信中汇报其他在暹亲友的有关信息。如一位华侨在寄给家中岳父母的信中写道："老姨现住暹，一切婿自当指导一切路道，祈请免介。"② 也有华侨在寄给家中祖父的信中言道："孙之现时住址地方在于阿叻新车龙万目巧车站，与塘通姨丈相离不远。"③ 有华侨则在寄给家中

---

① 《暹罗黄崇治寄潮安岗湖乡黄喜吉》，1938 年 5 月 12 日，《潮汕侨批集成》第 107 册，第 418 页。

② 《暹罗黄和民寄岳父母》，地址、日期不详，《潮汕侨批档案选编（一）》（下册），第 373 页。

③ 《暹罗刘逢昌寄潮安井美村祖父》，1933 年 5 月 3 日，《潮汕侨批集成》第 76 册，2015，第 484 页。

母亲的信中汇报道：

> 末了与大伯母再报告，称成福这个浪荡子现又无事赋闲，缘情性过暴，与同店职员因小故相打架闹事。他此时住址在同渠宗弟之住家厝（即"房子"——笔者注）仔，劝他无须过度烦恼，算作俺家门不幸。①

不少华侨会在信中为在暹亲友向家乡亲友代报平安。一位名叫许福存的华侨在寄给家乡姨母的信中写道："母姨如有假时，请到我家坐谈为幸。另者亚鹄表弟现刻不用挂心。"②也有位名叫许振森的华侨在寄给家人的信中说道："镇川之身体目今十分健康……然他月获薪金仅一二十铢而已。看在开年月薪可升三四铢之项。望免远介。"③一位名叫洪淑河的华侨则在寄给家中妻子的信中通报："对于汝妹阿娟现在巴生一地。婿家系姓蔡，澄海程洋岗人，顺为告知也。"④

有的华侨虽然因为各种各样的原因无法与亲友面谈，但却对其一举一动所知颇详。如有陈姓华侨就在寄给家中亲戚的信里写道："外托数言与吾嫂辈告知，现在吾二兄经已出店，暂住他妻府中。"⑤也有林姓华侨在寄给家中母亲的信中交代："但松芝亲弟自十一月初二日经已入他店办事，每月薪金不过六铢，事亦不甚艰苦，望祈免介。"⑥一位澄海籍陈姓华侨则在寄给家中母亲的信中表示："另者本月初五日，接来俊孝一信，内言二弟妇经已到暹，住在孟恭之厝。刻下还未到儿之店。"⑦无独有偶，这位华

① 《暹罗薛芳兰寄澄海程洋冈乡薛宅慈亲》，1938年6月29日，《潮汕侨批集成》第27册，第220页。

② 《暹罗许福存寄潮安鲲江乡姨母》，1934年7月27日，《潮汕侨批集成》第43册，第323页。

③ 《暹罗许振森寄饶平隆都章籍乡许锡川》，1946年1月2日，《潮汕侨批集成》第15册，2007，第282页。

④ 《暹罗洪淑河寄潮安红砂村清妹》，1948年8月8日，《潮汕侨批集成》第81册，2015，第390页。

⑤ 《暹罗陈汉澄寄澄海银砂乡陈万镇》，1946年9月18日，《潮汕侨批集成》第29册，2007，第413页。

⑥ 《暹罗林府土寄澄海东林美乡林宅慈亲》，1938年11月8日，《潮汕侨批集成》第10册，2007，第343页。

⑦ 《暹罗陈俊财寄澄海夏塘乡陈宅慈亲》，1938年10月22日，《潮汕侨批集成》第9册，2007，第120页。

侨的弟弟在寄给家中嫂子的信中则这样说道："另者量吾兄在下春有欲回塘之意。"①

类似的例子在侨批中比比皆是。如有华侨在寄给家中祖母的信中写道："前日来示询及姑母住居何处一事。惟现时姑母尚在表伯之厝内居住，祈免锦念是幸。"②一位家在隆都的华侨则在寄给家中母亲的信中说道："我兄一连数月未通家信，但借问廊升舅，言已下谷，仍无利可获，请大人免念。"③也有澄海籍薛姓华侨则在寄给母亲的信中说道："福裕现仍办山珍园职任，每月工资一百铢……拱良舅确实有利可入手，任意挥霍。他很久无寄。"④

一位来自澄海的黄姓华侨在寄给家中妻子的信中说："尔叔父在十月出德丰泰至十一月入新柳港墩许源合，而尔母欲往石叻（即"新加坡"——笔者注）。吾经与尔叔父说知。尔叔父大为不悦，即行拒绝，不肯尔母往石叻，言及有损他名誉。"⑤也有同样来自澄海的林姓华侨在寄给家中母亲的信中作如下汇报：

> 询问北社表姨之子松霖现住居亚社直火砻内什工廊，终日好眠，不理他事。据他贞头叔言，若长此以往，养成懒惰，将来不可治。与儿路隔颇远，尚未遇面。见思叫他回家更妙，刻下暹地寻事实难。⑥

除明了亲友的行踪外，不少华侨虽然未与亲友会面，但却知晓对方的事业近况。如一位华侨就在寄给家乡岳母的信中写道："照勋姻兄生理

---

① 《暹罗陈俊雄寄澄海夏塘乡卢氏家嫂》，年份不详，3 月 26 日，《潮汕侨批集成》第 9 册，第 398 页。

② 《暹罗陈绍泉寄澄海斗门乡祖慈》，1938 年 9 月 6 日，《潮汕侨批集成》第 11 册，第 177 页。

③ 《暹罗许鉴裕寄饶平隆都前铺村许宅慈亲》，1949 年 2 月 6 日，《潮汕侨批集成》第 14 册，2007，第 252 页。

④ 《暹罗薛芳兰寄澄海程洋冈乡慈亲》，1947 年 8 月 18 日，《潮汕侨批集成》第 27 册，第 228 页。

⑤ 《暹罗黄锡麟寄澄海菊池乡黄宅荆妻》，年份不详，11 月 2 日，《潮汕侨批集成》第 11 册，第 348 页。

⑥ 《暹罗林锦臣寄澄海樟林南社林宅母亲》，1933 年 5 月 3 日，《潮汕侨批集成》第 31 册，第 504 页。

亦兴旺矣,暹中之人亦以安乐也,免介也。"①另一位华侨则在寄给家人的信里提道:"内询亚狮事,但他自三月尾来谷与美隆兄投资创立小店,期末二月全本尽亏……本月二十二日重返山吧寻求生活,以此敬告。"②也有华侨为了交代姻亲的近况而在寄给家中父亲的信中说道:"姻家之生意虽然二间,始创以来二十年,闻他每年得利实银五千余元……遥想他之生意,未知后来如何……看他生意住址定无喜望。如今事已经便然。"③一位名叫黄嗣昭的华侨则在寄给家人的信中说:"而舍弟嗣锋原同经职公和,但公和收歇后彼之职位尚未有着落。至如何谋其前途,此时尚无把握也。"④

类似的例子在侨批中并不少见。有华侨就在寄给家中祖母的信中写道:"三舅父刻下有事,二舅父自本月十三日再得弄璋,顺便告知。"⑤亦有华侨在寄给家中父亲的信中写道:"来信询三兄之恙,但他刻已痊愈,免介。"⑥也有澄海籍黄姓华侨在寄给家中母亲的信中说:"所询问甥女婿职业……刻下未有事业可任,候后来他如有机会,自当奉告。"⑦一位澄海籍曾姓华侨则在寄给妻子的信中写道:"此间行情甚苦,进城弟生意亦不甚佳,而余身边亦无存积。"⑧

也有家在隆都的华侨在寄给家中双亲的信中说:"欲得利亦非易,但三叔店中生意亦无几行情。"⑨有澄海籍黄姓华侨则在寄给家人的信中

① 《暹罗陈友清寄澄海莲阳下社岳母》,1949年1月9日,《潮汕侨批集成》第28册,第244页。
② 《暹罗陈镇绪寄澄海程洋冈乡陈世衡》,1929年6月27日,《潮汕侨批集成》第27册,第166页。
③ 《暹罗黄其赐寄澄海凤岭乡黄炎记》,1930年3月1日,《潮汕侨批集成》第3册,第13页。
④ 《暹罗黄嗣昭寄潮安上官路乡林佑屏》,1939年6月12日,《潮汕侨批集成》第91册,2015,第152页。
⑤ 《暹罗朱乾先寄澄海莲阳西吴乡朱宅祖慈》,1946年3月28日,《潮汕侨批集成》第28册,第451页。
⑥ 《暹罗洪顺维寄澄海樟林南社宫洪名益》,年份不详,3月4日,《潮汕侨批集成》第31册,第353页。
⑦ 《暹罗黄钦恭寄澄海凤岭乡黄宅慈亲》,1932年4月22日,《潮汕侨批集成》第2册,第352页。
⑧ 《暹罗曾进奎寄澄海图濠乡荆妻》,1948年4月11日,《潮汕侨批集成》第6册,第366页。
⑨ 《暹罗赵木兴寄饶平隆都大南溪乡双亲》,1947年8月27日,《潮汕侨批集成》第19册,第424页。

说问："近来汉初岂有寄批到家否？他刻住曼谷冬粉厂任业，每月资金一百五十铢。"① 一位华侨在寄给家中母亲的信中汇报："此次俺乡振雄之妻及素挥女与茶锅姆同来暹，居于松砂地界。茶锅姆将素挥女配与陈厝（即"陈家"——笔者注）人，年岁近二十五。"②

可见，许多华侨时刻不忘掌握和传达在暹亲友的各类信息。

至于亲友的死讯和丧事，华侨也会第一时间得知并传达。如一位华侨就在寄给家中双亲的信中写道："另者姨丈已在去年元月十八日逝世，姨母在塘中仙游。表兄嫂嘱咐请问母亲今年六月初六日过桥（潮州当地民俗，为逝者举行的一种仪式——笔者注），姨母可好同来暹罗和姨丈同过桥。祈回音来知为要。"③ 也有华侨在寄给家中亲属的信里写道："近有弟这次旧病治医无效，竟于去月二十七夜十二点余钟在阁中身故，天光即为九月二十八日。他的病情上日天赠兄回梓定有先为告知。"④ 一位名叫陈木香的华侨在寄给家中兄长的信中表示："另者前祖母仙逝，妹实不知也。是侄儿通音告知。"⑤

由于传统中国式亲属网络的存在，同在一国谋生的亲友之间互通信息既是情感沟通的需要，也是家庭观念和宗族文化熏陶的结果。在这样的情形下，分布在海外各地的亲属即便不能相见，也可以凭借海内外的亲属移民网络来沟通感情。

三　信息隔绝

与前述内容形成鲜明对比的是，也有部分华侨由于各种各样的原因对在暹亲友的现状知之不详，以至于亲友之间出现信息隔绝的现象。

---

① 《暹罗黄坤利寄澄海前溪头乡黄汉茂》，1948 年 11 月 13 日，《潮汕侨批集成》第 27 册，第 508 页。

② 《暹罗麻雀寄慈亲》，地址不详，1935 年 2 月 6 日，《潮汕侨批档案选编（一）》（下册），第 356 页。

③ 《暹罗郑芳茂寄潮安鲲江乡双亲》，1939 年 4 月 1 日，《潮汕侨批集成》第 43 册，第 248 页。

④ 《暹罗李世旋寄潮安鲲江乡郑何文》，1934 年 10 月 7 日，《潮汕侨批集成》第 43 册，第 308 页。

⑤ 《暹罗陈木香寄饶平居美后陈乡陈木生》，1938 年 4 月 28 日，《潮汕侨批集成》第 21 册，第 82 页。

如有家在澄海的黄姓华侨就在寄给家中母亲的信中写道："三姐夫自今岁并无批信到家。他去岁三四月间寄有一信,说居住在四杀吉。至今已有一年之久没有消息,不知住原地抑或他方。候有面会,自当告知。"①也有同样来自澄海的刘姓华侨在寄给家中母亲的信中写道："内嘱欣妹寄批一事,缘儿未知她之住址,故无从致讯。谨查探详何处,自当修书告知。"②

由于在职业选择和经济活动方面具有明显的流动性,华侨们的住址并不固定,因而亲友之间由于条件所限不了解对方行踪和近况的现象较为普遍。如有家在潮安的华侨在寄给家乡叔父的信中如此说道："然在本月接来家信一封,内云要问瑞烈的事。见欲要问者,可写一字寄往洛坤寻问可也。现今我亦不知他的事了。"③也有同样来自潮安的王姓华侨在寄给家中母亲的信里写道："所言赵扬诸事,实在相离太远。他住在彭,儿媳住居在谷,因此万事儿全不知。"④一位澄海籍曾姓华侨则在寄给家中妻子的信中说:"居雄侄儿不知住何地方,不就寻觅。"⑤

类似的例子在侨批中十分常见。如一位华侨就在寄给家中双亲的信中表示:"但锡桐现不在振盛,不知他现在何处。"⑥也有华侨在寄给家人的信中说道:"上次集祥嫂所询之事,集祥兄现在住址在旧时所居之地……唯他之内容如何,吾则无从明了。故而未能详细告覆。刻托吾贤妹代向集祥嫂以便知悉无误。"⑦有澄海籍黄姓华侨则在寄给祖父母的信中说道:

---

① 《暹罗黄钦恭寄澄海凤岭乡黄宅慈亲》,1931年6月19日,《潮汕侨批集成》第2册,2007,第350页。

② 《暹罗刘寿春寄澄海月窟乡慈亲》,1931年6月18日,《潮汕侨批集成》第31册,第28页。

③ 《暹罗瑞通寄潮安元巷乡叔父》,1931年6月12日,《潮汕侨批集成》第83册,2015,第395页。

④ 《暹罗王赵来寄潮安东里村慈亲》,1948年11月5日,《潮汕侨批集成》第75册,2015,第407页。

⑤ 《暹罗曾应国曾鸿扬寄澄海图濠乡曾宅王氏荆妻》,1948年11月2日,《潮汕侨批集成》第6册,第248页。

⑥ 《暹罗蔡成波寄饶平隆都后蔡乡双亲》,1940年4月24日,《潮汕侨批集成》第17册,2007,第466页。

⑦ 《暹罗蔡绍勤寄澄海程洋冈乡蔡少精》,年份不详,7月25日,《潮汕侨批集成》第27册,第334页。

"另者但此刻未知思有叔的住址，故无从质问此事。"① 也有一位名叫黄锡恩的华侨在寄给家中母亲的信中这样说道："前日所问景河兄之事，前年他尝在细叔身边之时，不知因何故而离他。现在尚无下落。"② 一位来自潮安的林姓华侨则在寄给家中妻子的信中汇报："清林兄前与愚住在万仑，今不知住在何处矣。探明后信复知。"③

有的华侨也会因为与在暹亲友关系不佳而联系较少，导致相互之间信息不畅。如一位来自潮安的陈姓华侨就在寄给家中母亲的信中直截了当地表示道："但儿与镇扬并无往来，以后只无须问也。"④ 也有华侨则在寄给家中母亲的信中说："锦城之事因前同住之时受他气闷，故不与通信往来也。男此后亦不与他见面也。"⑤ 有华侨则在寄给家中岳父母的信中吐槽道："云婿家嫂来暹，成香无向坐谈。原系家嫂夜郎自大，轻视晚辈，兼之她素来口蜜腹剑。这些之事，大人可不必管她。许等人亲近，有如入鲍鱼之肆。"⑥ 一位家在澄海的薛姓华侨则在寄给家中母亲的信中写道：

> 所询拱良姻弟，他现时住址乾盛槟，至于有事与否，我不能详悉。至于集烈这个人，他已与我断绝来往将有二载，他真是忘恩负义。此中详细可问贞烈哥便晓。他现时住址山巴，离我之住址二点钟火车路，地名叫华富里。有职业与否我亦不详悉。我已托友人告知他如此情形。⑦

---

① 《暹罗黄惟锦寄澄海东前溪乡黄宅祖父母》，1948 年 12 月 3 日，《潮汕侨批集成》第 27 册，第 459 页。

② 《暹罗黄锡恩寄澄海外埔乡黄宅慈亲》，年份不详，1 月 11 日，《潮汕侨批集成》第 34 册，2007，第 245 页。

③ 《暹罗林足三寄潮安博士林乡陈氏荆妻》，1940 年 4 月 14 日，《潮汕侨批集成》第 51 册，2010，第 170 页。

④ 《暹罗陈才清寄潮安铁铺乡慈亲》，1947 年 1 月 7 日，《潮汕侨批集成》第 105 册，2015，第 452 页。

⑤ 《暹罗赖荣华寄潮安赖处乡慈亲》，年份不详，5 月 9 日，《潮汕侨批集成》第 89 册，2015，第 391 页。

⑥ 《暹罗黄和民寄岳父母》，地址不详，1938 年 2 月 26 日，《潮汕侨批档案选编（一）》（下册），第 370 页。

⑦ 《暹罗薛芳兰寄澄海程洋冈乡慈亲》，1938 年 7 月 30 日，《潮汕侨批集成》第 27 册，第 221 页。

在暹亲友之间的疏于问候或信息不畅有时会导致情感的疏离甚至无奈错过。如有华侨就在寄给家乡姑丈的信中表示："前日维耀弟台锦旋时，为何无与侄言知，并无至侄处一谈，殊为怪也。"[①]一位华侨则在寄给家中母亲的信里沉痛地表示："另又吾父亲他在数月前身上致病甚重，入院调医尚不见愈。谁料不测，至此九月初十日下午命经仙逝，而不肖同船入往山巴数日后出谷来者才知此事。"[②]这位华侨由于身在外地办事以致信息不畅，父亲过世后数日方才得知噩耗，其心情之沉痛可想而知。

对于华侨在外谋生期间与其他亲属的往来，陈礼颂在调查后认为：

> 去的地方起初只限于暹罗一处。往后乡人出洋的更是络绎不绝，后去的大都前往投奔族人。一般称这些人为"新唐"。在外洋同族人之间的关系是格外亲切的，万一"新唐"有不幸发生事故的，同宗族人就会分头向侨居当地的族人募捐相当数目的款项，给与济急，或帮他送回故里。[③]

然而，如果参照侨批中的资料细细考究可以发现，上述观点虽然看似颇有几分道理，实则却在某种程度上过于理想化。相比之下，陈达的分析显得较为现实、合理。有关华侨在外的情况，陈达在经过调查后认为：

> 聚族而居的习惯，在南洋各处，可能性不大，且亦无此需要。如果职业上有关系，如兄弟服务于同一商店，那么兄弟可以住在一处。否则各人因职业的不同，往往一家人东奔西走，分散在几个市镇里，很少能住在一处，维持家庭的团体。[④]

结合上文的介绍和分析不难看出，事业的忙碌或分处异地所造成的

---

① 《暹罗蚁春炎寄澄海银砂乡陈维耀》，1936 年 12 月 10 日，《潮汕侨批集成》第 29 册，2007，第 406 页。
② 《暹罗谢娘赐寄澄海金砂乡谢宅慈亲》，1941 年 10 月 28 日，《潮汕侨批集成》第 36 册，2007，第 87 页。
③ 陈礼颂：《一九四九年前潮州宗族村落社区的研究》，第 21 页。
④ 陈达：《南洋华侨与闽粤社会》，第 138 页。

空间上的距离，以及相互之间可能不断出现的各种矛盾和隔阂，都会使华侨与在暹亲友间出现信息不畅，甚至关系冷淡、不相往来的尴尬局面。旅外生涯中面临的众多现实问题所带来的影响使得基于血缘和地缘的亲属关系无法如同身在家乡时那样牢固。

四　分析与讨论

由于来自传统的乡村社会，同在一处谋生的家族成员或相关亲属就成了华侨在海外日常社会生活中互动的对象。美国人类学家华琛（James Watson）在对香港新界往欧洲的移民进行研究后认为："这些移民的宗族关系对于他们在欧洲事业的成功是十分重要的。如果以个体户的形式进行经营，他们就不可能取得这样的成就。每个宗族成员都成为链条中的一环，以帮助更多的文氏族人移居海外。"[①] 结合潮汕侨批中的情形，不难看出，传统乡土社会的宗族成员不仅是移民链条中的一环，也是移民在地生活中的主要人际关系网，可谓贯穿于整个移民过程中，并成为移民与家乡通信中的主要内容。具体而言，家乡事务和各自境遇往往是华侨们相互之间会晤的主题，在暹亲属的行踪和处境则是与家乡亲人通信时的主要内容。就生活状况、婚丧嫁娶、事业发展等生活中的琐事进行沟通成了许多华侨旅暹生涯中一项必做的功课。因成长于故乡而形成的浓厚家乡观念和亲情在侨批中溢于言表，跃然纸上。

然而，正所谓"几家欢喜几家愁"，同样是旅居暹罗的华侨，有的人可以时常与亲友座谈会晤，共聚一堂，或者与亲友保持畅通的联系，及时沟通各种信息，在亲友有红白事时还能出一分力；有的人则因为相互之间关系不佳、居住地点相隔较远或者忙于事业而疏于问候，缺乏联系，甚至因为发生矛盾而决意老死不相往来。这其中，地理空间和生存空间是十分重要的因素。华琛在研究中国的宗族问题时指出：

> 按照居住的情况划分，宗族可以分为聚居宗族和散居宗族两种。

---

① 〔美〕华琛口述，陈春声整理《中国宗族再研究：历史研究中的人类学观点》，《广东社会科学》1987 年第 2 期。

前者指所有宗族成员住在同一个村落中的宗族，后者指宗族成员不住在同一个地方的宗族。二者都具有前面所列的宗族的各个特点。一般来说，散居宗族内聚力较弱，聚居宗族内聚力较强。①

香港新界也好，粤东潮州地区也罢，华侨们的故乡当然很大程度上属于华琛所说的"聚居宗族"。然而，结合侨批中的内容，不难发现，华侨离开故土在外谋生时极有可能与同样在外的亲友分离开来，即处于"散居"状态。因此，在暹罗这样一个远离故土的地理空间下，生存空间的不断扩大和地理距离的不断延伸使得依靠血脉亲情和宗族观念建立起来的情感和联系并不那么牢固。人间百态，世态炎凉，可谓尽在其中。

有学者认为："每个普通百姓都有自己的生活网络，与这一生活网络密切相关的批信也由此呈现出不同的内容，当他们移居到海外时，他们也把这一生活网络扩大到了侨居地，而且他们始终不会走出这一生活网络。"②也有学者认为："潮汕之民，素来守望相助，乡谊深厚，凝聚力强。移居海外的乡亲，梯山航海，出国离乡，人地两生，更加注重彼此扶助，团结合作。为数众多的同乡会，就是这种以地缘为纽带的互助团体。"③无论是将华侨视为个体，还是从华人社会组织的视角出发，大量研究都倾向于突出强调移民在家乡基于血缘和地缘形成的亲属网络在海外能够产生强大的凝聚力，对华侨的海外生活产生巨大的影响。但仅就侨批中所见的情形而言，凡事无绝对，背井离乡讨生活使得华侨们在居住和劳作方面均面对与在故乡时完全不一样的局面。由于在外谋生时大多集中于城镇的小规模商业领域，而非故乡那样的传统农业劳作，华侨这一群体的流动性十分明显，相互之间即便同处一地也会有空间上的分离，个体在日常生活中需要面对的问题较故乡更多。可以说，现实中的诸多因素与空间上的分离使得传统农业社会聚族而居的形态构建出的宗族亲属网络在日常生活中所能起到的作用大打折扣。这一点与当今的城镇化问题

---

① 〔美〕华琛口述，陈春声整理《中国宗族再研究：历史研究中的人类学观点》，《广东社会科学》1987年第2期。

② 张慧梅：《百姓视野下之"华侨"——侨批所见之潮安金石龙阁乡陈氏》，《潮学研究》第10辑。

③ 龙登高：《海外潮人的国际联系》，《潮学研究》第6辑。

颇有几分相似之处。大量劳动力进入城镇谋生后，一方面会依靠同乡亲友的网络来解决诸多难题，另一方面也会因为生活环境的变化出现传统乡村家庭人伦亲情淡薄、关系疏离等社会现象。

那么，如何才能对以潮州人为代表的华侨的移民生活有一个更为全面的认识呢？对此，陈春声认为：

> 上千年来，潮州人一直有这样一个传统的活动网络或者活动区域。在这个区域内，存在着很不一样的国家制度，很不一样的法律制度。所以，就不能以为他们在外面的生存方式或者他们回到国内的活动，只是受到你的中国的所谓儒家文化或者道家文化的单方面影响。这里讲要重视跨国视野下的潮州人海上网络，就是说，在研究者的头脑中，不能仅仅从一个国家和一种文化传统的角度去想象潮州人的生活方式和思想感情。[①]

显然，陈氏之高论是在强调不同的国家和制度在华侨们的跨国生活中产生的影响。本文则结合华侨这一跨国群体日常生活中交往互动的细节，从细微处着手，强调旅外生涯中人口的流动性、空间上的距离和现实中的诸多因素，会使得传统社会基于血缘和地缘关系形成的内部凝聚力在某种程度上变得日渐疏离、松散，不再牢不可破。事实上，无论是强调跨国的因素，还是突出生存环境的变化，都旨在脱离旧有的研究中一味强调文化传统和宗族观念的藩篱，试图从更为真实的语境中观察华侨的移民生活。[②]

---

① 陈春声：《从地方史到区域史——关于潮学研究课题与方法的思考》，载潮汕历史文化研究中心、韩山师范学院编《潮学研究》第 11 辑，汕头大学出版社，2004。

② 张钊，中国出版集团世界图书出版广东有限公司编辑，博士，研究方向：东南亚华侨史、潮汕侨批。广州，510300。

碑刻视野下潮汕华侨史的精微记录

舒习龙

内容摘要 碑刻文献具有多重学术研究价值，对于加深潮汕华侨史研究，关注历史细节，开辟新的历史研究路径，还原更为真实的历史，以及使史料的来源更加丰富、多元，都具有不可替代的价值。所在国碑刻揭示潮汕华侨异国生活图景，记录了他们在异国的宗教信仰和个人际遇，而散落在异国的华侨碑刻正好可以起到纠弊补偏、还原历史真相的作用。潮汕侨乡碑刻记录了华侨在海外贸易经商、辛苦打拼后，将赚的金钱反哺于原乡的慈善事业，富而不忘本、不忘根脉所在。碑刻还书写了潮汕华侨经济史的重要内容，批局碑刻揭示了地方乡绅在公共事业中扮演着重要角色，显示了出色的组织能力，揭示了南洋华侨与地方社会的互动关系。

关键词 碑刻 潮汕华侨 批局

碑刻文献具有多重学术研究价值，展现了区域社会文化生活的众多领域，反映了族群之间的关联、迁徙与重构。潮汕地区是广东著名的三大侨乡之一，华侨在侨居地和侨乡都留下了种类繁巨、数量众多的碑刻。这些碑刻部分已被有志于碑刻的学者整理出来，如谭棣华《广东碑刻集》，黄挺、马明达《潮汕金石文征》和郭思恩《潮汕金石萃编》，但尚有一部分涉侨碑刻尚仁立于街衢，等待学者整理与释读。

有些学者利用潮汕地区有关华侨的碑刻史料研究潮汕华侨史，取得了一定的成绩，提升了潮汕华侨史研究的深度，如黄挺曾利用广东省潮安县彩塘镇华美村的两块碑刻，解读了晚清时期海外潮商由于传统儒家文化的熏陶，而表现出情系家乡父老、热心公益事业的强烈乡土宗亲观念①，这是利用碑刻资料解读早期华侨心态与研究潮汕华侨思想的很好个案。欧俊勇与温建钦充分利用田野调查中收集到的有关华侨题捐碑，分析了民国时期华侨在揭阳地区桥路修建、庙宇修建、祠堂修建与学校修建等公共行为中的作用，揭示了华侨作为区域社会新的"权力的文化网络"存在形态②，这属于利用碑刻资料研究华侨政治和思想史的例子。实际上，涉侨碑刻种类繁多，墓碑、塔铭往往是个人生平史、事件史的记录，祠堂、庙宇的碑刻则兼有生平事迹和宗教信仰的记录，题捐碑则承载经济史和思想史的内容。

当今学者已经开始逐渐认识碑刻的价值，对于这种原始的一次文献给予较高的评价，正如有学者指出的："碑碣之存也，或为史事之印证，或为史家所取资，故识者宝之，珍逾彝鼎。"③ "举凡山川城池，风土民情，历代所为精神建设及物资建设，与夫名宦乡贤先烈之嘉言懿行，莫不籍以垂久远，而供后世之摩挲考证。"④ 卞利认为，宏观的历史问题研究需要以微观史料作为依据，而碑刻为学者们提供的正是这样一种具体细微的第一手史料。⑤ 吴欣也认为，碑刻等民间文献是正史文献的补充，碑刻保留的新鲜可信的资料，为全面地解读历史提供了更完整的证据链。⑥ 碑刻文献作为"刻在石头上的历史"，不易磨损且不易失记误记；其补史之阙、正史之谬，对于加深历史研究以及华侨史研究，关注历史细节，开辟新的历史研究路径，还原更为真实的历史，以及使史料的来源更加丰富、多元，都具有不可替代的价值。正如郑振满所云："碑刻

---

① 黄挺：《从沈氏〈家传〉和〈祠堂记〉看早期潮侨的文化心态》，《汕头大学学报》（人文科学版）1995 年第 4 期。

② 欧俊勇、温建钦：《民国时期揭阳海外华人捐助活动探析——以现存的题捐碑刻文献为中心》，《五邑大学学报》（社会科学版）2014 年第 2 期。

③ 郑喜夫、陈文达、庄世宗：《日据时期台湾碑文集成》，南投"中华民国"史迹研究中心，1992，第 3 页。

④ 黄耀东编《明清台湾碑碣选集》，"弁言"，南投台湾省文献委员会，1994，第 1 页。

⑤ 参见张清俐、吴楠《从碑刻中发掘更多新史料》，《光明日报》2002 年 1 月 24 日。

⑥ 参见张清俐、吴楠《从碑刻中发掘更多新史料》，《光明日报》2002 年 1 月 24 日。

提供了许多新鲜可信的资料，在传统社会，华侨被视为不守规矩甚至是犯法的人。因此，他们在海外的行为，大陆的文献资料都没有记载。而实际上我们的华侨曾经创造了中国历史的海洋时代，这些在我国东南沿海和东南亚地区的民间碑刻中都有反映。"①本文不拟对碑刻在多重学术领域中的价值做系统梳理，重在解读所在国和侨乡碑刻对潮汕华侨史研究的价值。

一　所在国碑刻揭示潮汕华侨异国生活图景

明末清初以来，潮汕华侨迫于生计或者为寻找商机，其足迹遍及世界各地，其中尤以东南亚为最。华侨如何漂洋过海，在异国如何生活，如何融入当地社会，在异国是否还保留原乡的宗教信仰，传世文献有些有书写，有些似乎阙略未载。散落在异国的华侨碑刻，正好可以起到纠弊补偏、还原历史真相的作用。

碑刻种类众多，义冢碑刻是其中非常重要的一种。义冢碑刻既有为个人所立的，也有为某一群体所立的。中华民族特别重视养生丧葬，后辈为已死的长辈树碑立石，此为孝道之始，华侨虽身在异乡，却仍保留着中华民族的优良传统。从饶宗颐所编的《新加坡华文铭刻》可知，早在明末就有潮汕人移居新马。如1949年12月，在新加坡淡申律义顺村附近发现一古墓碑上镌有"义叙，明考朝元程公之墓"，右边刻有"达豪赤港乡"②，饶宗颐先生据此推测明代已经有潮州人在新马寄居。达豪程朝元在新加坡的坟墓，是迄今为止东南亚地区发现最早的潮汕华侨的坟墓。此墓的发现表明，至迟在明末便有潮汕人前往新马谋生，而墓主程朝元客死他乡之后，其后人按照原乡的风俗葬之，并立碑记载墓主身份，反映了他们对祖国和原乡的认同。

塔铭是华侨碑刻非常重要的种类，它所记录的内容有详有略，特别是一些书写比较完整的碑铭，是我们解读和还原华侨史重要人物、史实的史料来源。越南阮朝官修史书《大南实录》曾记载有三位中国僧人，

---

① 参见张清俐、吴楠《从碑刻中发掘更多新史料》，《光明日报》2002年1月24日。
② 广东省汕头市地方志编纂委员会编《汕头市志》（第四册），新华出版社，1999，第542页。

分别为元韶禅师、石濂和尚、玄溪和尚。元韶禅师原名谢元韶，字焕碧，1648 年生于广东潮州，1677 年赴越，卓锡于归宁府，1683 年在归宁建十塔弥陀寺，之后前往顺化富春山，"造国恩寺，筑普同塔"，1696 年应阮主之请，住持顺化河中寺，直至 1728 年圆寂。元韶禅师在越传布佛学达 50 年，被越南学者誉为中部"临济宗的开创者"。在他的影响下，越南中部形成了元韶禅派，元韶禅师也成为越南临济宗的第一代祖师。阮福澍于保泰十年（1729）御撰《大越国王敕赐河中寺焕碧禅师塔记铭》记载元韶的生平曰：

> 原籍广东潮州府程乡县，谢氏子，生于戊子年五月十八日。戊牌十九，辞亲出家，投入于报资寺旷圆和尚，法名元韶，字焕碧。焕碧禅师于丁巳年（1677）从中华来，初锡归宁府，创建十塔弥陀寺，广开像教，再回顺化富春山，崇造国恩寺并普同塔。至圣考前朝又命禅师回广东，延请长寿石老和尚，并请佛像及法器，往来完成，颇多功绩。自此奉旨住持河中寺。……历自航来余境，计五十一年矣。至戊申年（1728）得病，于十月十九日召集四众人等，谈及玄机，嘱留秘语，临期授笔说偈，偈曰：寂寂境无影，明明珠不容；堂堂物非物，廖廖空勿空。①

元韶禅师奉广南国阮主阮福澍之命，多次回中国求请高僧南下去越南，但未能成功。一直到显宗阮福澍时期，福建的石濂和尚才应元韶禅师之邀，到顺化参加禅林寺戒坛授戒仪式，并于乙亥（1695）正月十五日从黄埔坐船到会安港（越南广南），最后抵达顺化。这次漂洋过海到顺化的除石濂和尚之外，还有明弘子融、明海法宝、明物一知等人。②授戒结束之后，石濂和尚于次年回中国，明海禅师留在广南省弘法。1689 年下半年到 1690 年初，元韶再奉阮主之命到广州，回来时带回明海法宝和经像法器等。元韶此行意义重大，一是受命于越南国主，成为朝廷崇敬的禅师，获得了很高的政治地位，这对于中国禅宗在越南的传播十分重

---

① 〔越〕介香：《顺化寺院碑铭》，越南佛教协会内部印行，1994，第 112~122 页。
② 〔越〕释密体：《越南佛教史略》，宗教出版社，2004，第 235~236 页。

要，可以说得到了越南高层的认可和支持；二是迎请经像法器，拜见熟悉海上贸易又擅长法器制作的高僧大仙，可以加强越南与广东之间宗教和文化联系，培植元韶禅派的中坚力量。由此可见，碑铭为我们解读早期广东侨僧去越南传教弘法提供最直接的史料，是其他史料无法替代的，也是最为可信的史料之一。

群体性义冢更需要勒石纪铭以表达慎终追远、赞勋寄迹的情怀，而我们通过阅读义冢碑铭，更能感受广东华侨远赴南洋的艰辛，以及他们虽身寄异国而内心却认同中华文化的深厚情感。槟城广东暨汀州会馆公冢历史最早的一块碑记为嘉庆六年（1801）辛酉岁腊月吉旦所立的"广东义冢"，其墓道志云：

> 槟屿之西（应为东）北隅，有义冢焉。其地买受广阔，凡粤东之客，贸易斯埠，有不幸而物故者，埋葬于此。其墓曰义冢，乃前人创置。第（但）其溪水环绕，路道崎岖，登临涉水，是以复筑墓道桥梁，以便祭扫行人。此义冢墓道桥梁，以继前人之未备也。辛酉（1801）之春，工始告竣。董事王义德托舍侄（侯）东长，旋述于余索纪。……然其事属艰巨，非一木所能支，赖有董事如王义德、张群、邓绪卿诸公倡议，沿愈而高义者乐助，共计得白金百员（圆），如不敷者，王义德包成其美。不越月而功成，俾广东之义冢墓道桥梁，巍然于异域之垄。而有志君子，亦将留阴骘（阴德）而永垂不朽已，于是为记。广东会邑（四会县）少田（营）侯月池应嘱谨识。嘉庆六年岁次辛酉腊月（十二月）吉日立石。①

透过碑刻所遗留下的鲜活文字，我们可以敏锐地捕捉到其中一些有价值的信息，可以部分地拼接已逝的早期华侨的历史。广东义冢为早期广帮的地域性义山，广东义冢墓道桥梁由董事王义德、邓绪卿、张群主持修建。广东义冢在1801年筑墓道桥梁之前早已修成，之所以修筑墓道桥梁即在于义冢的地理位置"溪水环绕，路道崎岖，登临涉水"，所以为

---

① 范立言主编《马来西亚华人义山资料汇编》，马来西亚中华大会堂总会（华总），2000，第42页。

方便后人祭扫加以修筑，修筑所需的经费由三位董事发起倡议募捐，获得侨界踊跃支持的资金而修成。碑刻中所说的"凡粤东之客"，表明该公冢中所掩埋的尸骨主要为粤东华侨，它是粤东人共有的公共墓地，而碑文中所说的"粤东"理应包括潮汕平原在内的广东东部沿海的地理区域。由此可见，上述碑文揭示了粤东人很早就参与广汀公坟事务。碑文还透露了一个有趣的信息，即该碑之立是董事王义德拜托广东会邑（四令县）人侯东长请其叔叔侯月池撰写，侯东长、侯月池是否为槟城华侨，史籍没有记载，我们无法得知其生平事迹，但从墓道志所遗留的文字可以知晓他们是广东会邑（四会县）少田人，侯月池应该有较高的文字功底。

槟榔屿道光四年（1824）的重建碑记亦再次说明在 1800 年所建的规模，并非一般的神坛，其碑文曰：

> 槟榔屿之麓，有广福宫者，闽粤人贩商此地，建祀观音佛祖者也，以故宫名广福。之时，相阴阳，立基址，美仑美奂，前落庆成，亦见经营之缔造，而规模未广……非宏敞不足以尊神圣之庄严……重建后进一座告成后，载祀列圣之像于中，旁筑舍以住僧而整顿之。①。

由碑文首句可见，最初广福宫的修建者主要为往来港口的广东与福建"贩商"中之信徒，可以表征为何庙址选在"舟车所至"的"槟榔屿之麓"。由第二句可知，当初建庙经过了"卜吉""相阴阳"，郑重其事以精心筹建"美仑美奂"的建筑。我们如将初建、重修的碑文合读，可以发现前后有着紧密的联系，似乎可以确证初建时的广福宫已经是一座拥有比较完整的庙宇架构及装饰构件的建筑。从碑文我们可以推断，重修的原因主要是初建的广福宫规模不大，不足以彰显神灵的庄严。可见，1824 年重修广福宫基本奠定了今日的空间和格局，显示了华侨在资金稍显宽裕后建构宗教信仰场所的热忱。从碑文还可以得出，初修的广福宫并没有指明主祀之神，而在重修时则正式确认主神为观音佛祖，并且"载

---

① 王琛发编《广福宫历史与传奇》，槟城州政府华人宗教理事会、广福宫联合出版，1999，第 7~8 页。

祀列圣之像于中"，反映出广福宫神明信仰的扩大，也彰显出多神信仰的态势。而从"旁筑舍以住僧"碑文，可见槟城已经有常驻僧侣的身影，这一变化也是东南亚华侨希望心灵有所依归的表征。

二 侨乡碑刻承载的慈善经济史内涵

潮汕侨乡碑刻记录下华侨在海外贸易经商、辛苦打拼后，将赚的金钱反哺于原乡的慈善事业，富而不忘本、不忘根脉所在。碑刻记录的既有声望较高的华侨巨商，也有去东南亚化缘、得到东南亚华侨广泛支持的法师。

早期华侨经商渐富以后，不会在侨居国贪图享受，而是以返国报效桑梓为怀。广东潮安县彩塘镇华美村新加坡华侨沈以成就是其中非常典型的代表，他乐善好施，率领子孙后代捐款赈灾，在家乡的慈善事业中发挥着重要的作用。广东潮安县彩塘镇华美村以成公祠内现存两块石碑，分别为《皇清浩赠通奉大夫赏戴花翎道员加三级沈公祠堂记》（以下简称《沈公祠堂记》）和《皇清浩赠通奉大夫赏戴花翎道员加三级沈君家传》（以下简称《沈君家传》）。这两块碑刻，生动地再现了清代同光之际新加坡潮侨沈以成、沈绍光（镜波）父子从事海外贸易富裕以后心系家国慈善事业、乐于捐输救灾最终受诰封的历程。《沈公祠堂记》详细记录了沈以成小时候抱持经商的志向，进而趁着中外互市、海艘扬波之时，精心准备出洋经商，历尽波涛之险终至南洋新加坡，体现了潮商敢涉波涛、不避艰险的勇气，兹照录碑文以洞见沈以成的权谋见识：

> 公少业贾，有奇才，能习知外洋事，兼通其语言文字。时中外互市，贾船往来，慨然有远游志。当其扬风帆，出澳门，由石塘北则下迫七洲、上迫炭炭答，由石塘南则上昧星斗、下昧沙石。怪禽□鸟，惆啾断肠。去国怀乡，悲无可言。虽白圭治生所谓智足以权变，勇足以决断，仁足以取与，强足以有守者，恐亦未能堪此。而竟冒涉风涛，挂来有年，则其才识，固有过人者矣……当公倦游时，抚呼观察（沈绍光）兄弟，而教之曰："财贵能聚，亦贵能散。昔陶朱公三致重金，不以自殖，皆以济人。汝兄弟当以孝义为先，勿忘

吾言也。"①

沈以成经商成为富贾以后教育沈氏后代子孙以孝义为本，体现了他富不忘道义、富贵而懂得慈善济人的美德。《沈君家传》的叙述与《沈公祠堂记》有许多相互观照、互相对应之处，既叙述沈以成"少笃儒慕……尝读《货殖传》"，又叙述了他"乃揖鸿蒙，恣鹏运，居新加坡而业焉"，纪事的脉络互为表里，唯《沈君家传》更强调沈氏家训对于化育子孙后代致力于慈善的重要性："而其要归本于孝思，亹亹以立庙追远为训。伯子绍光、绍先业而恢之，与仲绍璧、叔绍远、季绍元，瞿瞿休休，勖以光绳。"②正是在沈以成身体力行的教导和沈氏家训的启迪下，沈氏父子皆须臾不敢忘祖训、父训，国内凡有重大灾情，皆能慷慨解囊，并葆有捐助赈灾的理念。光绪二年（1876），一场奇荒迅速席卷大清大半江山。灾情波及山西、河南等五省，死者无数、白骨盈野，山西的灾情尤为严重，被大清官员称为"千古奇灾"，对晚清帝国的政局走向影响至深且远。灾情发生后，光绪皇帝即颁下诏书，鼓励天下乐善好施者踊跃捐助钱物救助奇荒，沈绍光、沈绍远素秉祖训和父训，积极捐助钱物用以支持政府抗御"千古奇灾"，地方官员把他们的事迹上奏朝廷后，朝廷特下恩旨准允他们为其父建造牌坊，并恩赏"乐善好施"匾额，以表彰其盛德。光绪十五年（1889），直隶水灾，户部主事沈绍远捐助灾区棉衣 1200 件，希望朝廷不要表彰自己，而将这份盛德归于其父母。直隶总督、北洋大臣李鸿章感其孝心，特奏请朝廷恩准为其父建造"急公好义"牌坊，该碑现仍立于潮州市彩塘镇华美村塘东桥边。碑文正背面有李鸿章、曾纪泽、张之洞等人的题刻 6 处，兹录李鸿章、张之洞题刻述其始末：

> 直隶总督一等伯爵臣李鸿章跪奏，为京职捐资助振（赈），恩请旌表，以昭激劝，恭折仰祈鉴事窃臣据赈局司道详称：广东省海阳县人花翎员外郎衔户部主事沈绍远，捐助直振（赈）棉衣一千二百件，解直灾区散放，并迎其故祖父二品封职沈学全、故祖母二品命

---

① 黄挺:《十六世纪以来潮汕的宗族与社会》，暨南大学出版社，2015，第 230~238 页。

② 黄挺:《十六世纪以来潮汕的宗族与社会》，第 235 页。

妇庄氏在日，常以济贫救灾为急，遗命后世子孙须恪守祖训，通有灾歉尽力拯救。用是特捐棉衣助直振，亦系仰体往训为善可喜。查所捐棉衣照章合艮一千二百两，及所捐艮数有盈无绌，均与建坊例相符，具详请奏前来应请旨，俯准主事沈绍远为其故祖父二品封职沈学圣、故祖母二品命妇沈庄氏在于原籍地方建坊，给予急公好义字样，以表彰善行理合恭折具陈。①

张之洞题刻：

光绪十五年直隶灾时，叔余主政供职都门，遵其先祖父母遗训，踊跃捐资助赈。大吏陈萧恩赐建坊，工成书此赠之，头品顶戴兵部尚书两广总督南皮张之洞拜题。

李鸿章、张之洞在题刻中皆说明户部主事沈绍远供职京师，谨遵先祖父母遗训，以济贫救灾为急务，当直隶发生水灾之时能倾力拯救，共捐助直赈棉衣一千二百件，合银一千二百两，并为其先祖父母请建坊，朝廷感其孝心，准予其请求。如果将以上二通碑刻与《沈君家传》《沈公祠堂记》比观合读，不难发现沈氏子孙沈绍远受其父家风家训影响很大，可以说"孝义为先""立庙追远"已经深入骨髓，故每每在大灾之时都能乐于报效，早期华侨子孙的风骨于此尽显其峻伟。

潮汕华侨心系桑梓，在故乡遇到天灾饥馑之时，总能慷慨捐输，碑刻文献以敏锐的笔触记载下他们的善举。1987年8月在市中心医院（前救济院址）建筑工地挖基时发现一块碑石，该碑石高3米，宽0.4米，四面刻字，其碑文如下。

民国二十八年蒲节，日寇陷汕，地方扰攘，本院院务几告停顿。斯时烽烟漫天，益以风荒饥馑，院中收容贫民，逐有增加。粮食恐慌，岌岌不可终日。大和尚莲舟法师，具慈悲悯人之旨，于三十二年六月，潮汕兵燹、旱魃、饥馑交侵之际，大发弘愿，出国募捐，

---

① 谢逸主编《潮州市文物志》，《潮州市文物志》编写组，1985，第219页。

历尽万险，辛苦备至，蒙暹越华侨救乡热情，于万难之中，募得大批粮食。翌年初夏返汕。法师体念本院艰困，拨助白米、饭干、米粉共五百包合六万斤。院中八百贫民之食粮，赖以维持者半载。涸鲋得苏，功德匪浅。爰记其事勒碑，藉扬善绩而垂久远焉。中华民国三十四年仲夏第四届董事会立。①

莲舟法师俗名陈孟达，饶平县海山镇人，为潮汕黄檗宗传人。20 岁入读于厦门南普陀寺闽南佛学院，是民国潮汕地区为数不多的有学养的僧人。1943 年，恰逢天旱饥荒，再加上日军残酷的封锁，潮汕地区饿殍遍野，各地善堂难以为继，莲舟法师心急如焚，不得不冒险偷渡香港与八邑商会会长孙家哲等紧急协商，发函发电号召海外团体，共襄义举。法师亲赴越南西贡，得到当地潮侨的大力支持，共募得米粮 6000 包，每包 120 斤，均由各地善堂负责发放。这些米粮对日寇侵占下举步维艰的潮汕人民来说，可谓及时雨。饥民的感激之情溢于言表，请求汕头市救济院为莲舟法师树碑立传，以感谢他的慈善之举。

华侨题捐碑涉及的内容颇为广泛，既包含各国货币单位"铢"、"盾"、"元"和"两"，还涵括各式各样的商号、捐助人、捐助数额等，这些内容皆是研究潮汕华侨经济史不可多得的重要史料。比如，广东省普宁市林惠山村国王古庙存的民国时期《三山国王庙题捐碑》里面的货币符号就有"元"和"铢"混用。厘清这些货币背后的换算运作机制，将有助于"更具经济学色彩的潮汕经济史"研究的开展②，也更有助于潮汕华侨经济史的深层研究。下面拟以现存 1940 年立于揭阳市榕城区仙桥街道篮兜乡郑氏宗祠的《潜默公派孙旅坤题捐碑刻》为例，来说明题捐碑刻对区域华侨经济史研究的价值。其碑文如下。

　　兹将潜默公派孙旅坤捐款芳名列明
　　　绳学捐三十盾。允岩捐二十五盾。盛田捐十五盾。徐那捐十盾。银林捐十盾。传宗捐十盾。允清捐八盾。炳佳捐八盾。荣全，潮恭，

---

① 蔡英豪主编《海上丝路寻踪》，华文出版社，2001，第 290 页。
② 陈春声：《从地方史到区域史——关于潮学研究课题与方法的思考》，黄挺主编《潮学研究（第 11 辑）》，汕头大学出版社，2004，第 39 页。

亚子，亚存，允宏，金旭，叶盛，叶昌，李坤，亚扁，陈庚，炳城，炳国，亚林，敬喜，龚喜，赫宣，亚爪，必昌，林弟，林殿，朝章，金长，亚余，友宁，戊喜，瑶庚，娘福，舜强，杨汗，陈元，秋让，以上各捐五盾。亚汗四盾。必宽四盾。两青四盾。武列，耀坤，叶枝，汗勤，顺科，元裕，炳福，林满，典碧，如南，汗坤，林坚，以上各捐三盾。荣德，朝希，荣钦，传有，永贤，永松，叶河，耀昌，燕藩，石西，木坤，昌阁，乌弟，亚豪，推雄，汗罗，陈清，水碧，速海，东（怀），秋琳，亚哲，以上各捐二盾。顺元，荣瑞，智泉，刘坤，林江，亚（怀），典水，胶珍，翼徐，玩珍，加介，加全，秋杰，木照，拱照，文坤，佛记，陈保，以上各一盾。大弟二盾。总共收来国币三千二百八十元。

民国念（廿）九岁次庚辰

该通碑刻捐款显然为旅居印度尼西亚坤甸的揭阳篮兜乡郑氏华侨捐资所刻。从碑刻内容，我们可以解读出潮汕海外华侨敬宗怀祖的乡土认同，但更为重要的是其反映货币换算的经济史价值。碑刻全文出现的基本上是印度尼西亚在二战日据时期曾一度使用的国币"盾"（Rupiah），不过最后却换算成了民国时期国币"元"，从中可以计算出当时印度尼西亚与国民政府的外汇汇率。经过计算，总收入为388盾，而国币为3280元，可推算其汇率大约为8.45。由上可见，该通碑刻为研究当时国际汇兑和潮汕华侨经济史提供了重要的佐证资料。

各种各样的题捐碑里面涉及的海外商号也是值得注意的内容，因为海外商号是研究潮汕华侨经济和贸易网络的重要凭据。现存潮汕碑刻里面有不少涉及海外商号题捐的。比如，揭阳市蓝城区蓝兜村存的民国时期《暹京诸善翁喜捐造桥芳名碑》就书写了"合兴利""合盛茂""陈悦记""新合顺"等泰国潮人商号；汕头市金平区月眉路（韩堤路）赈灾纪念亭存立的《暹罗赈灾团潮州八二风灾捐款芳名数目表》则出现了"鸣兴盛号""和兴盛号""鸣兴利号""老长发号""顺成兴号""隆兴盛号"等商号捐款记载。探究这些商号在海外的运作及其与潮汕侨乡的互动，将有利于不断深化潮汕华侨经济史的研究。

同样，海外有关潮人的碑刻也是研究潮汕华侨史的重要史料。三山国王是潮汕与客家地区重要的民间信仰之一，对于海外潮人也起到了重要的作用。李秀萍就充分利用了东南亚马六甲爱极乐新村的飞阳宫、霹雳粤东古庙、吉隆坡蕉赖老街场三山国王庙、霹雳金宝古庙、砂拉越石隆门的国王古庙等三山国王庙的碑记史料，还原了 19 世纪末到 20 世纪中期三山国王在东南亚地区的传播过程，揭示了潮籍与客籍华侨在东南亚地区开发的历史过程与权力的空间结构形成过程。①

值得注意的是，在利用碑刻进行潮汕华侨慈善史研究的时候，除了把碑刻直接当作史料来读之外，更应该关注碑刻书写者的深层思想动因。譬如，揭阳县黄岐山的崇光岩立有民国十五年（1926）的碑刻《北极神庙题捐碑刻》。该碑刻讲述了民国时期"北极庙破坏，致屡年香烟失侍"而得到善信重修的过程。其中特别有意思的是碑刻"近因陈氏顺德系欲重修已不力量，携带二女往叻、坤甸得诸位善信喜心捐题，并诸乡绅介绍印付与林玉英、古乔林宜春两人全到夷邦"的叙述。碑刻表明北极神庙的重修是在女性主导下完成的，彰显了民国时期潮汕女性地位的上升。碑刻中出现"夷邦"一词，尽管"夷邦"比"蛮夷"或者"蛮邦"稍显文雅，但仍然表现出碑刻书写者对东南亚地区各国还保留着"天朝上国"的优越心理。从女性主导者的出现，再到对东南亚各国的称谓，无不显露出碑刻书写者的思想。与其说它是书写者个体的思想，倒不如说其代表了区域社会特定群体的思想，"因为毕竟每一个个别行为与整个行为系统总是会保持着含义的一致性"②。

三　批局碑刻的史料价值

揭阳批信局是闽粤地区批信业的重要组成部分之一。《榕城镇志》根据有关档案资料统计，清季至民国年间，揭阳共有批局 16 家，其中创办于清代的有 4 家，创办于民国的有 12 家。③但是，目前学界关于批信

---

①　李秀萍：《分灵与传播：英殖民时期的三山国王庙宇网络（19ᵗʰ—1945 年前）》，湖北省潮人海外联谊会、国际潮学研究会主办"第十届潮学国家研讨会议论文"，华中师范大学，2013，第 471~484 页。

②　黄挺：《十六世纪以来潮汕的宗族与社会》，第 42 页。

③　孙寒冰：《榕城镇志》，榕城镇地方志编纂办公室，1990，第 213~214 页。

局的研究较为重视档案文献史料，而轻忽对碑刻文献的深度挖掘。这些年我们在田野调查中，发现了一通有关晚清揭阳松华兴信局的珍贵碑刻，兹校录如下。

> 狮头地心房祖儒望梁公捐地一片。凤林姚、庵后陈松华兴信局捐银一百二十五元七兑。古沟张铨记、隆裕捐银一百二十五元七兑。督工姚松兴、志中。光绪十七年花月，姚良才、梁□熙监。

是碑现存于揭阳市月城镇狮头乡深浦桥侧文昌帝君庙，不题碑额，该碑为光绪十七年（1891）三月兴修文昌帝君庙题捐录。尽管只是一通简单碑刻，但该碑刻内容却蕴含着晚清揭阳地方社会丰富的文化信息。碑文中所出现的捐款者"松华兴信局"应该称得上是揭阳最早设立的侨批局之一。学界一般以为，揭阳地区最早的批信局为成立于光绪十三年（1887）的"新合顺号"批局，其经理人为郑振嘉，总行设在汕头。[①]孙寒冰先生经过研究，认为在新合顺号诞生后，"其后至宣统元年（公元1909年），继起者有光德成、林泰记、黄太发诸号"[②]，将"光德成、林泰记、黄太发诸号"视为新合顺号的继起者。1988年版《揭阳邮电志》和1993年版《揭阳县金融志》等均持此说法[③]，甚至将松华兴视为民国成立后的批局："民国年间揭阳县出现的批局有松华兴、魏启丰、洪万兴、荣昌、益兴、瑞发、广利元、荣丰利等。"[④]但就该通碑刻内容中"凤林姚、庵后陈松华兴信局捐银一百二十五元七兑"所强调的"松华兴信局"这一机构称呼看，至少在1891年之前，松华兴号就开始经营批业，

① 参见孙寒冰《揭阳钱庄业溯怀》，载揭阳县政协文史编辑部编《揭阳文史总第十三集：揭阳工商经济史料专辑》（上辑），1991，第165页；徐光华《浅述揭阳侨批业》，载王炜中主编《首届侨批文化研讨会论文集》，潮汕历史文化研究中心，2004，第105页；陈列《关于潮汕侨批文化若干问题的浅议——兼评粤东、闽南两地侨批的历史贡献》，载王炜中主编《第二届侨批文化研讨会论文选》，公元出版有限公司，2008，第227页。
② 孙寒冰：《揭阳钱庄业溯怀》，载揭阳县政协文史编辑部编《揭阳文史总第十三集：揭阳工商经济史料专辑》（上辑），第165页。
③ 周祥章主编《揭阳邮电志》，揭阳县邮电局编印，1988，第46页；吴克主编《揭阳县志》，广东人民出版社，1993，第436页。
④ 吴克主编《揭阳县志》，第436页。

因此，至少在光德成、林泰记、黄太发诸批号成立的近 20 年前，松华兴信局就已经成立了。换言之，该碑是补充揭阳侨批史内容的重要史料。

实际上，晚清民国初期凤林姚氏家族已经成为揭阳磐溪最有名的望族之一。以姚达才为核心的松华兴信局只是其家族在经济上的卓越表现，而更难能可贵的是姚氏家族还出现了一批士绅。姚梓芳《庶祖母林太恭人传》详细描述了其家族在儒学上的辉煌业绩[1]：姚梓芳的祖父大成公"敬礼师儒"，其庶祖母也"敬教崇学，以读书笃行，为教子传家第一根本"，被赐赠"四品太恭人"，奠定了姚氏家族儒学之根基；大成公下共五子，长子姚达才，监生出身，诰封朝议大夫；次子姚良才，附贡生出身，诰封中宪大夫，也即碑文中之监工；三子姚松才，监生出身；四子未载，五子下南洋从商；姚氏家族儒学成就最高的人物莫过于姚良才之子姚梓芳，曾供职于法部等，诗文俱佳。1908 年，光绪帝对时任法部主事姚梓芳的朱批语曰："才长心细，办事勤能，核办稿件详慎妥协，正资得力。"[2] 可见，光绪帝对其才干和公务处理能力不惜美辞赞誉。作为姚梓芳的同辈，姚达才的两个儿子也都以儒学出身，长子姚志封为分省补用通判，次子姚志士也获得监生身份[3]，姚志士也即松华兴钱庄的首创者。通过几代人的努力，姚氏家族已经成为磐溪都乃至揭阳地区负有盛名的望族。与以往望族明显不同的特征在于姚氏家族是儒商并举。姚氏家族对家乡的公益事业特别热心，姚梓芳的儿子姚万达曾参与广安桥的建设，并亲书《重修广安桥记》：

> 广安桥当潮梅要冲，成于甲寅，毁于壬戌。迨癸亥夏，里人复建议重修之，为梁州卅九，费银元七千八百有奇。阅期年工竣，既垣且固，行者便焉。爰刻石志其成立始末，其趋事赴功则广安善堂诸同人。为之记者邑人罗岷山也。甲子中秋节姚万达书。[4]

---

① 姚梓芳：《觉庵丛稿》，京华书局，1928，第 12~13 页。
② 《奏设政治官报》第七册，文海出版社，1965，第 16~17 页。
③ 姚梓芳：《觉庵丛稿》，京华书局，1928，第 14 页。
④ 罗岷山撰，姚万达书《重修广安桥记》，1924，该碑存于今广安寺门口。

　　凤林姚氏家族儒商本色来源于其家族传统，他们对批局的经营和坚守也植根于这一传统。这也促使我们在进一步考察松华兴批馆所有权演变的时候，也要从这个角度思考。如上文所揭示的，初创时期的松华兴批馆是由姚达才、陈材仪、王锦裕三人合资创建，但到了碑刻产生的光绪十七年（1891），代表松华兴信局捐款的只出现了"凤林姚、庵后陈"两个宗族，由前后对比可清楚地揭示该批局所有权的变化，换言之此时的王锦裕有可能放弃了所有权，而碑中的"庵后陈"经考证可能指的是合资人陈材仪。碑文中值得注意的还有捐款数额后均用"七兑"二字来加以标注。所谓"七兑"，是流行于近代潮汕地区的"七兑银"，它是一种虚位银，"其兑换券七兑票则是本地的第一种信用货币"①。据考证，"七兑银"起源时间约在1880年②，1925年取缔③。可见，汕头开埠以后，商业逐渐兴盛，与此同时外国银元纷纷流入潮汕地区，给商业汇兑结算带来麻烦，汕头埠"信用素孚之商号"创造性地运用"七兑银"虚位币来解决流通交易的麻烦，此举取得显著成效，故发行七兑票的本地钱庄"相继设立，浸以成立银庄行档"，七兑票成为本地独具特色的流通信用货币。

　　至于碑刻中所提及的"督工""监工"身份，鲜明地反映出晚清潮汕地区公共工程建设的诸多信息。结合碑刻信息，晚清时期在公共工程建设领域，潮汕民间业已形成一套成熟且有序的运作机制，表现为工程理事的组织化特征，即以地方乡绅为主导的力量成为乡村公共事业建设的主导者和链接组织体系的纽带。由于文昌帝君庙修建过程中良好的合作关系，光绪二十二年（1896），来自古沟张氏家族铨记商号的富绅张加禄再次出资光洋500元倡修废弃多年的深浦桥，这项由地方乡绅发起组织的修桥活动历时5载，耗费白银总计3700元④，成为当时地方历史上的重大事件。

　　总之，碑刻作为一种重要的民间文献，折射出碑刻文本产生时代的信息。首先，碑刻所提到的批信局、商号是研究华侨史和经济史的重要

---

① 陈景熙：《"七兑银·七兑票"考——清末民初地方虚位币制个案研究》，《陈景熙潮州学论集》，汕头大学出版社，2006，第205页。
② 陈景熙：《官方、商会、金融行会与地方货币控制权》，汕头大学硕士学位论文，2002，第3页。
③ 《汕头七兑取缔办法》，《申报》，1925年5月19日。
④ 《桂岭志》编撰委员会：《桂岭志》，2014，第316页。

文献，成立于揭阳的松华兴批信局积极参与地方公共事业的建设，他们通过题捐形式，为文昌帝君庙的重建提供了资金支持，揭示了南洋华侨与地方社会的互动关系，而所题捐七兑银的出现也从一个侧面反映了地方金融网络的新变化；其次，碑刻反映了地方公共工程建设线索，揭示了乡绅在公共事业上扮演着重要的角色。松华兴批信局碑刻的文本内容所揭示的线索，从两个方面呈现出该通碑刻丰富的话语内涵，我们应该既不为碑刻文字内容所蒙蔽，也不会遗漏其中丰厚的社会文化史、经济史内涵和独特价值。

结　语

碑刻是研究潮汕华侨社会经济史的不可多得的史料。潮汕地区现存的新中国成立以前的碑刻很多，其中关涉潮汕华侨的碑刻也很多，海外有关潮人的碑刻史料，也为数不少。潮汕华侨碑刻完全是一座有待挖掘的宝库，值得重视。相关研究机构应该投入一定的精力和物力对华侨碑刻进行摸底、收集和整理出版，从而为潮汕华侨史研究的纵深发展添砖加瓦。

碑刻作为书写者对华侨群体的记忆与追念，讲述了很琐碎的故事，铺陈历史的细节，但它却把海外同侨乡紧密联系在一起。透过碑刻，我们能够感受到更加鲜活的故事和历史，感受到历史的复杂性和华侨殷商或者其中有文化者的多种声音。正如德国日常生活史学家鲁德克所言，只有建构"历史小像"展示多种"动力、因素和声音"，并强调其差异，从而拓宽视野，改变或丰富分析解释的框架，才有可能按照人们生活的本来面貌，更真实地把握其行为观念当中的模糊与矛盾之处。[1] 作为跨学科的华侨史更需要新史料的不断开掘，特别需要珍视那些散佚在各地的"无名之辈"的"草根"档案。见微知著是华侨史研究所追求的目标，我们从碑刻的角度梳理华侨史，其意在发掘潮汕华侨史研究的多重面相。

---

① 鲁德克：《日常生活史》，首都师范大学历史系编《首都师范大学史学研究》第 2 辑，中国文史出版社，2004，第 278 页。

碑刻文献的缺点之一便是零星的孤立的事件记载，对历史事件的叙述往往有因无果或有果无因，缺乏对历史事件整体性的叙述，在系统化、体系化等方面尚存缺陷，但是碑刻数量众多，分布范围广泛，历时较长，具有其文献价值的特殊性。碑刻文献的研究绝非通过众多个案进行概括、总结、拼接，而是在碑刻文献中进行概括、在区域史研究中揭示结构性特点、在地方史研究中彰显全局性的共性与意义。碑刻作为一种将"过去""定格"的文本，具有"补史之阙、正史之谬"的史料价值，但对碑刻的利用一定要审慎，需要我们精心地结合官私史料对其所记录的内容进行梳理和释读。①

---

① 舒习龙，韩山师范学院历史文化学院教授，博士，研究方向：史学理论和史学史研究。潮州，521041。

另一种南洋华人的声音：马来西亚吉胆岛与马六甲的乡音传唱[*]

黄文车

内容摘要 闽南语系歌谣在马来西亚马六甲、吉胆岛等地的流传与在地化调查研究，是笔者近年来进行东南亚闽南语系歌谣及歌曲等乡音调查工作的第三站，马六甲和槟城、新加坡都曾是英属殖民地，拥有近似的时空背景，而且族群与语言多元并存，华人于槟、甲、新三地的移动、落地与生根，与其集体文化记忆的生成有着异同的结果。

透过百年来的传统闽南歌谣或潮州歌谣的调查采集，走过马六甲与吉胆岛吉胆村，在海港岛屿念唱古调或传唱在地化乡音的人家多以女性居多，当念唱歌册或传统歌谣从对于家乡文化的缅怀与想念，发展至在地语言及当地文化的加入，这些原乡古调便已具有南洋乡音特色了。

这些来自民间的南洋乡音正是百年新马华人大历史视野外的另一种边缘声音，在中国性、传统性与在地性、南洋性的历史与当代记忆中不断辩证对话着，在文化流通与跨界碰撞后开创出一套"当地语系化"的南洋乡音系统，用以存"遗"与创"新"出马来西亚华人的音声记忆与身份认同。

关键词 马来西亚 马六甲 吉胆岛 潮州 歌谣 乡音

---

* 本文为执行台湾科技部门 2017 年度专题研究计划部分成果，并曾在 2018 年 10 月于马来西亚新纪元大学学院主办之 "'一带一路'：国际华人乡音与民俗文化研讨会"上宣读。感谢论文审查人提供宝贵意见，俾利本文修正更臻完善。

一　"南去亚洲尽"的南洋

随着东盟经济体系的茁壮结盟，世界对于东南亚与南亚国家的重视程度与日俱增；与此同时，除了东南亚的经济发展备受瞩目外，东盟各国的文化风情也在不同的影像及记录中逐一被世人看见。在过去被称为"南洋"的这片海岛群屿中，受中华文化影响的华侨与华人几乎四处可见。通过新马地区新加坡南洋理工大学的"华裔馆"，中华语言文化研究中心，新加坡国立大学中文系成立的"东南亚华人研究群"，新加坡国立大学中文图书馆的"东南亚文献特藏区"，"东南亚华人历史文献"网络数据库，或是马来亚大学中文系及华人研究中心，拉曼大学中华研究院中文系，新纪元大学学院中文系、东南亚学系及历史研究中心，南方大学、韩江学院等大专院校及中心组织和民间华团，例如"马来西亚中华大会堂"（华总）、"马来西亚华校董事联合会总会"（董总）及"马来西亚华社研究中心"（华研）等单位的积极推动，东南亚海外华人研究也在当地学术单位和民间社团合作下积累了不少成果。

早期关于新马书写的汉文记录中，无论是清朝官派第一任驻新领事左秉隆的"南去亚洲尽，苍茫孤岛间。游踪羁旧吏，隔岸是新山"，抑或清朝第一任驻新总领事（兼辖槟榔屿、马六甲、海门等处）黄遵宪[①]的"天到珠崖尽，波涛势欲奔。地犹中国海，人唤九边门"[②]，都把"南洋"

---

① 1891年5月左秉隆十年驻新工作结束后，隔两个月，时任北洋海军提督的丁汝昌奏请"总理各国事务衙门"言："去冬奉令巡洋，抵新加坡各岛，目击流寓华民，交涉懋迁尚称安谧。为未设领事之处，多受洋人欺凌剥削，环求保护，未便壅不以闻。查新加坡附近英属各岛，曰槟榔屿、曰马六甲、曰柔佛、曰芙蓉、曰石兰莪、曰白蜡，华裔亦颇繁多。"故总理衙门再责驻英国伦敦公使薛福成与英国商议将中国驻新领事馆升格为总领事馆，领事升格为总领事，并获英政府允许。故薛福成建议将左秉隆调任香港领事，派任黄遵宪为首任驻新总领事。薛福成：《论添设南洋领事书》《论添设南洋领事经费书》，《初识公牍》卷三"书画"，中华文史丛书第四辑，台北：华文书局，1969，第247~253页，另见郑海麟《黄遵宪与新马华侨》，《文史知识》2006年第3期，第70页。又见黄文车《南去亚洲尽，化外成都会——清末驻新领事的新加坡书写与想象》，《高雄师大国文学报》2011年第14期，第131~160页。

② 左秉隆《客息力作》："南去亚洲尽，苍茫孤岛间。游踪羁旧吏，隔岸是新山。竹径清风扫，柴门白昼关。数珠生老蚌，相对一开颜。"收录于《勤勉堂诗钞》卷三，1959，第86页。黄遵宪《新嘉坡杂诗》之一："天到珠崖尽，波涛势欲奔。地犹中国海，（转下页注）

（新马）视为南海的天涯尽头。但当"化外成都会"①的百年发展后,新马地区成了东南亚华人汇聚之地、人才辈出;新加坡更因为地处要冲,为东西船舶来往必经之地,晚清之际逐渐发展成"南洋第一埠头"②,而南洋新马也在东南亚的经济发展与推动华人文化传承过程中处于重要位置。于此之际,当我们进行东南亚华人研究时,海外学者该抱持怎样的"立场"与"视角",才能与在地研究者进行对话? 这触及在进行调查与研究过程中,如何适度地收妥"自我立场"与放弃"主观思维",其实这也是东南亚华人研究过程中常被所谓的传统文化与血统论绑架的偏颇误解。"身份认同"未必只能由"血统"所决定,反而是社会和文化交互作用的结果。种族、阶级、性别、地理位置影响"身份"的形成,具体的历史过程,特定的社会、文化、政治、语境也对"身份"和"认同"有着决定性的作用。③

（接上页注②）人唤九边门。南北天难限,东西帝并尊。万山排戟险,嗟尔故雄藩。"收录于《人境庐诗草》,王云五主编《国学基本丛书四百种》,台湾商务印书馆,1968,第81页。

① 《新嘉坡杂诗》之七写道:"化外成都会,迁流或百年。土音晓鴂舌,火色杂鸢肩。马粪犹余臭,牛医亦值钱。奴星翻上座,舐鼎半成仙。"对于黄遵宪而言,百年后的新加坡已非化外之地,而是形成了"都会"、城市。引自黄遵宪《人境庐诗草》,第82页。

② 晚清之际新加坡作为"南洋第一埠头"的说法已多成形,最早或见于（清）王之春所纂辑的洋务外交史料《国朝柔远记（一）》(1891)卷四所载:"往时丁噶奴、单咀、彭亨皆柔佛所属,后番部徙别岛,遂为大西洋东来四达扼要之地（嘉庆中,英吉利据其地,名新嘉坡,为南洋第一埠头,闽粤人谓之新州府）。"清光绪丙申年湖北书局重印本影印《中国南海诸群岛文献汇编》之七（台湾学生书局,1985年再版,第206~207页）。另外,清商务大臣杨士琦考察南洋商务于光绪三十四年（1908）二月折中也有言:"地股之极南,有岛曰新嘉坡。幅员甚小,农业亦低。自英人开埠后,免税以广招徕。由此商舶云集,百货汇输,遂为海南第一巨埠。"引自饶宗颐《新加坡古事记》"政书、公牍类"（香港中文大学出版社,1994,第35页）。又如（清）徐继畲在《瀛寰志略》卷二中亦载:"帆樯林立,东西之或毕萃,为南洋西畔第一埠头。"（上海书店出版社,2001,第25~26页）。更有阙名的《游历笔记》提到:"离缅甸遵海而南至新加坡岛……各国之船,帆樯林立,轴轳相接,东西之货毕萃,为西南洋第一埠头。"原收录于（清）壬锡祺:《小方壶斋舆地丛钞》第十一帙第八册（上海:看易堂排印本,1997）,页573下至574上。又见饶宗颐《新加坡古事记》"日记、游记类",第177页。而这也是新加坡文史研究者柯木林所言新加坡为晚清笔记小说中所称之"南洋第一埠头"之来源,语见其《晚清海外笔记中有关新加坡的记载》一文,收录于柯木林、林孝胜合著之《新华历史与人物研究》（新加坡,南洋学会,1986,第191页）。

③ 参考陈昌宏《华裔离群对中国认识的一种途径:以黄朝翰与新加坡东亚研究所为例》,《中国大陆研究》第53卷第1期,2010,第68页。

换句话说，调查研究者必须正视东南亚场域经过特定社会、文化、政治、语境的历史过程后，与所可能出现的多元身份或认同重叠，亦即东南亚的华人身份未必只是单一绝对个体，而认同也可能是具有多重意义的存在。这样的身份认同的复杂性与多元性，我们从马华文学如王润华在其《殖民地的小学》中写的文字便可知晓。

> 我上小学的第一天
> 走进亚答与木板课室
> 级任给我一张卡片
> 带回家填写籍贯
> 妈妈说"马来甘榜"
> 爸爸说"南洋拓荒者"
> 老师说都错误
> 最后亲戚考证出正确的答案：
> "广东省从化县"的客家人
> 我疑惑多年
> 以为那是神话
> 中国地图上找不到的地方①

过去离散文学总会表述流离、漂泊、浪迹天涯的经历，以便能在过程中寻找"原乡"（homeland）的意识，这触及书写者对于原乡无法割舍的微妙感情，也可能是对于居住国（hostland）文化政策不满而产生将情感转移至原乡的想象。②然而新马华人的身份认同在百年时空更迭与在地发展情况下，或许真如王润华所言的这样：在质疑中摸索所谓"正确的答案"。但如何确定那个答案就一定是正确的？谁来决定这个正确答案？中国地图上找不到的地方，是怎样的"神话"或"想象"？这里触及的还包括史书美所提到的"反离散"思维。本文所要调查的马来西亚闽南语系歌谣古调来自中国原乡，有着过番南来华人浓厚的思乡情结。然

① 王润华：《殖民地的小学》之三《填写籍贯》，2009 年 5 月 4 日原作于台湾元智大学。引自王润华《重返诗抄》（马来西亚，南方大学学院，2014，第 61 页）。
② 引自张锦忠《南洋论述——马华文学与文化属性》（台北麦田出版社，2003，第 52 页）。

而一旦离开原乡（中心）往当时的南洋（边缘）移动，除了是地理空间的位移外，似乎较难在第一、二代过番南来华人身上看见所谓的情感移动，也因此我们很容易以所谓的"离散（diasporas）经验"去理解这个现象。但或许如史书美所提出的"反离散"观念所言"离散中国人"这个概念有两个盲点：一是没能超越作为组织原则的中国性，二是缺少与其他学术范畴交流。而且从全球化的长时段视角来看，异质化和混杂化（hybridization）向来都是常态，因此离散也有其失效期，当移民后裔在一个地方落地生根后，有了自己的文化与土地属性，便会有离散终结的时限。① 可见，离散是一种过程，并非只是断然切割的块状记忆，"反离散"触及的概念其实是经过"现代离散"的跨文化融合后，必然产生的"在地化"现象。

目前台湾学界或新马研究者对于东南亚新马地区的闽南语系歌谣或歌曲关注并不算多，真正进行采集调查者约莫也只有吉隆坡乡音馆馆长张吉安先生的《乡音考古：采集·行为·民俗·演祭》（2010）、《乡音考古：探寻土地上的百年祖歌》（2019）和拉曼大学中华研究院中文系的杜忠全教授的《老槟城·老童谣》（2011），以及少数学者、文史工作者的整理而已。② 然而对于新马地区广大的方言群而言，这些随着先辈过番南来的闽南语系歌谣可视为与中国原乡的联系脐带，我们可以称之为"古调"，因为那是来自家乡的声音。但经过百年时间的流传与发展，这些闽南语系歌谣将怎样在地融合，形成"易地并声"后的另一种南洋华人乡音？

本文尝试运用"歌谣地理学"思维去理解与观察闽南语系歌谣在经过空间位移和时间递嬗后所产生的跨文化、跨语言融合现象。透过王德

---

① 〔美〕史书美：《反离散：华语语系作为文化生产的场域》，赵娟译，香港大学中文学院编《百川汇海：文史译新探》，香港中华书局，2013，第 2~6 页。

② 按：学术研究成果有早期福建族群过番南洋的歌册研究，如刘登瀚相关《过番歌》等单篇文章（1991~2005），苏庆华的《苏庆华论文选集（四）：过番歌研究》（2014）亦对南洋五大方言族群的过番歌进行整理研究，苏庆华另有论文《闽南话童谣·俗语·谣谚初探—— 以槟榔屿闽南话为例》（2009）。此外，新加坡《南洋学报》第 66 卷（2012年 10 月）则有"过番歌"专题，杜忠全有《马来半岛的闽南方言童谣采集——一个田野搜集计划的开展》（2015）等。有关马来西亚闽南语歌谣相关研究可参考黄文车《海外觅乡音：槟城福建歌谣调查及其在地记忆》（台北：《民俗曲艺》第 202 期，2018年12 月，第 184~186 页）。

威教授提出的"文学地理学"观点①，我们可以将歌谣文本视为一种可以成为理解议题时的虚构力量。第一，"歌谣地理"不见得是永远依附在政治的或历史的、地理的框架下；第二，透过歌谣所建构出来的空间会形成一种有别于历史、政治、社会或经济学所界定的地理场域，而将这样的歌谣地理观点置于实际的历史情境内，自然能够产生碰撞与辩证关系。这个"歌谣地理学"场域疆界其实是不断移动的，从原乡到南洋，空间位移后带动的离散经验或身份认同过程，可以作为我们运用想象和虚构能量去处理空间越界后的"易地并声"基准思维。②

本论文乃期待透过"歌谣地理学"思维去观察马六甲（Melaka）及吉胆岛（Pulau Ketam）采集所得的闽南语系歌谣（包括闽南语歌谣与潮州歌谣）在经过空间移动与易地并声后，出现怎样的主题内容和风格特色，而其在马六甲和吉胆岛等地又有怎样的在地化发展。本文中所探究的"闽南语系歌谣"包括闽南语歌谣和潮州歌谣，前者于新马当地多称为"福建歌"或"福建歌谣"，后者则包括潮州歌册及潮州歌谣，然暂不论闽南语流行歌曲。闽南语歌谣主要指笔者在马六甲采集的闽南语歌仔或童谣等，歌仔指的是民间说唱文学，以七言四句方式念唱，也可以连串成长篇，台湾或称之为"七字仔"③；童谣则是多有叶韵的杂念仔，唱念对象多以儿童为主，其中又以"游戏类"童谣占多数，多在游戏中念唱；潮州歌谣则以2015~2018年笔者进行新马移地研究时搜集和访谈的潮州歌册与潮州歌谣为主，并将聚焦于巴生港（Klang）和吉胆岛的潮州歌册

---

① 王德威在《文学地理与国族想象：台湾的鲁迅，南洋的张爱玲》（《中国现代文学》2012年第22期，第14~15页）一文中谈道："文学地理是否永远必须依附在政治的或历史的地理的魔下，形成对等或对应的关系？这是文学'地理学'的第一层意义。……这些由文学所构筑的空间必然形成一种有别于历史、政治、社会经济学所界定的地理。而也正因此，这样一种以虚构为基准的文学地理观介入到实际历史情境里，必然会产生碰撞，产生辩证关系。这是文学'地理学'的第二层意义。"

② 黄文车：《易地并声：新加坡闽南语歌谣与厦语影音的在地发展（1900–2015）》，（高雄）春晖出版社，2017，第27~28页。

③ 黄得时在《台湾歌谣之研究》"从型态分类研究"一章中将台湾歌谣分为"七字仔"与"杂念仔"，以七言四句为基本形式的闽南语（传统）歌俗称"七字仔"，无论是短歌还是长篇歌谣，毕竟都是"七字仔"的反复重叠；至于"杂念仔"则是每首字数句数皆不一定。黄得时《台湾歌谣之研究》第三章，收入江宝钗主编《黄得时全集9》"论述卷三：台湾文化（下）"，第489页。按：所谓的"七字仔"，又有"四句联""褒歌""闲仔歌""采茶歌""情歌""山歌""博歌"等别称。

及歌谣进行分析讨论。

二 雪隆地区的潮州歌册与歌谣

雪隆潮州人一开始多聚居于吉隆坡，次要聚居地则是雪兰莪州滨海地区的巴生港区。此外，位于巴生港外的吉胆岛（又称浮罗吉胆）是雪兰莪潮州人所分布的滨海链带巴生区最重要的据点之一。从巴生港口搭船前往吉胆岛约莫半小时，全岛多在潮汐线下，因此"高脚屋"成为吉胆岛特色建筑。吉胆岛上有两个华人渔村：吉胆村及五条港村（Sungai Lima）。吉胆村是较大的村落，位于岛的南侧，居民多为潮州人和同安人；五条港村位于岛的东北方，居民多是福建同安人。虽然岛上渔业逐渐没落后，吉胆岛人逐渐移居巴生，但遇着庆典活动，岛民还是多会回到吉胆岛，可见其社群凝聚力。

（一）雪隆地区潮州人的发展

据考证，最早的潮人商号的资料出自 1885 年开发锡矿者叶亚来去世时各方言群体对叶亚石（叶致英）接任第四任华人甲必丹时的推荐书，当时惠州、嘉应、茶阳、广府、福建等商号与公所都各自上书，唯独潮人商号则附属在茶阳籍上书的末端写道："潮人：源丰号、帮合号、广发生、干成号。"[1] 可惜的是并未署名，故不知姓名，但可以确定的是最迟至 19 世纪 80 年代潮州人已在吉隆坡发展了。

透过陈剑虹《甲必丹时代的吉隆坡华人社会》中的记载得知，1891 年吉隆坡的潮州人数大约只有 912 人，约占吉隆坡华人总数的 2.6%。[2]

① 徐威雄主编《移山图鉴：雪隆华族历史图片集》下册 "图 6.20"，（吉隆坡）华社研究中心，2013，第 18 页。按：依据 1888 年 10 月 10 日《叻报》2066 号中有《详记吉隆筹建佣工公所事》，提到雪兰莪参政司为解决吉隆坡华工潜逃问题，命甲必丹叶亚石与各级领袖讨论筹建"佣工公所"一事，其中提到"潮帮董事柯春波"，可以推测源丰号的柯春波应是当时吉隆坡潮帮的领袖人物。

② 1891 年时的吉隆坡客家人有 24575 人（71.3%）、广东人有 3806 人（11%）、福建人有 2883 人（8.3%）、海南人有 569 人（1.6%）、土生华人有 1724 人（5%），潮州人数居第五，华人总数为 34469 人。引自陈剑虹《甲必丹时代的吉隆坡华人社会》，收录于李业霖主编《吉隆坡开拓者——甲必丹叶亚来的一生》，（吉隆坡）华社研究中心，1997，第 157 页。

但在同一年，雪隆潮人为照顾同乡福利、排解同乡纠纷，乃在谐街 175 号（今敦李校式路，Jalan Tun HS LEE）成立"八邑公所"，这是吉隆坡当时继惠州会馆（1864）、福建会馆（1885）、广肇会馆（1888）后成立的第四个会馆。潮人八邑公所的成立标志着潮州人在雪隆地区的立足。20 世纪以后移入雪隆地区的潮州人每年都不断增加，而后随着原乡动乱及天灾不断，加上连锁式移民的吸引以及 1950 年移民统治法令实施，落户南洋的潮州人口就更加稳固增长了。[①]

据马来西亚官方数据显示，1911 年巴生华人总数为 10503 人，其中潮州人有 589 人，约占 5.6%。巴生潮州人的祖籍主要以揭阳和潮安两地为主，主要从事米粮杂货等生意。在巴生区的潮州人，又以吉胆岛为据点。吉胆岛（又名螃蟹岛）位于巴生港外围。据说 19 世纪时有 3 位海南村的渔民最先登岛，后来为了捕鱼方便乃在岛上搭建茅屋过夜，并长期往返港口和吉胆岛，后来其他渔民也纷纷跟进，于是发展成一渔村聚落。[②]吉胆岛距巴生港口约 12 海里，岛屿周遭被红树林包围，红树林沼泽潮间带水位有高低变化。吉胆岛乃是位于高潮线与低潮线之间的区域，为了适应这样的沼泽潮间环境，此地形成了高脚渔村的特殊景观（见图 1）。吉胆岛分为吉胆村和五条港村，两村之间没有陆路可通，皆须搭船才可往来两村及巴生港口。[③]或许正因如此，以潮州人为主的吉胆村和以来自金门、同安等地的福建人为主的五条港村才能在现代城市发展中，保存最原始纯朴的岛屿渔港风貌。

（二）吉胆村的潮州女歌

潮州歌册是潮州民间说唱文学，保有韵散夹杂的特点，唱白兼用、语言通俗。潮州歌册的唱词，基本上是七字句，四句一组，每组押韵，借以连串情节，或简述情节概要。潮州歌册流行于潮汕地区，包括潮州、汕头和揭阳，以及汕尾的海陆丰，福建的东山、诏安、云霄，梅州的丰

[①] 詹缘端、徐威雄、童敏薇：《海滨潮乡：雪隆潮州人研究》第二章"雪隆潮人移植史"，吉隆坡，华社研究中心、雪隆潮州会馆，2016，第 40~45 页。

[②] 参考《浮罗吉胆·历史背景》，下载网址：www.pulauketam.com，下载时间：2018 年 8 月 16 日。

[③] 李建明：《雪兰莪吉胆岛五条港村之渔村产业与社会文化变迁》，马来西亚：新纪元大学学院，2017，第 19~20 页。

图 1　马来西亚吉胆岛高脚屋一景 笔者拍摄，2015

顺、大埔及海外潮人地区。^①关于潮州歌册的起源，吴奎信论证潮州歌册起源于明代初年。

> ……潮州歌册起源于明代初年，主要是依据潮剧，《明代潮州戏文五种》为我们的考证提供了十分珍贵的史料。……探讨潮州戏的存在时间，目的是研究潮州歌册的产生年代。……潮州戏的形成，固然受到南戏的影响，也离不开以说唱为形式的潮州歌册。也就是说，初期粗陋简短的潮州戏文，可能是从弹词潮州歌逐步演变发展的。^②

潮州歌册缘起有多种说法。为宣传故乡文化的潮汕研究者多以为明代已有潮州地方戏，加上明代《荔镜记》戏文中有元宵灯节潮人互相答歌记录，故依戏剧推测歌册乃自民歌发展而来。但仍有学者如谭正璧持

① 2007 年，潮州歌册被列入第二批中国国家级非物质文化遗产保护名录。郭创永：《潮州歌册概述》，《神州》2012 年 8 月（下旬刊），第 34 页。关于潮州歌册的说法，张吉安也曾提到：在马来西亚被称为"七字歌"，主要是七字一句为主，有时也会穿插四句或五句形式。念唱时没有乐器伴奏，于是形成潮州歌册的说和唱都是随着字面和故事起伏转折来诠释，潮州话的八度音正好成为念唱时的抑扬顿挫准则，配合着潮州方言，潮州歌册变成妇女生活的"弹词"。参见张吉安《乡音考古：采集·行为·民俗·演祭》，马来西亚，GEMERLANG PUBLICATIONS SDN. BHD.，2010，第 126~131 页。

② 吴奎信：《潮州歌册溯源》，《潮学研究》第 1 期，汕头大学出版社，1993，第 229 页。

较客观理性的看法，说明大多数作品是作于清代。① 诚然，潮州歌册盛行的时间约从清朝到民国，晚清以后有木板刻印，对于歌册的销售普及更有一定的影响。据马风考证，目前可知最早的潮州歌册出版商应是清同治年间的李万利，其余如吴瑞文堂、陈财利堂等则多在清末民初，其印刷数量多达两千多本。潮州歌册能广泛流传的主要原因在于其具有丰厚的群众基础，尤其以妇女占多数，从其大量印刷和销量上，可见一斑。②

潮州歌册与歌谣原唱自潮汕地区，同属闽南语系统，随着过番南来的潮州人聚居巴生港、吉胆岛后，持续在马来西亚的雪隆、海滨潮人地区流传着。我们不禁思考，这样的原乡古调唱到吉胆岛和巴生后，究竟出现了怎样的变化？唱的人是谁？潮州歌谣有怎样的特色趣味？

1. 吉胆女歌：谢悦珍的潮州歌仔

马来西亚吉胆岛上潮州人谢亚勿（？~2014）、曾惠卿会念潮州歌册，这种在当地被称为"七字歌"的潮州歌册也是潮州妇女平日解决苦闷的一种娱乐方式。曾惠卿说：她生平只看过妈妈唱，爸爸从来不碰，印象中爸爸还说这是"女人册"③。有人说潮州歌册是"女书"，因为演唱者和听众几乎都是女性，据余亦文的回忆：

> 每当夕阳西下，晚饭已毕，外婆家的小小天井就挤满了人，这些人都是邻居姐妹，大姆大婶，婆媳姑娌，有的把绣花规、刷纸架也搬来了，边听唱，边干活，好不热闹……说到伤心事件，已个个泪眼汪汪，低低哭泣之声可闻；说到奸贼计害人，一个个咬牙切齿，"短命无好死"之声回起；大团圆了，或恶人伏法了，大家喜上眉梢，尽兴而散。④

余亦文回忆的是潮汕地方听歌册说唱的情况，可以发现听唱者都是"安家"的妇女，说潮州歌册是"女人书"也非无因由。至于吉胆岛的情

---

① 参见王顺隆《"潮州歌册"研究中的几个问题》，《文学部纪要》12–1 号，日本，文教大学，1998，第 24~27 页。
② 吴奎信：《潮州歌册溯源》，第 233 页。
③ 张吉安访谈，受访时谢亚勿 78 岁、曾惠卿 82 岁，二人祖籍皆是潮州海澄。参见张吉安《乡音考古：采集·行为·民俗·演祭》，第 131 页。
④ 引自肖少宋《潮州歌册中的女性形象》，《广东艺术》2012 年第 1 期，第 13 页。

形，正如张吉安所言：

> 早年以捕鱼为生的吉胆岛，到处都是让渔夫落脚的"公司厝"，
> 这里潮州人俗称为"绫厝"，傍晚时分，妇女和小孩就在这里展开了
> 唱歌册的大本营！"傍晚时分，妈妈做完家事，就会跟隔壁的阿姨走
> 到门口、巷尾，甚至有时候会来绫厝前坐在地板上，人手一本歌册，
> 会唱的就领唱，不会唱的就坐在旁边听，总之那时候在傍晚过后，
> 你去到街场、过港、港内、头条港、东街还是港尾区，都是妇女唱
> 歌册的美好时光。"①

这样的群聚听歌情况，对于吉胆岛渔村而言，是早期岛上女性仅有的
消闲时光。傍晚忙完家中琐事后，妇女儿童就在村邻间念唱听歌。笔者实
际走访调查吉胆岛上的吉胆村及五条港村，据村里长辈提到，早期岛上渔
忙后到晚餐前的时间，村里有些妇女会聚集唱歌册，借以排解一天工作的
苦闷，或者可以联系邻里间的情谊；但近年来吉胆岛上的渔业生态与生活
方式逐渐改变，村民休闲时间增多，现代伴唱设备也添购了不少，于是小
区中心或联络所便成了晚上好歌者聚会的场所，下文将会述及这些"休闲
声音"。

过番年代南来移民到了新马地区，也带进不同地区的戏剧和音乐、
歌谣，过番客常会利用闲暇时间三五聚会，通过聆听讲述或传唱这些家
乡故事或音声，借以排闲遣闷并怀想家乡。19 世纪末以来表演式剧班逐
渐南来，"街边"于是成为早期华人戏曲最常出现的表演空间，这些街戏
表演（street performances）会在主要道路边搭起一个临时舞台，剧团则
在小区间进行几天的庆典表演，然后舞台就会被拆除。② 而街戏（包括傀
儡戏、民间说唱等）更是一个容易进入的自由空间，在此空间内，早期
华人移民者可以进行记忆填补与情感宣泄；通过此空间搬演的原乡方言
戏剧或民间说唱，过番者更可以寄托情感或凝聚族群意识③，甚而传承祖

---

① 张吉安：《乡音考古：采集·行为·民俗·演祭》，第 130~131 页。

② Chan Kwok-bun and Yung Sai-shing，"Chinese Entertainment, Ethnicity, and
Pleasure"，*Visual Anthropology*, 18, 2005, p.107.

③ 黄文车：《易地并声：新加坡闽南语歌谣与厦语影音的在地发展（1900-2015）》，第 178 页。

辈们的原乡文化与家训意义。早期台湾歌谣唱道："一年才看一次戏，阮翁疼阮就值钱。"传唱的正是听戏群众（以女性为主）透过戏曲人物、情节，或街戏开放空间所获得的情感抒发，转而成为稳定一个家庭的重要力量！

在众多潮州歌册中，吉胆岛的妇女最喜欢念唱的歌册之一名为《一百屏》（又称《百屏花灯歌》）。笔者于吉胆岛进行歌谣采录时，潮州妇女谢悦珍唱了《潮州百屏歌》。

活灯看完看纱灯，头屏董卓凤仪亭。貂婵共伊在戏耍，吕布气到手捶胸。

二屏秦琼倒铜旗，三屏李恕射金钱。四屏梨花在吮毒，五屏郭槐卖胭脂。

六屏点将杨延昭，七屏张飞战马超。八屏孔明空城计，九屏李旦探凤娇。

十屏关爷过五关，十一昭君去和番。十二赵云救阿斗，十三刘备取西川。

……

八五仁贵返回窑，八六杨郡在教枪。八七辕门去射戟，八八烈女许孟姜。

八九专诸刺王僚，九十文广去收妖。九一武松罗歌店，九二仁贵平西辽。

九三海瑞拍严嵩，九四妲已迷纣王。九五罗通去扫北，九六寡妇争（征）西番。

九七万历小登基，九八武五（王）返西岐。九九摘印潘仁美，百屏拜寿郭子仪。①

此歌册用"百戏名"进行念唱，皆取历史演义故事，可见编唱者也利用歌册教人历史典故、忠孝节义，最后的"百屏拜寿"则透过郭子仪

① 谢悦珍（67岁）念唱，采录地点：马来西亚吉胆岛，2015年7月31日。《百屏花灯歌》《潮州百屏歌》流传于明嘉靖年间，取自著名潮剧《陈三五娘》中的"五娘赏月"一折，述说五娘在元宵节逛花灯所看到的"百屏花灯"上的一百则民间通俗演义故事。引自张吉安《乡音考古：采集·行为·民俗·演祭》，第132页。

"七子八婿"的人生成就，凸显民间说唱对于生命结局的圆满期待。笔者于新加坡潮州八邑会馆也发现正源班本的《花灯百戏名》手抄全集（又名《新编百戏名》）（见图 2），内容便是这部《潮州百屏歌》，可见流传于新马的潮州歌册有其同源而分地传播的情况。

图 2　正源班本《花灯百戏名》，新加坡潮州八邑会馆藏 笔者拍摄，2017

除了《潮州百屏歌》，谢悦珍还念唱了《宋仁宗叹五更》，唱的是宋仁宗夜里因为庞洪叛国通敌恶行，太后欲将庞妃赐死，两人分离的彻夜感叹：

忽闻间　日沉西，天子愈思愈痴呆。好美味　难吞下，袂（买）得庞妃活（活）返来。

忽听见　鼓一更，愈思愈想心愈青。思庞妃　姿容貌，天姿国色断云霞。

伴寡人　同床枕，六年无少也无加。许双手　如姜笋，弓鞋三寸如姜芽。

与寡人　同恩爱，只望百年同在生。至今日　来分散，可恨你父老奸臣。

忽听见　二更时，该怨庞洪累女儿。你不该　做此事，不念做官数十年。

......

如此从一更叹到五更，每更每叹都是痛彻心扉。《宋仁宗叹五更》在潮汕地区甚为风行，随过番者南来至马来西亚后仍传唱于潮人聚集的吉胆岛上，借着歌仔吟咏家乡古调。无论是《潮州百屏歌》或是《宋仁宗叹五更》等"潮州歌册"都有很大可能成于文人或识字说唱者之手，然而在潮汕地区或马来西亚潮人地区将之视为少见的"妇女文化"，透过民间说唱传递知识性与教育性的文化哲理，极具研究价值。

目前新马地区会馆或私人收藏尚有许多潮州歌册，例如《海滨潮乡：雪隆潮州人研究》一书内提到 2014 年吉胆岛谢松镇的女儿谢若芸将其母亲谢亚勿（松镇嫂）的歌册收藏捐给雪隆潮州会馆，该书"附录五"载有谢亚勿（松镇嫂）所收藏的歌册共有 223 本，约有 109 种篇目，共计 60 多种故事主题。略举其中十卷以上的歌本计有《五虎平西珍珠旗》、《双太子红罗衣》、《初集钟无艳娘娘全本》、《狄青上棚包公出世》、《射锦袍孟丽君全歌》、《双白燕全歌》、《粉妆楼》和《隋唐演义右调弹词》等。这些歌册的出版商包括潮州李万利、老万利、万利春记、万利生、吴家瑞文堂、五福堂、王家友芝堂、王生记、进文堂、广州五桂堂等，多是晚清时期印制和发行的。较为特别的是，其中还有一歌册名为潮州歌曲，实际上内容全是潮戏剧目，共有 86 则小故事，汇集成册。①

谢亚勿上张吉安的节目受访时表示："我们以前在吉胆岛的时候，就喜欢唱（潮州歌册）。常跟一些老人家合唱，也唱给很多老人家听。有时在门前唱，有时在巷尾唱，有时在桥上唱，谁有空就去唱。"②那时吉胆岛上应该常能听到谢亚勿、曾惠卿或是谢悦珍等潮州妇女唱潮州歌册，在悠悠海潮来去的吉胆村上念唱潮州古调。2009 年张吉安在吉胆岛和巴生访谈谢、曾两位潮州"好姐妹"，还找到一箱藏有近 200 本但 20 年未开启的潮州歌册。谢亚勿说这些歌册"都是奶奶和家人上世纪从潮州澄海坐船南来时随身带来的"，这些潮州歌册对于早期的吉胆岛潮州妇女来说简直是"调剂生活的瑰宝"③。谢亚勿在张吉安的节目中提到的"我们以前

---

① 詹缘端、徐威雄、童敏薇：《海滨潮乡：雪隆潮州人研究》，第 259 页。
② 引自詹缘端、徐威雄、童敏薇《海滨潮乡：雪隆潮州人研究》，第 259 页。
③ 张吉安：《乡音考古：探寻土地上的百年祖歌》，马来西亚大将出版社，《乡音考古》2019 年 5 月，第 155 页。

在吉胆岛的时候，就喜欢唱（潮州歌册）"的说法，或许更传达出念唱者"在与不在"吉胆岛的差异心态，也许访谈时谢亚勿情意指涉之所在并非遥远的潮汕原乡，反而更是吉胆岛，于是她思念的是跟随妇女长辈传下的潮州歌册吟唱咏叹，怀想的是把握岛上难得的消闲时光，那么吉胆岛的妇女们即便念唱的是潮州古调，但缅怀的可能还是离开吉胆岛后思念那一片海、那一座岛的在地情感吧！

图 3　新加坡潮州八邑会馆丛刊之三《潮州歌谣选》笔者拍摄，2021

另外，新加坡潮州八邑会馆曾出版"新加坡潮州八邑会馆丛刊"十三种，其中收录有马凤、洪潮所编的《潮州歌谣选》（1988）（见图3）、马凤的《潮汕文化丛谈》（1994）等①，可见早期会馆重视原乡祖辈潮州歌谣、歌册等文化记忆之保存与传承。会馆所收藏的早期潮州歌册原件经笔者初步整理预估，其歌册内容主题约有41种，但有两本题名模糊难辨，其余歌册多有缺册缺页的情况；而谢亚勿收藏的歌册也有同样的情形，想必歌册在念唱过程中容易折旧破损，其间更未必有人妥善保管整理，因此残损缺卷是这批马来西亚、新加坡传统潮州歌册的共同现况。

---

① 按：马凤（郭马凤，原名郭乐异），揭阳人，主要从事地方史志和潮汕历史文化研究工作，曾主编《潮汕民俗文化丛书》10册等。其中《潮州歌谣选》（新加坡潮州八邑会馆，1988）与《潮汕文化丛谈》（新加坡潮州八邑会馆，1994）收录于"新加坡潮州八邑会馆丛刊"第三种和第五种。

我们期待未来新马两地的华人会馆与研究中心可以更加注意这批珍贵的历史文物，能尽量搜集保存甚至扫描建档，借以保存华人文化记忆并有利后续研究。

无论是《一百屏》《宋仁宗叹五更》，抑或其他的潮州歌册，我们可以发现，潮州歌册讲述的多是通俗演义或话本故事，和原乡类似的是唱歌册的多是妇女，多在偷寻生活中难得的闲暇时光、消愁解闷。马来西亚吉胆岛上的潮州妇女在念唱歌册"古调"过程中，非但可以联结远方原乡空间，还可以传承方言文化，当然这些歌仔最后都会回到劝世或祈愿主题，但对于海外的潮州人而言，潮州歌谣因时空变换，内容也逐渐出现在地化特色。

2. 潮州歌谣：吉胆岛上的休闲声音

除了潮州歌册古调，在吉胆村里有更多潮州妇女会在休闲时间内，召集三五好友于联络所内高唱潮州歌谣。这些潮州歌谣未必是传统的歌仔，有些是流行于潮汕地方或新马当地的小调，很有可能还是唱自民间但后来经过润饰的地方歌谣。

笔者于吉胆村踏查期间，也在居民联络所进行访谈，并聆听现代潮州妇女闲暇时演唱的潮州歌谣，内容约莫可分成两类：（1）传统戏曲类（包括歌册），例如《薛平贵回窑》；（2）潮汕小调，例如《挨啊挨》《地块凉地块坐》《有情有义》《隔夜茶》等。其中以第二类潮汕小调类型最多，当地潮州妇女也多自得其乐，开怀欢唱。

据当地潮州人士讲述，马潮联会妇女组、雪隆潮州会馆妇女组曾经出版《潮州乡音采集》CD两片①，记录的内容便是雪隆地区潮州人（尤以女性为主）演唱的潮州歌仔与歌谣。细探其内容，可概略分成三类。

（1）传统戏曲歌谣类（包括歌册、七字歌）。例如：《看戏述古与灯笼歌》《一只鸟仔》《雅牡（妻）苏六娘》《拜天地》《潮州颂》《一袋豆仔》《十二月歌》《百花争艳》《湘子桥》《阿公食百岁》《四季食好菜》《地甜工嬷唔惜孙》《山上》《黄金难买少年时》《盼郎归》《井底饲羊肝》《掼个篮仔》《百屏歌》《一把红箸》《东畔落雨》《表花（火焰驹）》。

① 《潮州乡音采集》共有两辑，由马潮联会妇女组、雪隆潮州会馆妇女组、爱FM《乡音考古·思想起》联合制作，《潮州乡音采集①》（马来西亚，雪隆潮州会馆，2008），以及马潮联会妇女组制作《潮州乡音采集②》（马来西亚，马潮联会，2010）。

（2）潮汕小调歌曲。例如《青花青》《天顶一粒星》《新正（新年）》《畲歌仔》《天上一条云》《枕头神》《月光歌》《鸡仔》《井底一粒柑》《苦瓜》《心慌慌》《厚稳（蚯蚓）》《指甲歌》《阿兄读书》《挨呀挨》《阿的月光乡谣》《月光歌》《五官歌》《捞！捞！捞!》《畲歌一米筛》《指甲花》《一钱好娶三个嬷》《门脚一丛柑》《门前溪水》《汽车大灯》《游啊游》《月光光》《门脚一棚瓜》《啤金公》《畲歌二个妻》《厚稳叫吱吱》《井底歌》。

（3）男女对歌:《厚稳（蚯蚓）歌》。

雪隆潮州会馆出版的《潮州乡音采集①》主要记录整理雪隆地区潮州人士平时惯唱的潮州歌仔与歌谣。透过上述分类可以发现，潮汕小调约有 31 首，占这两片 CD 收录歌曲数量的一半以上。换言之，比起传统戏曲、歌册等古调，这些潮汕小调应该更加时兴于当地的潮州方言社群。探其原因，除了因时代更迭，传统戏曲歌册听众逐渐凋零外，这些潮汕小调内容记写多和日常生活有关，并将传统戏曲人物故事巧妙化入歌谣歌曲中，再通过歌曲传达教化道理或人生智慧，而此也是潮州传统歌册、戏曲一脉传承的精髓意义。例如这首《门脚一丛柑》：

> 门脚一丛柑，唔悬唔矮好穿衫，唔悬唔矮好打扮，打扮起来然（似）陈三。
> 门脚一丛蕉，唔悬唔矮正合腰，唔悬唔矮好打扮，打扮起来然五娘。

《门脚一丛柑》这类型的潮汕小调，演唱者惯用"○○一○○"此程序套语起句，借以引起所欲吟咏歌唱之主题。这首歌曲乃在歌咏男女身材挺拔姣好，一如潮剧中的"陈三五娘"那般姿态，都是人中龙凤。再看这首《井底一粒柑》：

> 井底一粒柑，阿嫂掼水阿姑担，问姑会轻阿是重？不会轻不会重正好担。
> 井底一粒柑，阿嫂掼水姑洗衫，阿姑洗好阿嫂晾，姑嫂相好在井脚。

同样以"井底一粒柑"套语起句，讲述家中姑嫂担水、洗衣日常情况，以传达"姑嫂相好"情谊。然而早期传统家庭中若非翁姑难伺候，更怕小姑来扰家，因此透过歌谣的吟咏传唱，也在提点潮州女性"家和万事好"的道理。此外，歌谣讲求叶韵，这两首潮州歌谣多押"-ã"韵，如《门脚一丛柑》中的"柑""衫""三"，或《井底一粒柑》中的"柑""担""衫"等（《潮语十五音》柑韵）。这些潮汕小调，其实唱的多是潮州妇女的日常生活，更是传统文化记忆。又例如这首《挨呀挨》：

> 挨呀挨，挨米来饲鸡，饲鸡来谷家，饲狗来吠夜。
> 饲猪还人债，饲牛拖犁耙，饲阿弟来落书斋，饲阿妹来雇人骂。

传统社会中，妇女需要持家育幼，潮州女性也是如此，这首《挨呀挨》内容讲述女性日夜辛劳，但多是为人做嫁衣；歌谣最后两句是传达传统社会思维，盼望男儿有成，女子只能为人辛苦。这首潮州歌谣中的"夜"（暝，me5）、"骂"（me7），还有"挨""鸡"债"耙""斋"等皆押"-e"韵（《潮语十五音》家韵），念唱起来十分顺口。本首念谣在马来西亚华人地区也多能听闻，例如马六甲的闽南童谣《偎略偎》或槟城的闽南童谣《裁米裁粟来饲鸡》，甚至是邦咯岛（Pulau Pangkor）的潮州童谣《摇啊摇》等。[①]透过四首引述的闽南或潮州童谣来观察，标题虽有不同，然而内容及叙述形态大致接近，最后多谈到养儿子来"孝顺"或"读书"，而养女儿则是"别人的"或"予人骂"，可见这些华人传统思维通过念谣的传唱，某种程度上仍在海外华人社会传播，但却也是现代男女可以思考与反省的绝佳教材。

（三）偏僻渔村：谢惠林的潮州歌谣创作

过番南来的潮州人除了念唱原乡的潮州歌册古调或歌谣小调外，当

---

① 例如马六甲吕秀鸾女士念唱的闽南童谣《偎略偎》："偎略偎，载谷载米来饲鸡。饲鸡欲叫更，饲狗欲吠暝，饲后生用孝世，饲查某仔别人的。"引自张吉安《乡音考古：采集·行为·民俗·演祭》，第118页。又如槟城阿依淡的这首闽南童谣《裁米裁粟来饲鸡》："哎咯唉，裁米裁粟来饲鸡，饲鸡豪叫更，饲狗毫吠暝，饲后生，养老爸，饲诸（妇）仔，予依骂。"引自杜忠全《老槟城·老童谣》（马来西亚大将出版社，2011，第38页）。又如韦远进校长整理潮州童谣《摇啊摇》："褙呀褙，舀米来饲鸡，饲鸡叫顾更，饲狗来吠夜，饲猪还人债，饲牛拖犁耙，饲阿弟来落书斋，饲阿妹来沾人骂。"引自韦远进编写《2015邦咯岛海岛节（童谣集）》（自印本，2015，第9页）。

他们在马来西亚这片土地另辟家园、扎根生活后，过去的离散经验可能就会宣告中止，那么停留在马来西亚的潮州歌谣或歌曲，将如何跨过历史与政治的藩篱，唱出不一样的潮州声音？

据《海滨潮乡：雪隆潮州人研究》一书所记载，吉隆坡北部沙白安南县的大港（Sungai Besar）是雪兰莪州内鱼获量最大的渔港。沙白县渔民协会第一任主席兼大港海产公会顾问谢惠林会念唱潮州歌谣，自己更创作了《偏僻渔村》歌谣。

> 双武隆滨海边，一渔村水路线。欲出入不方便，想干活看流水。
> 划小船用气力，半勾月寻归路。张开眼找目标，顺流水撒下网。
> 时辰到拉起网，开船舱鱼虾跳。黑夜里赶归路，顺流水挺起腰。
> 划双桨去返家，鱼虾鲜起火灶。手分类多花样，下锅煮不容缓。
> 待熟后捞空锅，等片刻天明亮。柴木埕收席位，靠日光来射照。
> 晒干后去外壳，鲜艳美成虾米。远望去真明眼，上市场做买卖。
> 行情好大畅销，换钞票妻儿笑。什碎鱼不值钱，另煮烂当饲料。
> 养畜牲猪鸡鸭，待长大可宰杀。高蛋白供食料，活世人劳苦高。
> 论命运辛劳苦，教育低难出头。年复年连续下，生活计苦坚持。
> 无新鲜照旧样，井底蛙不见天。隔外界环境暗，恶劳苦自觉悟。
> 召众人团结力，办教育兴大计。紧急追赶时代，尽心力培训儿。
> 投洪流炉火青，远望去影光明。望来日出头天，学识高智慧深。
> 奔远方创大业，精管理争成功。新深度火星暖，含心意上层楼。
> 定时刻回家乡，走一趟归乡亲。云端情增友谊，昔年不堪回味。①

仔细观察《偏僻渔村》这首潮州歌谣共 56 句，每句 6 字，共 336 字。全篇用字浅白，多是现代语汇；每句六字，也和传统歌册七言一句形式有所区别，可以看出潮州歌谣的在地转变。歌谣主要讲述谢惠林幼时居住的双武隆渔村生活风情，大概可以分成三个部分。

（1）讲述渔民渔村生活：从"双武隆滨海边，一渔村水路线"到"活

---

① 引自詹缘端、徐威雄、童敏薇《海滨潮乡：雪隆潮州人研究》，第 257~258 页。按：关于这首歌谣，原书作者推测应当是创作于 1947 年以后，因为双武隆渔村唯一的海滨学校创办于 1947 年。

世人劳苦高"，此 32 句念唱的是双武隆纯朴但勤奋的渔村生活。歌中唱到"想干活看流水"，说的是渔村靠观察潮汐水流出海捕鱼虾的能力，夜里出发撒网捕鱼虾，白日则借日光晒虾米；除此之外，还得饲猪养鸡鸭，作为伙食生计，这样生活才能延续。

（2）办教育期许下一世代创业：从"论命运辛劳苦，教育低难出头"到"奔远方创大业，精管理争成功"，此 18 句内容从感叹己辈教育程度低难以出头开始，到期待办教育培训儿辈，提升下一代知识，如此才能奔向远方、创业成功。

（3）功成知返的幽微心情：最后"新深度火星暖"到"昔年不堪回味"共 6 句，如歌谣提到"定时刻回家乡，走一趟归乡亲"所言，其实正是家乡长辈盼望外出奋斗的子女能更上层楼外，必须知本感恩，家中还有亲人等待。而最后的"云端情增友谊，昔年不堪回味"可能透露出歌谣创作者期待返回故里、一解思乡的幽微心情外，对于过去那个偏僻渔村的记忆，早已是不堪回首的往事了。

这首潮州歌谣可能创作于 1947 年之后，离开原乡的歌谣创作者应该已在马来西亚双武隆渔村定居生活，歌谣念唱的是渔村、捕鱼、晒虾、畜养等生活风情，还有为下一代办教育兴学的落实过程与期待等等，最后回想，往事不堪回味，情感迸现。观察这首《偏僻渔村》创作歌谣，可以发现这里的潮州歌谣不再是遥远的原乡传统剧目，而是生活于马来西亚渔村的真实故事，这时的歌谣虽是用潮州方言歌唱，但唱念内容却已是双武隆滨海边，奋力拼搏在马来西亚渔村生活的实况，这是属于马来西亚在地化的潮州歌谣，可以称之为贴近南洋生命的"乡音"。

地理学者一向迷眩于散播（diffusion），而哈伯斯（Hagerstrand）和其他学者则研究在固定人口中传布的"创新"，柏克莱学派或许更加关注伴随特定人造物的文化移动与适应 ①，这里触及的是文化散播的问题。潮州歌册与歌谣随着移民落番南洋，南移的并非只有原乡古调，还有随之而来的华人文化与传统思维。在马来半岛面对多数异族的同时，华人必须凝聚血缘或地缘网络，有时还需透过信仰（香火缘）的力量，于是"中

①　参见 Mike Crang 著《文化地理学》，王志弘等译，（台湾）巨流图书股份有限公司，2008，第 29 页。

华文化"在海外异地的空间成为凝聚和辩证身份与自我认同的绝大公约标准，因此歌册或歌谣中透显的传统华人文化也随音声散播开来。然而，在文化散播过程中，还需注意文化创造与文化适应问题，当华人及歌谣到了南方，会出现怎样的调整与转变？音乐地理学者认为许多"民俗"音乐是某些企图"恢复"真正民俗惯例者的发明，而在新马地区哼唱的古调乡音，也可能是在地华人从"残存"片段中"重建"而来的人为"创新"，并借以尝试与逐渐遥远的父祖辈的原乡文化产生联结。如此而言，这些古调延续着传统华人文化系统，却更衍生与适应出另一套贴近南洋土地的音声记忆，那么这些易地并声后的"南洋乡音"或许也是一种"被发明的传统"。因为文化认同涉及的是恢复某种遗忘或"潜藏的音乐"，虽然传统看起来像是连贯的言行或习俗，不过好几代传承下来，却时常是回溯性的发明，而这些"发明"的传统巩固了国族认同可以传承几代的观念。换言之，"过去"被重新塑造，以便迎合当前的不安与需求。①

如此，我们再回头来看这首马来西亚的潮州小调歌曲《天上一条云》：

> 天上一条云，天下两只船，一只运鹦鹉，一只运葡萄。
> 葡萄跌下水，鹦鹉走去拉。拉不起，诉亚姐，亚姐气到脸黑黑。
> 诉仙姑，仙姑不在屋。诉富富，富富耳。诉亚弟，亚地去耕田。
> 耕到橄榄双头红，红的采来吃，青的送媒人。媒人呵啰好，仙姑娶仙嫂。
> 娶入房，房里挂灯笼。灯笼贡贡倒，压死一只老鸡母。

笔者过去探讨马来西亚槟城的闽南语歌谣与其文化记忆，或是新加坡闽南语歌谣的流传与发展时，曾将这样的内容视为"游戏童谣"类型，主要是念唱过程中，借着叶韵拼贴生活记忆或地方语词，借以形成一个地方童谣的趣味性与在地性。《天上一条云》便类似"游戏"类型的小调，其中"橄榄双头红"以后的叙述，相近于《新加坡闽南话俗语歌谣选》中的《雷公悾悾瞋》，而台湾囡仔歌《雷公涸涸陈》也有近似内容；最后这些童谣念唱语句被马来西亚歌手阿牛（陈庆祥）写进《城市·蓝

---

① 参见 Mike Crang 著《文化地理学》，王志弘等译，第 165~168 页。

天》（1997）当中，并唱道："雷公若 hu hu 响，鸭囝走落田，田生柳枝、柳枝啊生地盘。地盘若生橄榄，橄榄红红送丈人。丈人若勢啰唆，阿哥欲娶阿嫂。"（阿朱小调）[①] 该小调在新马或台湾华人唱片市场传播着。就此来看，无论是潮州小调还是闽南童谣虽自原乡而来，但这些音声在马来西亚当地传唱并相互影响着，更在民间文学的集体创作与流传变异发展过程中持续改唱与变异。于是，马来西亚当地二、三代以后的华人方言群可能还会念唱原乡歌谣，并且择选某些古调元素转化唱进马来西亚在地的闽南童谣、潮州小调中，甚至是福建流行歌曲，于是那些属于原乡的记忆在歌谣传播过程中，逐渐在马来西亚发展出一套歌谣文化系统，也被唱出另一种属于南洋在地的乡音。

人类学家阿佛瑞德·克鲁柏（Alfred Kroeber）在思考文化、物质的再生产观点时谈道："文化乃由藉象征而习得和传达的行为模式所构成，有些明显，有些模糊，形成了人类群体的独特成就，包括在人造产物中的体现；文化的基本核心包括传统（亦即在历史中所衍生与挑选的）观念，以及特别是这些观念依附的价值；文化系统可能在一方面被视为行动的产物，而在另一方面则是进一步行动的条件因素。"[②] 透过人类群体独特的文化再生产过程，某些文化元素可能逐渐模糊，但某些文化因子可能会被正向加强，并且在历史的发展过程中不断对话与辩证；如此而言，那些依附在文化核心中的传统或价值，也会在文化或物质生产的过程中重新被挑选与再现，最后发展出属于在地合适的文化系统。透过在地文化系统逐渐成长与强化，早期传播至南洋的原乡古调也会逐渐融入在地语系及历史音声，笔者称之为"当地语系化"过程，如同沙白县的谢惠林用自己创作的潮州歌谣《偏僻渔村》去回忆与记录双武隆滨海边渔村

---

① 陈庆祥：《城市·蓝天》，台北：滚石唱片，1997。《新加坡闽南话俗语歌谣选》中的《雷公悾悾瞋》唱："……茶瓶发橄榄，橄榄双头红。红的挽去食，青的挽去送丈人。丈人呵咾好，阿哥换阿嫂。……"第368~369页。台湾囝仔歌《雷公涠涠陈》则唱道："……涂瓶生橄榄，橄榄双头红。红兮挽来食，青兮送丈侬。丈侬呵咾好，阿哥焘阿嫂。……"参考黄劲连《台湾囝仔歌一百首》（汐止：台语文摘，1996，第181页）。相关论述请参考黄文车《易地并声：新加坡闽南语歌谣与厦语影音的在地发展（1900–2015）》，第255~257页。

② Kroeber and Kluckholm, 1952. 引自 Mike Crang 著《文化地理学》，王志弘等译，第22页。

的真实故事，这是歌谣传播中透过空间位移与文化融入所逐渐形成的"易地并声"特色，而这样的南洋乡音，或许才是马来西亚华人能以之持续行动的自我认同力量。

三　马六甲的乡音：闽南语歌谣与童谣

马六甲在《明史》《明实录》等典籍中被称为"满剌加"，指的是当时的马六甲王朝。[①] 根据许云樵所译《马来纪年》（*Sejarah Melayu*）的记载，满剌加王朝于 14 世纪末由来自三佛齐的王子拜里迷苏拉（Parameswara）建立，传位至七世，最后一位苏丹为妈末（Sultan Mahmud），该国被佛郎机（葡萄牙）攻陷灭亡。[②] 公元 1400 年左右满剌加开国之君拜里米苏剌在马六甲建国，但仍感北方暹罗的威胁压迫，直至明成祖积极主动的海外政策，派遣郑和七下西洋，庞大舰队驻停满剌加国，并在当地建筑官厂（官方之仓库），无疑视满剌加国为中国之外府[③]，这也带给满剌加国突破困顿格局的机会，如王赓武所言："这种关系在永乐年间，对双方来说，都是有利和必要的。"[④] 直至 1455 年满剌加国宫廷政变后，满剌加和中国明朝的朝贡关系才变得断断续续。当时的东南亚海域随着满剌加国势衰，马六甲海峡的控制权也出现真空状态，那时还出现了许多如吉打、淡马锡（单马锡）等港市小据点，这也引起当

① 《明史·满剌加国传》记载："永乐元年十月遣中官尹庆使其地，赐以织金文绮、销金帐幔诸物。其地无王，亦不称国，服属暹罗。岁输金四十两为赋。庆至，宣示威德及招徕之意。其酋拜里米苏剌大喜，遣使随庆入朝贡方物，三年九月至京师。帝嘉之，封为满剌加国王。"（清）张廷玉等著《明史》卷 325 "列传第二百十三·外国六"，下载时间：2018 年 8 月 17 日，下载网址：www.guoxue.com/shibu/24shi/mingshi/ms_325.htm。《明太宗实录》永乐三年（1405）十月也记载："遣内官尹庆等赍诏往谕满剌加及柯枝诸国，赐其国王罗销、金帐幔及伞，幷金织文绮、彩绢有差。"见《明太宗实录》卷 117，第 1490~1492 页；卷 270，第 2440、2446 页。《明史》卷 325 又记载："五年九月遣使入贡。明年，郑和使其国，旋入贡。九年，其王率妻子陪臣五百四十余人来朝。"出处同上。如此可见明代与满剌加国之间的互动情况。

② 许云樵译注《马来纪年》（增订本），新加坡青年书店，1966，第 118~130 页。

③ 〔马来西亚〕安焕然：《古代马中文化交流史论集》，马来西亚：南方学院出版社，2010，第 141~143、160~162 页。

④ 王赓武：《中国与东南亚：1402-1424》，收录于《移民与兴起的中国》，新加坡八方文化工作室，2005，第 110 页。

时东南亚两大强国（暹罗和满者伯夷）对于马六甲海峡（马来半岛、新加坡）控制权的争夺。

在明代与马六甲王朝的互动关系下，许多闽粤沿海华人在明中叶后常常"犯禁"出海，因商业、海难或其他原因流寓其地，甚至有与当地土著妇女通婚成立家庭者，例如元代汪大渊《岛夷志略》"龙牙门"中提到："男女兼中国人居之。多椎髻，穿短布衫。"[①] 而在费信所著的《星槎胜览》"满剌加国"条中则记载："男女椎髻，身肤黑漆，间有白者，唐人种也。"[②] 清朝何求的《闽都别记》则叙述："明永乐时，福州商人赴麻喇国者，有姓阮、芮、朴、郝等，往麻喇国多年，娶番妇生子，率之返国。形容甚古怪，改姓为远、飘、哮、盆、裔等。福州巡按虑其形貌奇异，足惊幼孩，且恐其为人所加害，特锁之于福州城法海寺第一港，称为番鬼巷。"[③] 就此来看，或许早在 15 世纪初期就有华人留居该地，并与当地妇女通婚，子嗣多有混血者，或有人以为土生华人（Peranakan）（峇峇、娘惹）很有可能在满剌加马来苏丹王朝时代就已经出现。[④]

1826 年英属东印度公司将新加坡、马六甲和槟城合并成"海峡殖民地"（Straits Settlements），南洋新马顿成英国远东重要的贸易区，不过主要的行政地区还是以槟城、马六甲和新加坡为主。华人移民过程中，也和当地土著进行通婚，因而北马的槟城、南马的马六甲和新加坡，都会存在这些土生华人（也称为海峡侨生）族群，而其所使用的福建话也多会羼入许多的英文词汇或马来词汇等，进而形成英属海峡殖民地特殊的福建方言特色。

马六甲福建华人族群聚集起源时间甚早，该地最早的福建华人庙宇是建于 1673 年的青云亭，该亭亭主和甲必丹（Capital）等华人领袖几乎都是福建帮群的领导者，而"帮"指的是马来半岛对于华人方言群组织之称呼，其具有浓厚的地缘性和业缘性，偶尔还有血缘性附着。马六甲的福建帮社群主要以漳、泉、永春集团为主，重要代表如薛佛记

---

① 引自（元）汪大渊著《岛夷志略校释》，苏继庼校释，中华书局，1981，第 213 页。
② 引自（明）费信著《星槎胜览校注》，冯承钧校注，中华书局，1954，第 15 页。
③ 参见（清）何求《闽都别记》卷 14 第 261 回、卷 15 第 262 回，福州万国出版社石印本，1946，第 2~3、32 页。
④ 〔马来西亚〕安焕然：《古代马中文化交流史论集》，马来西亚：南方学院出版社，2010，第 197 页。

（1793~1847，漳州漳浦县东山人）、陈笃生（1798~1850，漳州海澄县人）、陈金声（1805~1864，永春人）等家族，后来这些福建家族逐渐移入新加坡，同样成为新华社会的领袖阶层，从此点来看，早期新华社会可以说是马六甲华人社会的延续。[①]

从上文概述可知，福建华人在马六甲的活动及居留或许从 15 世纪初期即有之，随着明清以来过番南来者越多，马六甲海峡始终是必经海路。当福建华人在马六甲落地生根、重建家园的同时，想必也会带来原乡信仰与传统文化，当然也包括本文想要讨论的闽南语传统歌仔和闽南童谣等。

（一）同安金厦会馆闽剧团：林志国的传统歌仔

马来西亚马六甲的同安金厦会馆成立于 1931 年前后，会馆音乐部设有大鼓吹组、闽剧（歌仔戏）、南音锦曲组和平剧组。其中"同安金厦会馆闽剧团"成立于 1949 年，并活跃于 1950~1970 年这段时间。林志国先生提到：当时有厦门人士善演青衣的王树眉（王玉明）来到马六甲教戏，时会馆有白金瞳跟他学戏，马六甲同安金厦会馆因此有了闽剧练习与表演活动。[②]透过会馆内现存的旧照片可知，至少于 1949 年前后，会馆已有自己的旧会所建筑（即今日同安金厦会馆所在位置），当时虽然简陋，但却是马六甲同安、金门、厦门等福建华人办理活动并借以凝聚情感的重要所在。

据目前可见的会馆记录：1951 年马六甲同安金厦会馆廿周年纪念时，闽剧组合作演出歌仔戏《兄弟双状元》《包公进京》等剧；1953 年闽剧组参加庆祝英女皇加冕之花车游行；1954 年演出歌仔戏《潇湘夜雨》；1955 年为庆祝会馆廿四周年纪念，闽剧组演出歌仔戏《陈玉鳞斩太子》《万花彩船》；1957 年闽剧组为州长梁宇皋诞辰演出歌仔戏《打花鼓》；1961 年马六甲同安金厦会馆卅周年纪念时，闽剧组演出《痴心女子》一剧；到了 1967 年，为庆祝马来西亚独立十周年，闽剧组参加庆祝活动并

---

① 黄文车：《闽南信仰与地方文化》，（高雄）春晖出版社，2013，第 163 页。
② 按："白金瞳"是林志国先生母亲的艺名，其与王树眉后来都曾加入新加坡的"新赛凤闽剧团"（约 1958~1964 年），1964~1974 年，王树眉又参与新加坡"筱凤闽剧团"的演出。受访者：林志国（1940 ~，福建安溪人），访谈时间：2018 年 4 月 2 日，访谈地点：马六甲同安金厦会馆。

演出《郑和下西洋》一剧；最后则是 1973 年为庆祝会馆大厦落成暨会馆成立 42 周年，闽剧组演出歌仔戏《珍珠塔》。由此可知，闽剧团总会在会馆周年纪念日或国家重要庆典时，多次由团员合作演出戏曲借以庆贺，不过这样的戏曲演出在团员逐渐出走或凋零的情况下，自 20 世纪 70 年代以后便几乎销声匿迹了。

　　受访者林志国先生提到，当时会馆闽剧团活动力强之际，也常参与当地庙宇庆典的酬神戏演出，他还记得当时最常演的戏是那出《安安寻母》，也就是闽南传统戏曲《面线冤》中的一段。[①] 他犹记得安安寻母"揣过千山佮万水，过山跋落几十礐"的艰辛过程，那时他尚年轻，虽非担任要角，然而戏台上的演出往事，永远历历在目。林先生说：那时教戏先生都是跟我们"讲戏"，我们也常听常唱《（十二月）采茶歌》《雪梅思君》这些歌仔。林先生还示范了一首《无某真艰苦》（歌仔调）：

　　　　父母单生阮一人（啊），

　　　　我是一位单身汉（啊）。

　　　　无兄无弟通（啊）帮忙，

　　　　无人作伴诚凄惨。

　　　　无人啊作伴啊（唉呦）真啊真凄惨～真凄惨！

　　由此来看，马六甲同安金厦会馆闽剧团的福建戏演出与歌仔传唱，和原乡的戏曲古调有一定的联结性，这包括来自福建的教戏先生，还有传自原乡的戏曲剧目及歌仔，如《安安寻母》《雪梅思君》等。可见马六甲一、二代华人对于原乡戏曲文化的眷恋与欣赏，而此情况更可以在同安金厦会馆南乐组的演出中看到。

---

① 按：《安安寻母》是传统歌仔戏中的"折子戏"，本为《面线冤》中一折，又名《安安赶鸡》《安安认母》等。故事最早之起源可追溯至南朝范晔《后汉书·烈女传·姜诗妻传》，元代郭居敬编著的《廿四孝》中有"姜诗孝亲涌泉跃里"孝顺故事，提到"姜诗，事母至孝。妻庞氏，奉姑，尤谨"，而明传奇陈罴斋的《跃鲤记》中针对故事内容进行戏剧性的改编，更是《安安寻母》取材之主要文本。该戏后来由歌仔戏艺人邵江海改编，主要内容讲述姜诗之妻庞三春被婆婆逐出家门，但仍克尽节孝，寄迹尼庵后感动婆婆，最后一家团圆的故事。参考陈侑莳编《中国戏剧研究资料》第一辑 V.153 "姜诗跃鲤记"，台北天一出版社，1983，无页码。

有数据记载明代郑和第五次从泉州出发下西洋时，就曾有泉州乐师随同出国，这些乐师和一些闽南籍士兵后来就留在马来亚半岛[1]；明末清初之际，"闽省艺人就不远千里到东南亚的暹罗进行演出。……1665 年和 1686 年，法王路易十四的使节来罗，受到盛宴招待。宴后有中国人演出戏剧，演员有的来自广东，有的来自福建。闽剧场面华丽而庄严……"[2]虽然文中未能确定闽剧指的是哪一个剧种，不过可以推测至少在明末甚至更早时期，闽地音乐就有可能在东南亚传播，其中可能也包括被称为"御前清音"的南音（南管、南乐）。

据 1954 年 9 月 5 日的《星洲日报》报道："南乐一道素为闽南人所崇尚，尤以厦门一地最为盛行，故鹭江林霁秋先生，乃有泉南指谱撰者，后因吾侨南来日增，于是而将国粹，渐渐传到南岛，盛行各地，尤以新加坡最为发达。"[3]南音源自福建泉州，多属文人雅乐，音韵悠扬、吟念深长。在闽剧发展过程中，福建的梨园戏、高甲戏也可搭南音演出。据王士仪所言："由于嘉靖本《荔镜记》这本剧本，泉州南戏（南管戏）是闽南地方方言戏剧，属于我国南戏的戏剧形式，也是明代南戏的一种。在戏剧形式上，其成熟的程度，不下于任何早期南戏。"[4]可见泉州的梨园戏应该是闽南戏曲中发展较早的剧种。至于"高甲戏"成形大约在清光绪年间，当时因梨园戏逐渐没落，该戏乃以梨园戏为基础，结合民间武术技艺及其他戏曲而产生的新剧种[5]，后来流传于闽南、台湾及南洋福建华人社会等地区。据记载 1834~1844 年有福金兴班南来演出，1840~1843 年有高甲戏三合兴班南来演出等；至于 19 世纪中后期至二战前中国南来马来西亚的戏班、传统音乐团体众多且内容丰富[6]，而第一个台湾歌仔戏班"凤凰班"也在 1930 年前后至新马一带演出并大受欢迎，一段时间台

①　参见林凌风《南音在东南亚》，《中国音乐》1983 年第 4 期。

②　参见吴凤斌《东南亚华侨通史》，福建人民出版社，1993，第 480 页。

③　引自《湘灵音乐社史略》，《星洲日报》1954 年 09 月 05 日。

④　参见王士仪《泉州南戏史初探：中国戏剧第六体系》，《中华民俗艺术年刊》"国际南管会议特刊"，台北中华民俗艺术基金会，1981。

⑤　参见许常惠《台湾音乐史初稿》，台北全音乐谱出版社有限公司，1995，第 187 页。

⑥　参见王静怡《中国传统音乐在海外的传播与变迁：以马来西亚为例》，人民出版社，2009，第 28~38 页。

湾歌仔戏班纷纷组班前来，使得歌仔戏在马来西亚的影响渐大。[①]可见随着19世纪中末叶逐渐增多的福建过番客带来的原乡音乐中，除了民间念谣外，更有南音与梨园戏等戏曲元素。

还有，20世纪五六十年代邵氏等电影公司以海外东南亚为主要市场推出的方言电影，如《捉龟走鳖》《雪梅教子》《彩楼配》《火烧红莲寺》《番婆弄》等厦语片，其中有主打南音歌曲的电影，如《彩楼配》（吕蒙正抛绣球）、《火烧红莲寺》等，而主演的"小娟"（即凌波）也因此奠定其"厦语片影后"的地位。这样的方言电影与南音传播，更推促南洋新马福建华人方言群对于传统南音及原乡文化的怀想与浸濡动力。要而言之，福建歌谣、潮州歌谣属于庶民念唱的民间口传文学，而南音则属于传统音乐，但若加上剧情及身段进行表演，那便分属梨园戏、歌仔戏或潮剧之戏剧范畴了。有固定"剧本"或"乐谱"的戏剧或南音可有舞台表演，延续较多的原乡古调元素；至于来自民间念唱的闽南和潮州歌谣在属于"变异性"强的口传念唱，可在空间位移与文化冲容过程中创造出新的"当地语系化"歌谣系统。然而，这些不同形态的古调或乡音对于今日马来西亚多数的福建华人而言，可能多归属于早期下南洋父祖辈的集体文化记忆了。

马六甲是华人南来新马最早开辟的古城之一，南音也随闽南人到了马来西亚。依据马六甲同安金厦会馆的《东南亚南音大合奏》（1981）记载，目前可知最早成立的马来西亚南音团体可能是1883年于太平创办的仁和公所南乐团，后来1890年则有巴生永春公所南乐组成立；余者多在20世纪30年代出现，如马六甲同安金厦会馆南乐组、马六甲桃源俱乐部、马六甲沁兰阁、马来亚海业公会南乐组、麻坡桃源俱乐部等。[②]其中，马六甲同安金厦会馆在创立时就成立了"音乐部"，其中更分成"大鼓吹组"、"南乐组"、"芗剧组"和"平剧组"四类。南乐组的指导师傅是当时

---

① 厦门市台湾艺术研究所：《歌仔戏资料汇编》，光明日报出版社，1995，第74页。

② 二战之后，民间音乐社开始重新整合并活跃起来，马来西亚各地华人地区也出现南音盛况，陆续有太平锦和轩（1945）、安顺福顺宫（1951）、吉兰丹仁和音乐社（1960）、太平仁爱音乐社（1964）等南音社团出现。到了20世纪70年代更是迈入高峰期，较为知名的南音社团有雪兰莪适耕庄云箫音乐社（雪兰莪瓜雪暨沙白县福建会馆南音团）、巴生班达兰新韵音乐社、柔佛峇株巴辖南乐社等。据马六甲同安金厦会馆南乐组负责安排"拜馆"的陈秀珍团员表示：当时拜馆的名单中出现30个以上大大小小的南音社团。参见张吉安《乡音考古：采集·行为·民俗·演祭》，第95~96页。

马六甲资深的乐人林玉游、庄鸣凤和陈恩木，1962 年何水娘凭着高亢有力的唱腔获得陈恩木赞赏，推荐她转入南乐组。③

　　同安金厦会馆南乐组成立以后直到 20 世纪 80 年代一直都是当地民间草根文化的代表之一。马六甲当地民间信仰多元，华人庙宇多不胜数，只要遇上迎神庙会或庆典活动，庙埕外搭起的戏台就成了南音艺人展现歌乐的平台。何水娘回忆：当年加入南乐组之后，自己成为半个"登台艺人"，几乎每个星期的邀请都排得满满的，无论是庙会、游神，婚礼、寿宴，甚至是丧事的灵堂都有南音在传唱。只是走过五十年的光辉，南音也遇到了 20 世纪 80 年代大量电视娱乐的时代。广播电台终止与南乐组的合作节目，庙会戏台也改唱"歌台"，当地华团更是兴起了"多讲华语，少说方言"的运动，南音文化逐渐没落。有鉴于此，杨朝长号召同辈乐师杨思宅、颜定玉、颜文祥，以及何水娘、杨清模、陈秀珍等人录制卡带，希望借此将南音种子传播至民间。④无奈 1993 年 10 月 22 日杨朝长病逝于新加坡医院，无异于宣告马六甲同安金厦会馆南乐组从此损落。然而只要提起马来西亚传统华人音乐，大家都会想起马六甲同安金厦会馆里何水娘唱的那首《秀才先行》：

> 秀才先行（于）秀才先行，（于）待妾随后，千金到只。
> 千金行来到只，凭着相等相待，行出都城（于）行出都城。
> 阮心急双脚痛，返头看，看不见我妈伊今后面差人来留。
> ……
> 绣球亲抛，望卜和谐到老，但得掠只绣鞋兜禁，卜共君相随行。
> 今但得掠只绣鞋兜禁，卜共君，共我君念步相随走。⑤

---

③ 何水娘 15 岁时接触南音，后来转学京剧，受陈恩木推荐才又转回南乐组。17 岁时就已名满马六甲，人称"马六甲南音歌旦"。往后几十年时间都浸淫在南音演出与传承，多年来更跟着拿督杨朝长（1922~1993）带领的马六甲同安金厦会馆南乐组成员到菲律宾、新加坡、中国演出，并从 20 世纪 60 年代开始每周一次到马来西亚广播电台（马六甲分台）录制南音节目，随着每星期节目播出，何水娘与其他团员也成为大众明星。参见张吉安《乡音考古：采集·行为·民俗·演祭》，第 92~99 页。

④ 参见张吉安《乡音考古：采集·行为·民俗·演祭》，第 100 页。

⑤ 《秀才先行》改编自民间戏曲，描写吕蒙正与千金小姐刘月娥的爱情故事。引自张吉安《乡音考古：采集·行为·民俗·演祭》，第 100~101 页。

南音袅袅，乡情依依。虽然南音仍是新马原乡命脉的延续，只是老辈乐师不在，年轻男女不爱，就像 2008 年 10 月 4 日，何水娘和新加坡传统南音社，在马六甲青云亭的老戏台上合作演出隔绝十五年的南音一样，马六甲的南音依然前途渺茫，古调只能思念。

（二）古调成乡音：吕秀鸾的闽南童谣

吕秀鸾[①]来自马六甲，会念唱 200 首以上的闽南语童谣，这些都是吕秀鸾的童年回忆。问她怎么还能记住，她一贯自然的语气："小时候整天听，大了自然就会念咯！"[②]透过访谈记录，可以想见民间说唱者善于记忆的一贯本事。

吕秀鸾擅长的闽南语念谣包括传统歌谣与童谣两大部分，前者主要是七言四句叠踏念唱的七字仔歌谣，属于长篇叙事的歌仔一类；后者则是句式长短不一的闽南童谣，属于杂念仔一类，体现出吕秀鸾所念唱的闽南歌谣内容以及所呈现的"易地并声"特色。吕秀鸾念唱的传统闽南语歌谣数量不多，包括：过番歌谣，如《十送郎君过番片》；历史典故，如《十二生肖歌》《一顶大轿四范穗》；婚姻爱情，如《王梨要食着剖片》《老的无翁真克亏》；传说故事，如《雪梅思君》（长篇歌仔）等。但闽南语童谣的数量与主题皆十分丰富，可概略分为下列几类。

（1）婚姻爱情：例如《无某通补绁》《灯瓶玻璃镜》《乒乒乓乓娶新娘》《月老》《猪母菜》等。

（2）童谣谐趣：例如《月仔光映映》《龙眼干》《天乌乌》《人插花你插草》《蠓仔蠓》《排果子》《刣鸡请秀才》《天顶一块铜》《鸡仔人要刣》《猫仔猫闭豹》《针一空》《拍手歌》《摇篮曲》《偎咯偎》，

---

① 按：吕秀鸾（1936～ ），祖籍福建同安，出生于马来西亚马六甲，受教育程度只有小学三年级，爱唱福建南音，职业是家庭主妇。听说有个厦门教授千里迢迢过去找她进行访谈，吕秀鸾回忆说："他听人家说，我会很多很冷门，两百多首同安歌谣，就飞过来找我做研究咯！他约我出来见面的时候，看我两手空空，第一句话问我有没有准备纸张写下乡谣吗？我就回应他全部都藏在脑里，你要什么，我就说什么咯！"引自张吉安《乡音考古：采集·行为·民俗·演祭》，第 115~116 页。

② 引自《发现古城的乡音奇人 吕秀鸾》，2009 年 9 月 17 日，参考网站：吉安考古地带，网址：http://jiankaogudidai.blogspot.tw/2009/09/blog-post_17.html，下载时间：2014 年 5 月 1 日。

以及谐趣的猜谜，如《四脚相叉》《空对空》等。

（3）特殊念谣：所谓的"特殊念谣"，念唱主题包括特殊人物、语言或节日歌，因目前搜集之文本数量不多，暂先并为一类，例如《乞食求讨歌》《药仔歌》《帽仔戴敪敪》《作穑勿懒，竭力经营》《"滴格"是席》《正月歌》等。①

2018 年 4 月笔者前往马六甲拜会吕秀鸾女士并进行访谈，听其重新念唱《雪梅思君》《作穑勿懒，竭力经营》《一顶大轿四葩穗》等前文提及的歌仔或念谣（童谣），亦发现前文研究中尚未被记写的歌谣、长篇歌仔和念谣，兹记录叙述如下。

（1）长篇歌仔，例如《雪梅思君》《踢死太子惊朝廷》等。

（2）传统歌谣，例如《一顶大轿四葩穗》《互伊食到百捅头》《风吹飞起半天摇》《着趁咱是少年家》等。

（3）闽南念谣，此部分包括不同主题，可再细分如下：

①生活谐趣，例如《阿咾好功夫》《蜜蜂花仔肚》《天乌乌》《一枝草、一点露》《破扇引清风》《人插花、你插草》《摇篮曲》《团仔爱年兜》《新娘娶入厝》《老人气着拢掠走》等。

②特殊念谣，例如《二月二》《三月三》等。

③劝世教化，例如《桃仔红》《劝跛缴》《作穑勿懒，竭力经营》《老树靠树根》等。

长篇歌仔以十二段的《雪梅思君》最具代表性，歌仔演唱前还有一段"报告"略述故事内容，并有"合唱"阐述这首长篇歌仔的主要思维：

> 唱出只歌分恁听，雪梅做人真端正。甘心为君守清节，人流传，好名声。
>
> 劝恁列位注意听，着学雪梅只所行，不通学人讨契兄，无恁婿，

---

① 黄文车：《易地并声后的"乡音"——马来西亚闽南语念谣初探》，《华人研究国际学报》第 7 卷第 2 期，2015 年 12 月，第 62~76 页。

生子歹名声。①

　　合唱后便是"雪梅"唱出思君十二月调，由此看来更像是戏曲剧本。《雪梅思君》歌仔在东南亚新马地区流传甚广，包括闽南歌仔册、厦语片都有传入。其中《雪梅思君》歌唱的是"厦门调"，又称"国庆调"。《雪梅思君》也是中国台湾于1949年上映的第一部厦语片，这虽是一出古装戏曲片，并且制作程序复杂，水平亦比当时的粤语片差，然而因为和台湾多数人使用的语言相近，因此在中国台湾、新加坡、泰国、菲律宾等福建族群市场形成"冷门中的热门片"现象。②因为影片的传播，这首《雪曲》（福建歌曲）常被演唱或改编，而台湾因为《雪梅思君》此一厦语片的上映刺激了当时台语片的发展，新加坡则将此福建歌保留在歌台演出当中。

　　新加坡陈子谦导演拍摄的歌舞片《881》中有关闽南语歌谣、歌曲的主题，便是《雪梅思君》电影中两位女主角在歌台演出时必唱的曲目。③我们尝试比较吕秀鸾女士所念唱的《雪梅思君》，以及台湾、厦门等地的不同版本，可以发现吕秀鸾版本的《雪梅思君》和晚清厦门会文堂刊本，台湾1932年《南音》杂志版本，以及《中国地方歌谣集成》18册都有"前唱"的部分（唱出只歌分恁听……）；但就歌仔内容前六个月的唱词观察，可能更接近厦门会文堂和《南音》版本；也就是说，马六甲吕秀鸾念唱的《雪梅思君》版本和晚清福建厦门会文堂、日据时期台湾《南音》的歌仔版本更为接近，也就是属于较早流传于闽南地区的版本。据笔者访谈吕秀鸾时提到，她从小就跟着父亲身旁学诗念唱，平时也爱唱这些歌谣，因此吕秀鸾的《雪梅思君》长篇歌仔古调来自福建同安的概率可能更大一些。

　　此次采录所得念谣中，较之前发表的论文多出"劝世教化"一类，因为劝世教化主题，无童谣生活谐趣或游戏等特质。例如这首《劝跋缴》：

---

① 按：本引文出自吕秀鸾剪贴稿，笔者访谈记录。访谈日期：2018年4月2日，访谈地点：马来西亚马六甲。
② 参见黄仁《悲情的台语片》，（台北）万象图书股份有限公司，1994，第4页。
③ 参见黄文车《易地并声：新加坡闽南语歌谣与厦语影音的在地发展（1900~2015）》，第273~279页。

劝跛缴、赡富裕，十跛九摆输。

一更穷，二更富，三更起大厝，五更拆赡赴。

卖某囝，欠债主，露家散宅狗不如。

从念谣中看出对于赌博的批判，也对好赌人士的劝诫，更发现传统华人对于数字"四"的禁忌反映在念谣中。另外还有这首《作穑勿懒，竭力经营》：

人禀天地，爹娘所生。胎孕出世，啼哭分明。

轮乳哺食，长大成丁。早晚孝敬，报答恩情。

厅堂祖先，勤点香灯。桌椅房地，打扫干净。

作穑勿懒，竭力经营。

念谣多以四字四句方式念唱，概要讲述为人必须尊天敬地，追远感恩，孝敬父母，当知"作穑勿懒，竭力经营"。

相较之下，具有马来西亚在地特色的还是这类"特殊念谣"。本次采录过程中吕秀鸾也念唱《乞食求讨歌》、《药仔歌》和《"滴格"是席》等童谣。

一摇满堂，二摇兴旺。三摇三贵子，四摇四大金刚。五摇五子登科，六摇六国封相。七摇七子八婿，八摇八仙过海。九摇九门提督，十摇十囝十新妇。

过去乞丐乞讨时会顺便帮人摇签卜卦，多会说些奉承讨好的吉祥话，以便获得更多赏赐，台湾民间也有《卜卦调》传唱。这些特殊念谣，其实更是一个城市或一个时代的集体记忆，当月琴弹奏、沧桑音韵流出时候，老一辈人总会想起过去的共同记忆与文化情感。① 此外还有这首《"滴格"是席》：

---

① 黄文车：《易地并声后的"乡音"——马来西亚闽南语念谣初探》，第75页。

"滴格"是席，"色拉"是毋着，"诗礼"是荖叶。"码干"是食，"东鸽"是掠。"阿矮"是水，"安拄"是鬼。①

这是新马地区闽南方言群在学习马来话过程中编撰的歌谣，念唱中也存在着大众的集体智慧，尾字都以闽南语叶韵，但开头字词都是马来语；另外一个可能是，吕秀鸾的先生是马六甲土生华人，这样的家庭背景让她也可能创作出马来语、闽南语相互批注学习的特殊童谣。

这里提到土生华人，笔者在进行新马地区闽南语歌谣调查过程中，特别将调查地集中在海峡殖民地的新加坡、槟城和马六甲三个地区，主要也在观察土生华人对于原乡方言的保留与混用情况。根据杨贵谊的分析，其认为土生华人，英文称作 Straitborn Chinese（海峡侨生、海峡华人），可依据婚姻和血统关系分为两种：其一是含有混合血统的土生华人，马来文称 Cina peranakan，别称"峇峇"（BaBa）和"娘惹"（Nyonya）；其二为纯血统的土生华人，指的是南来新马数代以后的华裔，马来文称为 Keturunan Cina。然而无论是哪一种土生华人，经过长期在地生活与发展，都吸收了许多当地生活与文化习俗②，渐渐地我们会发现，这两种土生华人的认同已经不再是前者——远方的殖民国（英国）或者是后者的中国了。

语言学习过程中，以旧语言学习新语言的混语情况常能见到③，但马来西亚歌谣中的混语不局限在语言学习，例如马来西亚出现许多以闽南方言拼写的马来语词典。例如大约在 1403~1511 年，华人祖先已经编写了一本没有马来文字的马来语词典《满剌加国译语》，而后还有光绪三

---

① 这首《"滴格"是席》念谣混用了闽南语和马来话，是新马地区闽南籍移民学习马来话的记录。其中"滴格"（tikar）是"席子"，"色拉"（salah）是"错误"，"诗礼"（sirih）是"槟榔"，"吗干"（makan）是"吃"，"东鸽"（tangkap）是"抓"，"阿矮"（air）是"水"，"安拄"（hantu）是"鬼"。参考周长楫、周清海编著《新加坡闽南话俗语歌谣选》（厦门大学出版社，2003），第 271~272 页。

② 杨贵谊：《马华文化论丛》，吉隆坡华社研究中心，1931，第 66~67 页。

③ 按：语言学习过程中都可能借用熟识语言去练习新式语言，例如 20 世纪 30 年代台湾歌仔册中也有《日台会语新歌》唱道："モチメシ讲米糕，ハクツル是白鹤。砂糖日本讲サト，ブド台湾讲葡萄。……ナベ台湾讲是鼎，オニキワ是大庭。ホントウ改说讲有影，トウキヨ台湾讲东京。"引自《日台会话新歌》，嘉义：玉珍汉书部，1932 年 11 月 18 日。

年（1877）林衡南编写的《通夷新语》，但该书目前未得见[①]，光绪九年
（1883）林衡南校正该书后更名的《华夷通语》，目前可知此二书为华人
编写最早的马来语词典。此外，还有光绪九年由林采达编写的《通语津
梁》（新加坡集文斋藏版），以及新加坡正兴书画公司（新马"世界书局"
前身）于民国十五年（1926）出版的《巫来油通话》等。由此可以看出
新马华人为了实现与当地族群沟通交流之目的，利用熟悉的闽南方言去
批注学习马来语，进而编写马来语词典，或是创作念唱这样的特殊歌谣，
无疑都让我们发现语言交流的可能。而原乡古调当然可能会开始改头换
面，出现在地的方言词汇、他族语言与本地记忆去念唱属于海外华人新
一代的歌谣，这是歌谣经过"易地并声"和"本地化"过程后出现的现
代南洋乡音。

　　文化地理学中提到"文化区分"是一种连续性的表象，乃是连贯的
族群或国族文化得以维系的方式之一。我们常在"他者化"过程中将其
他文化视为一面镜子，用来反映我们自身的特质；并在其中拣取一小部
分特质作为"认同"的条件，并借以与其他文化区别，这些特质形成了
建构性的外在，或是定义性的边界。[②]当原乡华人过番南洋初期，原乡歌
谣古调是"文化区分"的族群认同特质之一，其可用以凝聚认同与框限
边界以区隔其他文化。但当时代递嬗与族群冲突后开始出现跨文化现象，
海外移民开始融入当地文化和语言，所谓的"古调"也会出现"当地语
系化"情形，这时文化就开始出现流通现象，这也是重新思考族群文化
地理的第一步。Gilroy 曾说："流离的批判空间/时间制图学需要重新调
整，以便散播的动态与地方自主性可以伴随着未曾遇见的迂回与回路而

---

① 驻叻领事官左秉隆为《华夷通语》写的序文中提道："南洋群岛，旧本巫来由部落。自
　通商以来，我华人寄居其地者，实繁有徒，而闽之漳、泉，粤之潮州称尤盛焉。但其
　初履异域者，每因言语不通，致经营难遂。林君衡南有见于此，爰取巫来由语，注以
　漳、泉、潮音，辑成一书，名曰《华夷通语》，使我华人熟习而强记之，自可与彼族交
　谈，畅所欲言，洵快事也。是书初名《通夷新语》，刻于光绪三年，迄今葛裘屡易，尤
　觉光景常新。然而林君之意，则显于精益求精也。近复出其书于李君清辉反复校正，
　并易今名。……"按：《华夷通语》收有 2840 词条，编者林衡南为金门人，早年南渡，
　在新加坡定居。1871 年于当地从事印刷业，其所创办的古友轩印刷馆，业绩辉煌，而
　李清辉生平背景不详。参见杨贵谊《马华文化论丛》（吉隆坡：华社研究中心，1931），
　第 294~296 页。

② 参考 Mike Crang 著《文化地理学》，王志弘等译，第 221~222 页。

显示出来，这些都标示着新的旅程与抵达，继而释放出新的政治与文化可能性。"①歌谣从"原乡古调"逐渐转变成"南洋乡音"也是一种文化流通，就歌谣地理学观点而言，文化的场域疆界其实是不断移动的，歌谣从原乡到南洋，在空间位移离散后几经迂回出现新的文化可能，正好可以作为我们运用想象和虚构能量去思考歌谣"易地并声"后的多元思维。

相对于原乡"古调"而言，这些带有自己方言词汇和语音的"南洋乡音"念谣并非来自想象原乡，而是混入在地文化与特殊语言，那是一种贴着南洋土地的实际存在，此乃"易地并声"的歌谣传播现象；而这样的"乡音"更可能是一种海外第三代以后对于"祖先记忆"的追寻，更是一种在地文化生成与实践的现象。不过在地华人仍努力面对族群、文化象征甚至是政治表态等问题，相对于后殖民、去帝国霸权的论述，王德威还提出所谓的"后遗民论述"，以便为海外面对中国性或者华语所谓的正统性和遗产性继承权的问题，带来新的选择。②但如果把马来西亚国家文学、单一民族国家问题、空间移动、时间性等问题纳进来，那么除了"本土性"之外，还有离散、国家认同、国籍、个人在场域里的发言位置，而中国性便不是唯一的对立面。③因此，在调查马来西亚华人原乡古调与南洋乡音的口传文本中，所谓的"传统性"（中国性）和"本土性"（马华性）的延续承袭或冲突消长，是不断辩证与对话的过程，也是在地华人在"失去""残存""留传"三者交织关系中还可能出现的新的选择。我们或许需要理解文化可能不是整体性的"生活方式"，而是由不断组合与重新组合着周遭碎片的人们所拼组，在领土之外与跨文化的联

---

① Gilroy, P., *The Black Atlantic: Modernity and Double Consciousness.* Harvard University Press, Cambridge, MA, 1993, p.86.

② 王德威提到："遗民"的本义，原来就暗示一个与时间脱节的政治主体。移民意识因此是种事过境迁、悼亡哀逝的政治、文化立场；它的意义恰巧建立在其合法性及主体性已经消失的边缘上。所谓的"遗"，可以遗"失"，是"残"遗，也可以指遗"留"——赠予与保存。失去、残存、留传三者间形成剪不断、理还乱的关系。参见王德威《华夷风起——马来西亚与华语语系文学》，收录于庄华兴等编《变迁中的马来西亚与华人社会：2014 年第二届马来西亚华人研究国际双年会论文集》（人文与文学卷），吉隆坡华社研究中心，2015，第 5 页。

③ 参见黄锦树《绪论——离境与本土》，收录于张锦忠编《离散、本土与马华文学论述》，高雄"国立"中山大学人文研究中心，2019，第 3 页。

结中，创造了不同文化并置、变化的第三空间①，借以突破被历史、政治绑架的国族或族群边界。对马来西亚移民第三代华人而言，南洋乡音是一种跨文化的在地音声记忆，是用以联系传统但却需要开创未来的另一种南洋华人的声音。

四　新马华人史视野下的另一种乡音

19 世纪末以来，闽南语系歌谣随着移民过番南洋，一百多年来在海外新马地区又传唱成怎样的乡音？透过马来西亚吉胆岛与马六甲等地潮州和闽南歌谣的流传与在地化调查研究，我们期待发现新马华人史视野下的另一种文化乡音系统的生成。

在过去马华文学书写中，离散现象与身份认同常是联结不断的主题或隐喻，如王润华在其诗作《逼迁以后的家园》中提到的自我认同生成：

> 因为我家的红毛丹树与红毛榴梿树
> 敢在红毛人的枪炮下
> 拒绝殖民政府的赔偿
> 不肯被连根拔起
> 像房屋被拆除后的柱子
> 粗暴的被拖上军车
> 移植到铁蒺藜包围的集中营
> 由于他们坚持生长在河边
> 结果山竹、番石榴、榴梿、莲雾
> 都为了自由的山居生活
> 留在荒芜的故居遗址
> 与蕉风椰雨一起生长②

走过英帝国殖民时代，马来西亚华人如何坚持让华人文化落地生根，

---

① 参考 Mike Crang 著《文化地理学》，王志弘等译，第 231~232 页。
② 引自〔新〕王润华《逼迁以后的家园》，《热带雨林与殖民地》，新加坡作家协会，1999，第 70 页。

如何在蕉风椰雨中找寻"自由"的生命意义，似乎也宣告着 20 世纪前后南来的过番客后代们，逐渐在马来半岛这块荒芜的田地生长出属于南洋脸色的华人面孔。再如王润华于《橡胶树》的自序中提到的：

> 我的祖父像一棵橡胶树，他在同一个时候被英国人移植到新马的土地上，然后被发现非常适合在热带丘陵地带生长。不但往下在土地里扎了根，还向上结了果。我的父亲遂像第二代的橡胶树，向热带的风雨认同了。③

透过南洋热带经济作物橡胶树意象，诗人巧妙地隐喻自己的家族在马来西亚这片土地上从移动到扎根而生长，最后也向热带的风雨认同。换言之，这其实和笔者想要阐述的歌谣文本移动与身份及文化认同问题有着相似的思考。当原乡歌谣古调随着华人在空间位移后移植到了马来西亚，也会逐渐"往下在土地里扎了根"，甚至"还向上结了果"，念唱出跨越政治、历史、社会疆界的当地语系化歌谣，这些歌谣中当然有着南洋土地的文化，洋溢着在地的温度和语言，因此这些在地的"南洋乡音"，便宛如那些扎了根更像热带风雨认同的橡胶树了。

透过马来西亚闽南、潮州歌谣调查，本文期待能有别于前人注重移民历史的经济、信仰层面，另辟蹊径进入庶民百姓的生活，又可从歌谣观察情感与思想的流动，以便传达特殊的研究意义。过去新马华人研究成果中，"帮群"社会与政经领导者的联结占大多数④，这其实也是历史与政治研究中精英研究的精英理论。约翰·哈特利（John Hartley）认为精英凭借只有他们才有的优势，宣称自己在社会和文化上拥有领导地位，与"大众"有所不同。⑤过去新马关注的华人社会精英领导阶层研究也可能切割多数的"庶民大众"，于是新马华人历史书写几乎少见"庶民"记

---

③ 引自王润华《橡胶树：南洋乡土诗集》自序，新加坡泛亚文化事业公司，1980，第 3 页。

④ 按：例如颜清湟《新加坡早期的潮州人与福建人：海外华人社会的传统权力结构与权力关系的比较研究》《马新福建人研究的历史、现状与展望》《东南亚历史上的客家人》等文章，多探讨东南亚（尤其是新马地区）华人社会重要人物与领导阶层，参见《海外华人世界：族群、人物与政治》，新加坡国立大学中文系、八方文化创作室，2017。

⑤ 引自周宪编著《文化研究关键词》，北京师范大学出版社，2007，第 136~137 页。

录或边缘声音，包括大众生活百态或是边缘文化记忆。渡海南洋百年来在马来西亚生活成长的庶民大众，总在文化性与在地性的疆界中摆荡与漂泊着，这里的边缘应当是相对性词语，但实际上也是庶民存在的位置。

属于民间文学范畴的闽南语歌谣或潮州歌谣多来自庶民阶层，而且传唱者多是当地华人社会中边缘的大众，其中更多是扮演安稳力量的那群女性。相较于过去在东南亚华人社会与文化的研究中，长期多专注于男性精英士绅领导阶层的家族历史或政治社会方面的研究，本论文从马来西亚马六甲和吉胆岛的民间歌谣与娱乐歌曲观察与分析，很大层面当可从边缘底层的庶民视角补强传统的官方大论述。因此当本文尝试透过新马地区的闽南语系歌谣去建构所谓的"歌谣地理学"时，我们除了期待歌谣在经过空间位移和时间递嬗过程后，形成另一种有别于史学、政治学、社会学或经济学所界定的文本，也可以作为我们运用想象和虚构能量去处理空间越界后的"易地并声"思维。除此之外，来自民间的歌谣文本更能从庶民、边缘的角度去补强过去政治、历史的官方、主流、男性论述，这可能也是东南亚华人社会与文化研究中较为缺少的一环。

透过实地田野调查与口述访谈，走过马六甲与吉胆岛吉胆村，在海港岛屿念唱着古调或是在地化乡音的人家多以女性居多，当时的男性除非是曾参与过音乐团体如南音社或戏班，否则几乎无法完整地记住一段歌谣或者一首童谣；这当然和民间念唱者的记忆力以及经验性、表演力等有关，不过在海外南洋，尤其是海港岛屿边上，当男性普遍全心投入养家糊口、挣钱侨汇等工作时，同样也是过番南来的女性，或是家中经济尚可的娘惹华人，少数之人反而肩负起传承传统歌谣文化的责任。对于吉胆村念唱潮州歌册的谢悦珍或谢亚勿等人来说，念唱潮州歌册是一种生活消遣，更是对祖辈文化的继承，但其想念的地方，更可能是南洋的岛屿和渔村；至于马六甲的吕秀鸾，在念唱童谣过程中也在联结原乡的古调，然而她的歌谣念唱还加入在地语言及当地文化，逐渐散发着南洋乡音的味道了。

相较于新马华人社会文化史上的士绅精英主流阶层，闽南语歌谣或潮州歌谣的传唱多在边缘空间，属于庶民大众的民间娱乐，而传承者多以一、二代女性居多。这些来自民间的南洋乡音正是百年来新马华人大历史视野外的另一种边缘声音，在中国性、传统性与在地性、南洋性的历史与当代记忆中不断地辩证对话，更以一种异于被官方建构出的价值与意义之外的"缺席"（absence）姿态存在。在文化流通与跨界碰撞后开创出一套"当地语系化"的南洋乡音系统，用以存"遗"与创"新"出马来西亚华人的音声记忆与身份认同。透过马来西亚吉胆岛潮州歌谣和马六甲传统闽南歌谣的调查采集，我们发现海港岛屿边缘的闽南或潮州女性利用歌谣小调，唱出对于祖辈古调的怀念之情，这也是这些女性的生活消遣方式，只是南来生活过了百年，当海外异乡变成落地生根的家乡，那么这样的海外"思想起"不知还能传唱多少个年头？而南来三、四代后的马来西亚华人新一世代，又将如何或者是否还愿意唱出属于在地的南洋乡音呢？①②

主要参考文献

一 学术专著

［1］杨贵谊：《马华文化论丛》，吉隆坡华社研究中心，1931。

［2］何求：《闽都别记》，福州万国出版社石印本，1946。

［3］费信著，冯承钧校注《星槎胜览校注》，中华书局，1954。

［4］许云樵译注《马来纪年》（增订本），新加坡青年书店，1966。

［5］王润华：《橡胶树：南洋乡土诗集》，新加坡泛亚文化事业公司，1980。

［6］汪大渊著，苏继顾校释《岛夷志略校释》，中华书局，1981。

［7］柯木林、林孝胜：《新华历史与人物研究》，新加坡南洋学会，1986。

［8］廖咸浩：《爱与解构：当代台湾文学评论与文化观察》，台北联合文学出版社，1995。

［9］李业霖主编《吉隆坡开拓者——甲必丹叶亚来的一生》，吉隆坡华社研究中心，1997。

［10］王润华：《热带雨林与殖民地》，新加坡作家协会，1999。

---

① 按：海外"思想起"引自笔者任教学校所在地屏东恒春半岛具有在地特色的恒春民谣"思想起"，其意蕴藏渡海外台者或南下恒春开垦者对于家乡之思念；"海外"则触及本文研究的东南亚马新地区，并以笔者所执行之"海外觅乡音"专题研究计划进行联结思考。

② 黄文车，台湾屏东大学中国语文学系副教授，研究方向：台湾文学、民间文学、华人民俗、闽南文化、厦语电影与福建歌曲等。屏东，90003。

［11］张锦忠：《南洋论述——马华文学与文化属性》，台北麦田出版社，2003。

［12］周宪编著《文化研究关键词》，北京师范大学出版社，2007。

［13］柯思仁、陈乐编著《文学批评关键词：概念·理论·中文文本解读》，新加坡南洋理工大学中华语言文化中心、八方文化工作室，2008。

［14］Mike Crang 著《文化地理学》，王志弘等译，台北巨流图书股份有限公司，2008。

［15］王静怡：《中国传统音乐在海外的传播与变迁：以马来西亚为例》，人民出版社，2009。

［16］安焕然：《古代马中文化交流史论集》，马来西亚南方学院出版社，2010。

［17］赖素春：《新加坡华族戏曲发展史》，厦门大学历史学系博士学位论文，2010。

［18］张吉安：《乡音考古：采集·行为·民俗·演祭》，马来西亚：GEMERLANG PUBLICATIONS SDN. BHD.，2010/06。

［19］杜忠全：《老槟城·老童谣》，马来西亚大将出版社，2011。

［20］徐威雄主编《移山图鉴：雪隆华族历史图片集》，吉隆坡华社研究中心，2013。

［21］杜忠全：《老槟城的娱乐风华》，马来西亚大将出版社，2013。

［22］黄文车：《闽南信仰与地方文化》，高雄春晖出版社，2013。

［23］王润华：《重返诗抄》，马来西亚南方大学学院，2014。

［24］詹缘端、徐威雄、童敏薇：《海滨潮乡：雪隆潮州人研究》，吉隆坡华社研究中心、雪隆潮州会馆，2016。

［25］黄文车：《易地并声：新加坡闽南语歌谣与厦语影音的在地发展（1900-2015）》，高雄春晖出版社，2017。

［26］颜清湟：《海外华人世界：族群、人物与政治》，新加坡国立大学中文系、八方文化创作室，2017。

［27］李建明：《雪兰莪吉胆岛五条港村之渔村产业与社会文化变迁》，马来西亚新纪元大学学院，2017。

［28］张吉安：《乡音考古：探寻土地上的百年祖歌》，马来西亚大将出版社、乡音考古，2019。

［29］张锦忠编《离散、本土与马华文学论述》，高雄"国立"中山大学人文研究中心、离散/现代性研究室，2019。

二　期刊论文

［1］吴奎信：《潮州歌册溯源》，《潮学研究》第 1 期，汕头大学出版社，1993，第 220~234 页。

［2］王顺隆：《"潮州歌册"研究中的几个问题》，《文学部纪要》12-1号，日本：文教大学，1998年10月01日，第18~34页。

［3］庄华兴：《马新华文离散文学的两种类型—李永平与原甸的比较》，收录于柯思仁、宋耕主编《超越疆界：全球化、现代性、本土文化》，新加坡，南洋理工大学中华语言文化中心、八方文化创作室，2007，第249~264页。

［4］黄文车：《南去亚洲尽，化外成都会——清末驻新领事的新加坡书写与想象》，《高雄师大国文学报》14期，2011年06月，第131~160页。

［5］王德威：《文学地理与国族想象：台湾的鲁迅，南洋的张爱玲》，《中国现代文学》22期，2012，第11~38页。

［6］史书美：《反离散：华语语系作为文化生产的场域》，赵娟译，香港大学中文学院编《百川汇海：文史译新探》，香港中华书局，2013，第1~15页。

［7］王德威：《华夷风起——马来西亚与华语语系文学》，收录于庄华兴等编《变迁中的马来西亚与华人社会：2014年第二届马来西亚华人研究国际双年会论文集》（人文与文学卷），吉隆坡华社研究中心，2015，第1~30页。

［8］黄文车：《易地并声后的"乡音"——马来西亚闽南语念谣初探》，《华人研究国际学报》7卷2期，2015年12月，第55~83页。

［9］黄文车：《海外觅乡音：槟城福建歌谣调查及其在地记忆》，台北《民俗曲艺》第202期，2018年12月，第181~219页。

三　激光视盘

［1］马潮联会妇女组、雪隆潮州会馆妇女组、爱FM《乡音考古·思想起》联合制作《潮州乡音采集①》，马来西亚雪隆潮州会馆，2008年08月。

［2］马潮联会妇女组制作《潮州乡音采集②》，马来西亚马潮联会，2010。

上古汉语复辅音声母在澄海话中的蛛丝马迹

——潮汕方言与古汉语语音比较研究札记（一）

林伦伦

内容摘要 上古汉语是否存在复辅音的问题，在 20 世纪讨论得颇为热烈，而且参与者还都是著名语言学家。21 世纪以来，讨论"是否存在"的文章已经很少了，似乎"存在派"已经占了上风。笔者的恩师李新魁教授是"存在派"的代表人物之一。笔者从聆听李先生"汉语音韵学"课程（1983 年）开始，就对自己母语方言澄海话中存在上古复辅音的迹象做了笔记，几十年下来，也有数十条之多。现在把它们整理出来，条分缕析，作为"上古汉语存在复辅音"的旁证材料。

关键词 上古汉语 复辅音 潮汕方言 澄海话

一 上古复辅音声母及其研究简述

复辅音，指两个或者两个以上的辅音连在一起的情况，在外语中是很普遍的语音现象，如英语"people"中的"pl"。大部分专家认为，现代汉语中音节里没有类似的复辅音，像"zh-/ch-/sh-"声母和"-ng"韵尾这类音中的"zh-/ch-/sh-""-ng"只是两个字母（符号）表示一个音素（国际音标也只记为一个音素，即 tʂ-/tʂʰ-/ʂ- 和 -ŋ）而已。-

　　复辅音声母指的是两个或者两个以上辅音连在一起作为声母，这在汉藏语系的不少语言中都存在，中国的少数民族语言中就有不少。大部分专家认为，现代汉语中音节里没有类似的复辅音，所以也就不存在复辅音声母。但是，现代汉语中没有，古代汉语中有没有呢？

　　语言学家们的看法大概可以分为两派，存在派、不存在派。

　　争论到现在，存在派基本占了上风，论文可能过百篇，代表人物有李方桂、周祖谟、马学良、邢公畹、方孝岳、李思敬、李新魁等（他们基本上都是研究汉藏语、汉语音韵和汉语方言的专家），他们的主要根据是：汉藏语系语言当代存在复辅音声母；汉字的声符在当代存在一符两读，甚至两个以上读音的现象，汉字的通假字现象；汉语多双声叠韵联绵词现象；外语译音的多声母现象；等等。

　　不存在派人数和论文较少，主要代表人物是王力先生，他在《汉语语音史》中说："从谐音系统看，似乎有复辅音，但是，现代汉语为什么没有复辅音的痕迹？"[①] 他门下的弟子也多执此观点。

　　关于复辅音声母有无的争论，有兴趣的读者可以参阅赵倩《上古复辅音声母研究情况概述》、麦耘《潘悟云上古汉语复辅音声母研究述评》和黄树先《上古汉语复辅音声母探源》等文章。[②] 我这里就不赘述了。

　　恩师李新魁教授是上古汉语复辅音声母存在派，他的《汉语音韵学》第四编专门有"复辅音声母的问题"一节（第十五章第八节）。他说："我们认为，上古汉语很可能有复辅音……上古时期的复辅音，主要存在于第二个音素为 [l.] 的结构中，即主要表现为 [kl-] [pl-] [bl-] [gl-] 等……"[③] 接着他从汉字谐声偏旁的互谐、古籍的注音及古字的异读、古籍的异文、古书中的训诂材料、汉字偏旁互换及分化字 5 个方面罗列了可以证明"古有复辅音"的观点。

　　笔者作为学生，从星桥师（李新魁，字星桥）学汉语音韵学时受到启发，我们师生都是澄海人，母语方言同是属于粤东闽语的澄海话。于是，我就开始注意和积累与上古汉语复辅音声母相关的方言资料。下面

①　王力:《汉语语音史》，中国社会科学出版社，1985，第 23 页。

②　以上文章分别载《涪陵师范学院学报》（2003 年第 6 期）、《南开语言学刊》（商务印书馆，2003）、《语言研究》（2001 年第 3 期）。

③　李新魁:《汉语音韵学》，中山大学出版社，2019，第 356~357 页。

就把澄海话中的这些资料罗列出来，并做分析研究，希望能对上古汉语复辅音研究有所贡献。

二　澄海话中与复辅音声母有关的双音节词

澄海话有几个双音节词[①]，我怀疑是上古复辅音声母残留的遗迹。如：

嘎落，音 ka^{33} lauʔ^5，掉下来/去的意思。例："苹果树顶个苹果熟到家已嘎落落来"（苹果树上的苹果熟透了，自己掉地上了）。"落"字从"各"得声，从"各"得声的字读 [k-] 声母的如"各、格、胳"等；读 [l-] 声母的如"洛、落"等。

嘎廊，音 ka^{33} laŋ^{11}，小胡同。例："条嘎廊团细细，车开唔得入"（这条胡同太小了，车开不进去）。嘎廊，应该是"巷"字的双音节化。"巷"字从"共"得声，上古汉语有可能是 [kl-] 声母。电白闽语就把小巷叫作"laŋ 仔"，写作"弄"。吴语里的"里弄"的"弄"也应该与此同源。嘎廊 ka^{33} laŋ^{11} 一词，潮州府城话还引申为说话含糊不清，澄海话则未有此词义。

嘎摛，音 ka^{33} le^{212}，架，架起来。例："撮衫裤在竹篙晾好着个伊嘎摛起去厝顶，正曝会得着日"（这些衣服用竹竿晾好了，要把竹竿架在小胡同两边的屋顶上，才晒得到太阳）。嘎摛，应该是"架"字的双音节化，"架"字从"加"得声，也有可能上古是复辅音声母 [kl-]。有个俗语叫"竹篙擎 ka^{33} le^{33} 横"（形容人蛮横不讲道理），我怀疑 ka^{33} le^{33} 也是 ka^{33} le^{212} 的连读变调而形成，就是把竹竿像架着一样横着拿的意思。

嘎笀，音 ka^{33} lo^{52}，一种竹编或藤编的筐箩。例："个嘎笀大过粒篮球"（那只筐箩比篮球大）。我曾经考证为"栲栳"（方言俗字，也写作竹字头），"栲栳"也是由 kl- 复辅音声母来的。

嘎撩，音 ka^{33} liau^{33}，用吉祥物件在人身上轻轻刮过的象征性动作，以祛除邪恶。例："个孥囝只段半夜好哭，拗范红花菝草来个伊嘎撩一下"（这孩子半夜里老是哭，摘一些石榴花和吉祥草叶来给他驱驱邪）。

---

①　本文记音依据林伦伦《澄海方言研究》，汕头大学出版社，1996。为打印、编辑方便，送气音符号用"h"（在不送气声母后面右上角）表示。

嘎郎，音 ka^{33} nəng^{55}，完整。例如："你句话呾 ka^{33} nəng^{55} 着，勿有头无尾"（你把话说完整了，别有头没尾的）。

胳廊，音 ko$ʔ^1$ laŋ^{33}，腋下叫"胳廊下"，腋下的臭体味儿叫"臭胳廊下臌"。例："伊臭胳廊下臌，无人敢行磨去伊身边"（他腋下有臭汗味儿，没人敢走近他）。我怀疑 ko$ʔ^1$ 是"胳"字，"胳"字也从"各"得声，有读〔k-〕声母，也有读〔l-〕声母的，如"格""洛"字一样，是〔kl-〕声母的遗存。

搁啰，音 ko$ʔ^1$ lo^{55}，苦口婆心地劝说。例："我搁啰伊唔听，还是做伊去"（我劝她不听，她还是走了）。

猴栗，音 kau^{55} lak^5，就是栗子。好多人对前面音节 kau^{55} 的本字做了考证，其中包括我自己与李新魁教授就考释为"侯栗"[1]，从音韵到词义都没有问题。《诗经》里就有"侯栗"的写法，我们也可以看作是上古汉语"栗"字读复辅音声母〔kl-〕分化出来的双音节词。

哆啰，音 to^{33} lo^{33}，指啰唆。例："伊呾话过哆啰，听着畏死"（他说话啰里啰唆，听得都烦死了）。这个双音节词本字也不清楚，可能是"哆"字复辅音声母〔tl-〕的遗存。

通烺，音 t^{h}aŋ^{33} laŋ^{55}，指建筑物宽阔而通风。如："套厝过通烺，来企起过好"（这套房子宽敞而通风，很适合居住）。引申指人的通情达理，如说："伊个人肠肚会通烺，做人过世情"（他很通情达理，很会做人）。

三　澄海话同义词中可替换词素的复辅音声母踪迹

1. t- 声母与 l- 声母互换

在澄海话中，有一些特殊的单音节同义词，可以互相替换。我们发现，与其说是单音节词的自由替换，不如说是它们的声母的自由替换。在它们之间，存在着一种特殊的关系，可能与上古汉语复辅音声母有关系。例子如下。

寮 tiau^{55}—liau^{55}：鸡窝，大部分地方叫"鸡窦""鸡寮"。如俗语"鸡

---

[1]　参见李新魁、林伦伦《潮汕方言词考释》，广东人民出版社，1992，第 166 页。

寮无隔夜蚯蚓"（鸡窝里留不下隔夜的蚯蚓，或：蚯蚓在鸡窝里活不到天亮，比喻好吃的东西在嘴馋的人那里很难留得下来）。一些地方也叫"鸡条"，如"鸡母徛条"（母鸡司晨，比喻家庭主妇在家中有决定性的地位）。"条"音 tiau⁵⁵，与"寮"liau⁵⁵ 应该是复辅音声母［kl-］一分为二的遗留。

吊 tiau²¹²—liau²¹²：吊，挂起来。如："个篮 tiau²¹²/liau²¹² 在墙顶块"（篮子挂在墙上）。如果单用时，这对同义词略有差别，"tiau²¹²"偏于表示悬挂；liau²¹² 有时指被东西挂住，如"破衫 liau²¹² 着莉钩竹"（破布袄偏偏被带刺儿的竹子挂住了，意思是本来就心烦，又惹上麻烦事）。

蒂 tiʔ¹— liʔ¹：果子的蒂。例如："撮红柿熟到脱（luk¹）蒂（liʔ¹）"（那些柿子熟的都掉地上了）。蒂，单字音 tiʔ¹，俗语有"所食薰团蒂，所夗五骹砌"（抽的是别人丢掉的烟头儿，睡的是人走的骑楼下）。薰，音 huŋ³³（昏），香烟。"五骹砌"，音 ŋou³⁵ kʰa³³ kiʔ¹，马来语词，指东南亚风格的骑楼。五，是福建或者粤东闽语；骹砌，是马来语词 kagilima（骹砌里迈）的音译省略。

辣 tuaʔ⁵—luaʔ⁵：辣味，通常说"荙"，音 hiam³³。五味叫作"咸甜酸荙涩"。"荙"，是辛辣味，《集韵》平声盐韵："荙，辛味。"火占切。音义皆与潮汕话相合。但有辣味呛喉咙，叫作"tuaʔ⁵"，如说："个味 tuaʔ⁵ tuaʔ⁵。"而微辣，可以说"荙 luaʔ⁵ 荙 luaʔ⁵"。"tuaʔ⁵""luaʔ⁵"本字应该都是"辣"。"辣"字也读 luaʔ¹，"毒辣""辣椒"等词读此音。

㷁 ta³³—la³³：干，没有水分。例："撮兰花叶 ta³³/la³³ 尾，水沃较少"（这些兰花的叶梢枯萎了，水浇得太少）。较，音 kʰaʔ¹。"较少"，太少了。

正 tiŋ²¹²—liŋ²¹²：正中，中间，现在说"C 位"。例："坐在 tiŋ²¹²/liŋ²¹² 中个物就是伊"（坐在正中间那位就是他）。"正"字潮音通常读 tsiã²¹²，如"四正"（如："伊眉目嘴鼻生来过四正"）、"指正"等。但"正"字属《广韵》"梗"摄字，该摄字通常文读为 -eŋ 韵母（如"杏挺评明敬"等），白读为 -ẽ 韵母（如"耕争性郑颈"等）和 -iã 韵母（如"行兵领名听"等），但也有少数字读 -iŋ 韵母的，如"浜（piŋ³³，沙家浜）、轻（kʰiŋ³³，轻重）、瓶（pʰiŋ⁵⁵，花瓶）、屏（pʰiŋ⁵⁵，屏风）、萍苹（pʰiŋ⁵⁵，萍婆、苹果）、盛（siŋ¹¹，盛水）"等。与"梗"摄相邻的"曾"摄字，读 -iŋ 韵母的就更多了，如"藤、绳、蝇、承（siŋ⁵⁵，承雨水）、澄（tʰiŋ⁵⁵，把水澄清）、剩（siŋ⁵⁵、siŋ¹¹，食有剩）、秤（tsʰiŋ²¹²，轻秤、重秤）"等。所以，

"正"字潮音读 -iŋ 韵母是没有问题的。声母方面，"正"字虽属《广韵》"章"母字，不像"知彻澄"母字白读音读 t-/th- 声母的很多，但也有一些字读 t- 声母，如"注（tu²¹²，下重注，赌钱时下大注）、震（tiŋ⁵³，震动，tiŋ⁵³ taŋ³⁵）、种（teŋ²¹²，断种团）"。其实，"知"系、"庄"系与"章"系声母关系是很密切的，从"主"得声的"住"字在"澄"母，古音拟测为 drju，与潮音 tiu²¹²（居住：我 tiu²¹² 在广州）一脉相承。从"专"得声的"传（tuŋ⁵⁵，传球）、（tuŋ¹¹，传记）、转（tuŋ⁵³，转去）"等也读 t- 声母。所以，"正"读 tiŋ²¹²/liŋ²¹² 是有可能的。

在 to³⁵—lo³⁵：正在，现在进行时态。例："伊坐 to³⁵/lo³⁵ 教室里（lai³⁵）看书"（他坐在教室里看书）。"在"字《广韵》属"蟹"摄字，从母海韵，昨宰切，潮音文读 zai³⁵，与其完全吻合。但白读 to³⁵，能对应上吗？我想是可以的。"从"母字潮音有读 t- 声母的，如"从（taŋ⁵⁵，从今日算起）、蹲（tuŋ³³）"等。与"从"母字"作柞"同一个声旁的"诈"字潮音 tẽ²¹²（俗语："诈死抱海鹅"，装死然后抱住大雁），"榨"字潮音 te²¹²（"撮水个伊榨钏"，把水过滤干了），也可佐证"从"母字有些字潮音是可能读 t- 声母的。至于"蟹"摄字文读 -ai 韵母，白读 -oi 韵母，一些字白读 -o 韵母，那是符合与古音的对应规律的，如开口"咍"韵字"戴（to²¹²，姓氏：戴平万）、载（tsʰo¹¹，装载，盛）、代袋（to¹¹，世代，衫袋）、赛（so²¹²，歇后语'龙眼核拭尻川——赛道行'，比喻看谁的特技强）"，合口"灰"韵字"退（tʰo²¹²）、块（ko²¹²）"等。所以，"在"读 to³⁵ 是符合与古音的对应规律的，属于"蟹"摄字的 -i 韵尾还没有产生的较早历史层次的语音残留。

勒 lek⁵—tek⁵：把绳子拉紧。澄海话叫 lek⁵ 紧，但也可叫 tek⁵ 紧，如说："条索 lek⁵/ tek⁵ 紧着，了正 thaŋ⁵² 结"（把绳子勒紧些再打结）。

趯 lek⁵—tek⁵：走路。澄海俗语有："蛇蛋跋落涂，无食兼 lek⁵ 路"（比喻工作的方法不对头，白辛苦一场）。但走路很快，也说 tek⁵，如："伊 tek⁵ 过猛，第一名知知是伊"（他跑得很快，第一名应该是他）。趯，《广韵》入声锡韵音"郎击切"，解释为"行貌"，音义皆合。

2. t- 声母与 n- 声母互换

点 tiaŋ⁵²—niaŋ⁵²：tiaŋ⁵²/niaŋ⁵² 火、tiaŋ⁵²/niaŋ⁵² 灯。童谣云："正月人营灯，点啊点灯笼。"澄海话没有像汕头（市）和潮州（府城）话一样保

留 -m/-p 韵母，古汉语"咸深"两摄字读成 -ŋ/-k 韵尾。"点"字读 -ŋ 韵尾，大部分地方读 tiaŋ^{52}，但小部分地区读 niaŋ^{52}。

吊 tiau^{212}—niau^{212}：tiau^{212}/niau^{212} 灯。童谣云："tiau^{212}/niau^{212} 双畔，看戏坐头前"（打趣眼皮有伤疤的人，看广场戏时喜欢抢座位坐前排）。把裤子提高一些，叫"niau^{212} 裤"，应该也是"吊裤"。

召 tiau^{35}—niau^{35}：往高里长、拔高的意思，如"撮油菜花 tiau^{35} 到过危"（这些油菜花长得很高）。又："你个裤脱落去哇，个伊 niau^{35} 危着"（你的裤子都快掉下来了，把它往上提一下）。也引申为形容词，与"危"同义（kũĩ^{55}，高），如："个人危 tiau^{35} 危 tiau^{35}"（瘦高瘦高的样子）。"危"字是高的意思，只要读一读李白的《夜宿山寺》就知道了："危楼高百尺，手可摘星辰；不敢高声语，恐惊天上人。"至于"危"字的声母"疑"母字读 k- 声母，也可见其他例证，如"咬（ka^{35}）、凝（kəŋ^{55}，'撮脊凝去'，那些猪油凝固了）、逆（keʔ^{5}，'翘兴逆衰'，不听话，故意捣蛋）"等。

t-/n- 声母的这种转换关系，就像普通话的"鸟"字一音 niǎo，又音 diǎo。《水浒传》里的李逵，动不动就喊的"杀到东京，夺了鸟位"，"鸟"就是 diǎo，后世造形声字写作"屌"。

t-/n- 声母的这种转换关系，应该也是古汉语复辅音声母 tl-/tn- 的遗存。古音"来"母、"泥（娘）"母字多有混合，而且还与"日"母字纠缠不清，所以有"泥娘不分""娘日归泥"之说。上古的复辅音就有可能是 tl- 及其变体 tn-/tr-。

3. tʰ- 声母与 l-/n- 声母互换

□，tʰɯ^{33} —lɯ^{33}：脚底滑。例："雨正落过，条路潎潎，你宽宽行，勿 tʰɯ^{33}/lɯ^{33} 跋落去"（刚下过雨，路面还是湿漉漉的，你慢慢走，别滑倒了）。tʰɯ^{33} —lɯ^{33} 本字未明，以□记之。

□，tʰɯ^{212}—lɯ^{212}：用力搓去。如："你一身净是垢堁，去洗个浴，个伊 tʰɯ^{212}/lɯ^{212} 掉"（你身上那么多的汗垢，去洗个澡，把它搓干净）。tʰɯ^{212}—lɯ^{212} 本字未明，以□记之。

捩 tʰi^{212}—li^{212}：撕掉，撕去。例："层皮个伊 tʰi^{212}—li^{212} 掉"（把这层皮撕掉）。tʰi^{212}/li^{212} 的本字很可能是"捩"，《玉篇·手部》："捩，力帝切；捩裂也。"《集韵》去声："捩，裂也。"与澄海话读 li^{212} 音义皆合。但作为声旁的"隶"澄海话读 ti^{35}。

脱 t^huk^1—luk^1：本字应该就是"脱"字。如说："撮林檎熟到 luk^1 蒂"（水果等熟透了，果子脱蒂而掉到地上）。又如："个衫 luk^1 色 luk^1 到乞伊白去"（这件衣服掉色掉到都发白了）。但"脱"字单字音读 t^huk^1。一个 k^h- 声母和一个 l- 声母的不同读音，其实就是由 k^hl- 复辅音声母分化而成的。

镏 t^hap^1—lap^1：原义为套，音 t^hap^1，毛笔的笔套（笔帽）叫"笔镏"。《说文·金部》："镏，以金有所冒也。"《玉篇·金部》："镏，器镏物镏头也。"唐代段成式《酉阳杂俎·皋诺记下》："有大虾蟆如叠，挟二笔镏。"也用如动词，《史记·鲁周公世家》："郈氏金距。"裴骃《集解》引汉服虔曰："以金镏距。"潮汕话也可用作动词，如"穿鞋镏袜"等。《广韵》中，"镏"，入声合韵，"他合切"，也与澄海话相合。澄海话还有个词叫作 lap^1，套上的意思，如"撮林檎着挈撮纱袋个伊 lap^1 落去，勿乞鸟食去"（要用纱袋子把番荔枝套上，别让鸟吃了）。套头衫（T 恤、老头衫、文化衫）叫作"lap^1 衫"，手套叫作"手 lap^1"（与笔套叫作"笔镏"同理）。我推测本字也是"镏"，声母 t^h- 与 l- 变化而已。

踢 t^hek^1—nek^1："踢"字通常读 t^hak^1。口语中还有 t^hek^1、nek^1 两个读音，都是脚用力蹬、踹的意思。读 t^hek^1 如："临死踢破三领草席"（比喻临死前仍然拼命反抗）。农村孩子在江河中仰泳，叫作"踢死团仔流"（t^hek^1 si^{52} $kaŋ^{52}$ $kiã^{52}$ lau^{55}）等。读 nek^1 的如："个孥团死到半暝好踢掉领被"（这孩子睡到半夜老要把被子蹬掉），"我乞伊踢跋落去"（我被他一脚踹倒了）。

4. k-/k^h- 声母与 l- 声母互换

交 kau^{33}-lau^{33}：通常读为 kau^{33}。如"交通""交流""交挂""交割""相交"等，但物件两相交互、东西相混在一起，叫 lau^{33}。过去有一商标，画着两枚相交着的方孔铜钱，叫作"双 lau^{33} 钱"，说话一语双关，比喻为"咀话双 lau^{33} 双 lau^{33}"。相混在一起，叫作"相 lau^{33}"或直接说 lau^{33}，如："撮秫米 lau^{33} 着粳米"（那些糯米混有粳米）。这个 lau^{33}，本字也应该是"交"，上古音的声母也曾经是 kl-。

裹，澄海话一读 ko^{52}，又读 lo^{52}；棵、颗，澄海话一读 k^ho^{52}，又读 lo^{52}。这三个字 k-/k^h- 声母几乎可以与 l- 声母自由变读。有人认为先前是读 lo^{52} 的，后来受普通话影响再读 k^ho^{52}。但没有证据，因为这些字的声

旁"果"在澄海话中都是读 k- 声母的。（参阅下文）

5. p- 声母与 l- 声母互换

饱 pa^{52}：词义与普通话基本一致；但饱了、够了说 la^{35}。如"食 la^{35} 了"（吃够了）、"耍 la^{35} 了"（玩够了）、"唔 la^{35} 食"（不够吃）等。我怀疑这个 la^{35} 的本字可能是"饱"，从"饱"的词义引申为足够、腻了，来自上古复辅音 pl- 一分为二的分化。声调的不同是由于半浊音声母读阴调类和阳调类的不稳定。[①]

四　l- 声母衍生音节透露的复辅音相关信息

澄海话中，有两类词语中间可以添加 l- 声母的衍生音节。

1. 双音节词中间的 l- 声母衍生音节

嘎啰—嘎哩啰，音 ka^{33} lo^{55}—ka^{33} li^{52} lo^{55}，距离……很远，差得远。例："爱趁到佮伊平富你还嘎啰"（要挣到跟他一样的富有，你还差得远哪）。这个词可以加进嵌词词素作"嘎哩啰"，至今未知本字，没个说法。

倨肆—倨侣肆，音 kɯ^{35} sɯ^{212}—kɯ^{35} lɯ^{35} sɯ^{212}，眼睛朝天，不看对方，一副倨傲鲜腆的样子。潮汕话说："伊双目倨（侣）肆倨（侣）肆，看你做无个"（他眼睛朝天瞪着，根本没把你看在眼里）。

倒转—倒鳞转，音 to^{212} tɯŋ^{52}—to^{212} liŋ^{212} tɯŋ^{52}，回去，引申为颠倒，反而。如："我无骂你，你唔知好，还倒转／倒鳞转来骂我"（我没骂你就不错了，你不知好歹，反而来骂我）。

我们推测，这类前字声母是 kl- 的双音节词中间的衍生音节是 l- 声母，跟复辅音声母 kl- 有关系。

2. 象声词里的 l- 声母衍生音节

澄海话的三音节象声词，前面的两个音节是相同声母（双声）的象声、模状音素，后面半虚化的"叫"表示声响。这类象声词基本上都可以嵌进一个衍生音节放在第三音节的位置。例如：

乓乓叫—乓乓哴叫，piŋ^{11} pong^{11} kie^{212}—piŋ^{11} pong^{11} long^{22} kie^{212}，移

---

① 参见林伦伦《潮汕方言声调研究》，载《语文研究》1995 年第 1 期。

动家具或者重大的打击声音。

彳亍叫—彳亍落叫，ts^{h}i^1 ts^{h}o^1 kie^{212}—ts^{h}i^1 ts^{h}o^1 lo^1 kie^{212}，匆匆忙忙、急急慌慌的样子。

唏呼叫—唏呼噜叫，hi^{11} hu^{11} kie^{212}—hi^{11} hu^{11} lu^{11} kie^{212}，喝汤或者打鼾的声音。

叽咕叫—叽咕噜叫，ki^{11} ku^{11} kie^{212}— ki^{11} ku^{11} lu^{11} kie^{212}，肚子饿了，肚子里发出的咕咕咕声音。

吱喳叫—吱喳啦叫，tsi^{11} tsa^{11} kie^{212}—tsi^{11} tsa^{11} la^{11} kie^{212}，炒菜时菜放进油锅的声音。

我们不能说这是某个上古复辅音字的一分为二的分化，但这种 l- 声母衍生音节自然而然产生的机制，使我们想到了上古复辅音声母的影响。李新魁先生较早就注意到这种现象的存在 [①]，虽然他还没有把这种现象说成是受上古复辅音声母的影响。

五　普通话读 l- 声母而澄海话读 t-/t^h- 声母显示的复辅音痕迹

隶，普通话音 lì，澄海音 ti^{35}：隶书，奴隶，潮音均读 ti^{35}。其实，从"隶"得声的"棣"（棠棣之花）普通话也读 dì，是舌头音的 t- 声母。这也就是说，"隶"字的上古音有可能是复辅音声母 tl-/t^{h}l-。

鹿，普通话音 lù，澄海音 tek^5：长颈鹿，鹿茸，潮音均读 tek^5。

癞，普通话音 lài/là，澄海音 t^{h}ai^{52}：癞哥（麻风病），潮音读 t^{h}ai^{52}-ko^{33}。澄海话有个词叫"la$^{5-1}$ 头"（光头），或"la$^{5-1}$ 卵头"，通常写作"腊（卵）头"，但我怀疑应该写作"癞头"，是"瘌痢头"的省略。虽然现在的光头不一定是由瘌痢所致。《集韵》入声曷韵："瘌……疥也。"疥，指瘌痢。明代《高文举珍珠港·开场》："高台明镜包瘌痢，耿直君前启奏。""癞"字《广韵》有"来母曷韵"入声一读，与"刺"同小韵，澄海音读 la^5 没有问题。

---

① 参见李新魁《粤、闽方言"单 l 首叠韵词"研究》，载《潮学研究》第 7 辑，花城出版社，1999。

赖，普通话音 lài，澄海音一读 lai^{35}/nai^{35}，又读 t^{h}ai^{52}：博蹰赖（要赖），潮音 puaʔ$^{5-1}$ t^{h}u$^{55-11}$ t^{h}ai^{52}。“赖”字澄海还有一读音，也是 l- 声母的，就是 lua^{11}，诬赖（bu$^{55-11}$ lua^{11}）、倚赖（ua$^{52-35}$ lua^{11}，造谣诬赖的意思）等。潮安县金石镇有赖厝村，自古至今叫“lua^{11} 厝村”。有一种海鱼，澄海一带叫“lai^{35} ko^{33}”，尚未能确定本字是什么，我认为可能本字就是“癞哥”，因这种鱼的皮粗硬似人之长癞疮也。

其实，从“赖”得声的“獭”字，普通话读 tǎ，澄海音 t^{h}uaʔ^{1}，也都读舌头音声母。

果，澄海音读 kuẽ^{52}（水果，果实）、guã^{52}（果断、果然）等。普宁市的果陇村，“果”字则读 k^{h}o^{52}。从“果”得声的字则声母 k-/k^{h}- 与 l- 一分为二。棵、颗 k^{h}o^{52} 与 lo^{52} 几乎可以自由变读；裹 ko^{52} 与 lo^{52} 也可以自由变读；粿、馃则读 k- 声母 kue^{52}，裸则读 l- 声母的 lo^{52}。很明显，“果”字的上古声母可能是复辅音 kl- 或者 k^{h}l- 声母。

埋，普通话音 mái，澄海音通常也读 mai^{55}，如埋葬、活埋等。但有一个口语词，叫“深涂 tai^{55}”（活埋），口语中“把你埋了”（整死你的意思），也说“tai^{55} 掉你”。原来找不到本字，但如果从“埋”从“里”得声来看，则有可能上古音曾经是 tl- 声母（后来怎么变成 m- 声母的与本文无关，略去不谈）。

以上这些例子，也可能是上古汉语复辅音声母 tl-/t^{h}l- 的遗存。①

主要参考文献

［1］王力：《汉语语音史》，中国社会科学出版社，1985。

［2］李新魁：《汉语音韵学》，中山大学出版社，2019。

［3］李新魁：《潮音证古（声母部分）》，《潮学研究》第 1 辑，汕头大学出版社，1994。

［4］李新魁：《粤、闽方言“单 L 首叠韵词”研究》，《潮学研究》第 7 辑，花城出版社，1999。

［5］李新魁、林伦伦：《潮汕方言词考释》，广东人民出版社，1992。

① 林伦伦，广东技术师范大学教授，国家语言资源保护工程核心专家组成员，广东省首席专家。研究方向：语言学、音韵学。广州，510275。

［6］林伦伦：《澄海方言研究》，汕头大学出版社，1996。

［7］林伦伦：《潮汕方言声母与中古音系声类的比较研究》，《潮学研究》第 1 辑，汕头大学出版社，1994。

［8］赵倩：《上古复辅音声母研究情况概述》，《涪陵师范学院学报》2003 年第 6 期。

［9］麦耘：《潘悟云上古汉语复辅音声母研究述评》，《南开语言学刊》，商务印书馆，2003。

［10］黄树先：《上古汉语复辅音声母探源》，《语言研究》2001 年第 3 期。

粤西北连州市两处独立的潮汕方言岛

严修鸿　张　坚

内容摘要　连州市是广东省境内方言种类最多、内部歧异最大的一个县级行政区。本文就连州市风冲口和程下坪两个自然村独立的潮汕方言岛概况进行描述，归纳并展示其音系特征及词汇存留情况。这两处方言岛保留潮汕方言一些独特的音韵特征，也有因与外界接触而发生的变化。

关键词　连州市　潮汕方言岛　音韵特征

一　概况

连州市位于广东省西北部，小北江上游（见图1）。东南毗邻阳山县，西南方是连南瑶族自治县，西北与湖南省蓝山县、江华瑶族自治县相连，正北面与湖南省临武县交界，东北靠湖南省宜章县境。全市总面积2663平方公里。

截至2019年末，连州市辖10个镇、2个民族乡。连州市户籍人口为544889人，常住人口38.58万人，境内有民族29个，汉族为主要民族，少数民族以瑶族为主。

连州市是广东省的西北重镇，自唐宋以来长期是粤西北的政治文化中心，是历史上广东北上出省的秦汉古道的必经之地。现在是省辖县级市，由清远市代管。

据我们的调查研究，与省内其他县市相较而言，连州市乃是广东省境内方言种类最多、内部歧异最大的一个县级行政区。连州市地处粤湘桂三省（区）交界，境内有些地方汉族与少数民族杂居。其中汉族操多种方言，历史上曾因长期的自然经济，交通闭塞，各地之间交往较少，出现过所谓"邻村不同声，十里不通话"的隔阂状况。今仍保留的汉族方言，有连州土话、客家话、粤方言、西南官话、潮汕话、湘南土话、赣语、吴语等8种。从全面抗日战争时期起，广州方言（白话）逐渐在连州境内通用，成为连州市区社会共同语。

境内的方言，根据通话程度及主要语言特征划分，大片可以粗分为5类：连州土话、粤方言、客家话、西南官话及其他小类方言岛的语言（赣语、吴语、潮汕话、梧州话）。

本文要讨论的就是"小类方言岛"中的2个潮汕方言岛，其一是连州南部九陂镇东北部的白石管理区风冲口村，其二是连州以北保安镇湾村管理区程下坪村（见图2）。

这两个潮汕话的村子都不大，其中风冲口有160多人，程下坪说潮州话的只有60多人。

据连州市方志办主编的《连州自然村文化调查基础材料》记载，风冲口村有：

> 罗、吴、张3姓。清道光年间（1821—1850），罗察公随母亲和继父吴氏从揭阳县三湖寨移居连州小水乡风冲口村，母亲和继父吴氏再生一子，罗、吴兄弟俩沿用原姓。1952年，罗姓改成吴姓至今，已50多年。2005年9月罗察公的后裔在村部分13户人重新改回罗姓。清道光年间，张氏也迁入风冲口村。

据我们到该村的调查，咨询当地了解到目前这个潮汕方言岛人口大约160人，其中罗姓110人左右，吴姓40人，张姓10人。他们祖先从揭阳过来繁衍至今有8代人了，据当地口碑及族谱考证是1816年迁来的，来自广东省揭阳市揭西县金和镇山湖村的可能性比较大，那里有姓吴的。采访的对象主要是罗国其先生，他1970年出生。第二位发音人是吴辉天，60多岁，两位都兼通客家话。整个九陂镇以客家话人口为多，四分之一左右说四会声。风冲口周围有客家话（塘肚、茶山塘）、四会声（胡屋）等。

保安镇湾村管理区的程下坪村有黎、欧阳、刘、张、何五姓。黎姓是从麻步城水迁入。欧阳姓是由龙坪东村迁入。刘姓是由广东潮州迁入，当地长者刘万平先生说自来连州开基祖算起，已延续有 12 代。祖先来连州最早是种植甘蔗、开设蔗糖作坊的。张姓是由莲塘迁来。何氏是由星子良塘迁入。程下坪共有 380 多人，其中黎姓有 100 多人，说四会声；姓何的说星子话，50 人；只有刘姓说潮州话，60 多人。接受采访的是刘杨晓女士，1966 年出生，兼通粤语四会声。整个保安镇方言比较多样，以连州土话保安话为主，还有部分四会声及星子话，也有几千人说客家话。程下坪周围有四会声及客家话的分布，潮州话用于刘姓人家内部交流，全村老少都会四会声。据"闲前"读 ɑi，"桥潮"读 iɑu 来推测，程下坪村刘姓祖先也是来自揭阳的可能性比较大。

二　音系

（一）风冲口音系

1. 声母（17 个，含零声母）

p 拜粪爬斧陪饭	pʰ 品蜂鼻败浮朋	m 庙袜满目问马	f 风岁会血法熏	v 胃话完月活划	
t 芒图赌迟樟直	tʰ 拖啼读抽锤拆	n 染娘郎玉兰卵			l 箩林莲笠鹿浪
ts 醉痣斩坐舌石	tsʰ 臭深窗全族席		s 沙写柿仇乘双		
k 家金厚行汗讲	kʰ 壳溪坑霍芹强	ŋ 鹅弱藕旱椅羊	h 好艾瓦猴现远		
∅ 矮认日鸭					

2. 韵母（45个）

ๅ 师紫煮资鼠	i 雨儿举眉扇米	u 舞雾富有符句	y 鼠
a 我沙拖考衫满山	ia 写寄城迎兵声	ua 外旱阔梗肝汗	
ɛ 债儿家马硬生		uɛ 话过关瓜	
ɔ 坐醋讨袋螺图	iɔ 茄潮谋羊荣匠		
ɯ 朱锯去鱼	iu 树绸抽梳寿苧		
ae 知梨牌拜先前		uae 拐	
ɔe 胎买鞋细犁齐		uɔi 气最肥县肺贝	
ɑu 走炮猴楼柳哭	iɑu 鸟钓猫料		
an 含针餐全犯乱		uan 愿	
ɛŋ 等平亲钟筋醒	ien 念牵减停劝欠		
	in 沉深浸冰印音	un 近船寸忍军分	
	iun 闰云永		
aŋ 粽双杭风聋梦	iaŋ 凉响□ iaŋ⁵¹：喊		
ɔŋ 朋浪帮网重共	iɔŋ 熊		
ɯŋ 汤砖窗糠糖		uŋ 饭本问	
at 杂汁杀辣密贼		uat 割	
ɛt 集月百笔叔绿	iet 结节人日	uet 刮	
ɔt 脱说笠节			
	it 折湿舌篾栗织敌	ut 出卒骨佛滑□ tsut3，~米：糯米	
ak 毒北角郭鸭恶	iak 热食迹壁摘拆		
ɔk 绝岳落雹目速	iɔk 席石惜弱约育		
ŋ̍ 园远			

3. 声调（6 个）

平声 44 飞心光知啼余	
阴上 51 讨浅小准本米	阳上 13 弟瓦苎艾愿想
去声 31 送拜败用梦利	
阴入 2 鸭各塞血泽叔	阳入 5 达合月灭育绝

（二）程下坪音系

1. 声母（18 个，含零声母）

p 拜粪爬饭买袜	pʰ 品蜂鼻败浮彭	m 庙妹满目问矛	f 风凤岁会血横	v 胃话旱云	
t 戴图转茶重池	tʰ 拖啼读抽锤拆	n 内脑娘郎岭肉			l 笋林莲笠浪
ts 醉痣斩坐舌石	tsʰ 臭深窗全族席	ȵ 染忍让弱浓	s 沙写鼠柿城蝇		
k 家金近厚行汗	kʰ 壳气婚轿共局	ŋ 鹅外藕岳岸	h 好艾瓦猴现远		
∅ 矮影尿闲热赢					

2. 韵母（50 个）

ɿ 煮鼠紫资私	i 举移米寄字气添天	u 菩符雾朱句浮有	y 余玉
a 坝饱炒搞咬衫	iɐ 写蔗瓦艾行惊听	ua 挂	
e 爬嫁寨生耕平醒		ui 过胎内话儿鬼悬	
o 我鹅沙袋桃炭线		uo 果肝汗	yo 茄庙少尿娘姜香
ɯ 锯鱼猪			
ai 盖拜西知师闲前		uai 拐	
ɔi 该脾买底灰外被		uɔi 瓜粿关	

续表

ue 补土苏苦乌雨亩	iu 梳须树柳抽寿球		
oo 脑灶交头臭哭	iau 猫潮轿钓料晓		
ua 贪含暗减针兰班			
en 品金根紧肯兵龙	ien 咸钳甜鞭鳝见认		yen 欠言完全县
on 岸汉安满端乱传			yon 愿拳
	in 林浸心音鳞蒸杏	un 船吞本孙均分云	
	iun 忍闰		
uaŋ 放讲等坑桶蜂重	iaŋ 凉响庆影颈腥经	uaŋ 壮狂	
oŋ 浪望项总众宫共	ioŋ 伤让强枪荣永浓		
uŋ 卵转汤缸糠丈光		uŋ 饭问朋	
uaʔ 答鸭杀密佛贼百		uat 割	
et 笔吉北直格熟浴	iet 猎接贴灭结日疫		yet 越缺
ot 笠辣节泼脱袜血		uot 阔刮月	
		ut 秫糯米活滑卒骨出	
uak 凿缚角墨读鹿毒	iɐk 食极拆惜席壁锡		
ok 薄恶郭岳木菊触	iok 热弱着约炙石		
ŋ 园远			

3. 声调（7个）

阴平 33 飞心光梳瓜	阳平 55 排棋头笋楼
阴上 53 讨浅小岭尾	阳上 24 弟厚瓦有论
去声 21 送拜轿梦用	
阴入 2 鸭各塞血百	阳入 5 达合月灭肉

三　语音特点及演变

远在粤西北连州山区的这两个潮汕方言岛，虽然体量不大，人口不多，但经历两百来年，均保持了较好的语言忠诚，一代代人把这个粤东闽语保留下来了，的确不容易。

本次调查是一个面上的调查，其中单字问了 705 字（作为字音分析的主要根据），预录字及连读变调涉及 200 多字。词语有 260 条。字词项目多数调查到了，也有个别无法回答的。以这些记录为基础，我们来看看哪些方面保存了潮汕方言的音韵特征，哪些又作为两个彼此独立、缺乏互相往来的方言岛，在周围客家话、四会声的包围下，各自或共同发生了什么新的变化。

（一）保留潮汕方言一些独特的音韵特征

1. 声调

从音系所列声调例字可知，这两处方言岛，上声、入声都保留了阴阳对立。程下坪平声也阴阳对立，阴低阳高。调类对应的调值，与潮汕原乡相比变化不大。阴上为高降、阳上为升调，入声阴低阳高。

2. 声母

潮汕话比较突出的古今语音对应，有几条还是基本稳定的。

（1）知组读 t、tʰ（例字后前一读音来自风冲口，后一读音来自程下坪，下同）。

知母：转 tuŋ⁵¹ tuŋ⁵³| 胀 tiɔ³¹ tyo²¹| 摘 tiak² tiɐk²

彻母：抽 tʰiu⁴⁴［tsʰiu³³］| 拆 tʰiak² tʰiɐk²

澄母：茶 tɛ⁴⁴ te⁵⁵| 苎 tiu¹³ 无 | 池 ti⁴⁴ ti⁵⁵| 迟 ti⁴⁴［tsʰi⁵⁵］| 锤 tʰuəi⁴⁴ tʰui⁵⁵| 潮 tio⁴⁴［tsʰiɑo⁵⁵］| 沉 tin⁴⁴ ten⁵⁵| 肠 tuŋ⁴⁴ tuŋ⁵⁵| 丈 tuŋ¹³ tuŋ²⁴/ tyo²⁴| 直 tet⁵ tet⁵| 重 taŋ¹³ tɐŋ²⁴

（2）非组读 p、pʰ、m

非母：斧 pɔ⁵¹ pʰəu⁵³| 飞 pɛ⁴⁴ fui³³| 分 pun⁴⁴ pun³³| 粪 pun³¹ pun²¹| 放 paŋ³¹ pɐŋ²¹

敷母：蜂 pʰaŋ⁴⁴ pʰɐŋ³³

奉母：肥 puəi⁴⁴ pui⁵⁵| 浮 pʰu⁴⁴ pʰu⁵⁵| 饭 puŋ³¹ puŋ²¹| 缚 pak⁵ pɐk⁵

微母： 舞 mu⁵¹ mu⁵³| 雾 mu³¹ mu²¹| 尾 mɛ⁵¹ pɔi⁵³| 袜 mɛt⁵ pot⁵| 问 muŋ³¹ muŋ²¹| 网 maŋ³¹ moŋ⁵³| 望 maŋ¹³ moŋ²¹

（3）云母白读 h

雨 hɔ¹³ həu²⁴| 园 hŋ⁴⁴ hŋ⁵⁵| 远 hŋ¹³ hŋ²⁴

（4）以母读 s

苍蝇，两地都是"胡蝇"，"蝇"风冲口与程下坪分别音 sen⁴⁴、sɛn⁵⁵。

（5）匣母读 k

厚 kau¹³ kao²⁴| 含 kan⁴⁴ kɛn⁵⁵/hɐŋ⁵⁵| 咸 kiɛn⁴⁴ kien⁵⁵| 汗 kua³¹ kuo²¹| 滑 kut⁵ kut⁵| 行 kia⁴⁴ kiɐ⁵⁵

（6）匣母读零声母

鞋 ɔe⁴⁴ ɔi⁵⁵| 闲 ae⁴⁴ ai⁵⁵| 红 aŋ⁴⁴ ɐŋ⁵⁵

3. 韵母

（1）潮汕鱼韵独特音值的 ɯ，有一部分字还对这个特征有所保留。

锯 kɯ³¹ kɯ²¹| 去 kʰɯ³¹［kʰi²¹］| 鱼 hɯ⁴⁴ hɯ⁵⁵| 猪 tɯ⁴⁴ tɯ³³

（2）山摄合口一等、三等及宕摄一等、三等的阳声韵，保留潮汕常见的 ɯŋ 韵。

酸 sɯŋ⁴⁴ sɯŋ³³| 算 sɯŋ³¹ sɯŋ²¹| 转 tɯŋ⁵¹ tɯŋ⁵³| 砖 tsɯŋ⁴⁴ tsɯŋ³³| 汤 tʰɯŋ⁴⁴ tʰɯŋ³³| 糖 tʰɯŋ⁴⁴ tʰɯŋ⁵⁵| 缸 kɯŋ⁴⁴ kɯŋ³³| 钢 kɯŋ³¹ kɯŋ²¹| 糠 kʰɯŋ⁴⁴ kʰɯŋ³³| 肠 tɯŋ⁴⁴ tɯŋ⁵⁵| 丈 tɯŋ¹³ tɯŋ²⁴| 床 tsʰɯŋ⁴⁴ tsʰɯŋ⁵⁵| 霜 sɯŋ⁴⁴ sɯŋ³³| 光 kɯŋ⁴⁴ kɯŋ³³

（3）蟹摄二等、四等读 ɔi/ɔe 类，与潮汕原乡一致。

街 kɔe⁴⁴ kɔi³³| 鞋 ɔe⁴⁴ ɔi⁵⁵| 矮 ɔe⁵¹ ɔi⁵³| 底 tɔe⁵¹ tɔi⁵³| 齐 tsɔe⁴⁴ tsɔi⁵⁵| 细 sɔe³¹ sɔi²¹

（4）效摄二等白读为 a，与潮汕原乡一致。

饱 pa⁵¹ pa⁵³| 炒 tsʰa⁵¹ tsʰa⁵³| 搞 ka⁵¹ ka⁵³| 咬 ka¹³ ka²⁴

（5）假摄二等为 ɛ/e，与潮汕原乡一致。

爬 pɛ⁴⁴pe⁵⁵| 马 mɛ⁵¹pe⁵³| 茶 tɛ⁴⁴te⁵⁵| 家 kɛ⁴⁴ke³³| 嫁 kɛ³¹ke²¹| 虾 hɛ⁴⁴he³³

（6）通摄一等为 aŋ/ak，三等为 en/et，与潮汕原乡接近。

桶 t^haŋ^{51} t^heŋ^{53}| 聋 laŋ^{44} leŋ^{55}| 读 t^hak^5 t^hek^5| 鹿 lɛt^2 lek^5| 众 tsɛn^{31}［tsɔŋ^{21}］| 龙 lɛn^{44} len^{55}| 叔 tsɛt^2 tset^2| 绿 lɛt^5 let^5

（二）方言岛后来发生的变化

风冲口与程下坪两个方言岛，都远离粤东沿海，各自独立地在当地保存，延续至今，几乎与原地没有联系。其语言在连州当地方言，尤其是在客家话的影响下，发生了一些变化。这两个方言岛本身分别属于九陂镇与保安镇，隔了一个连州镇，直线相距也有 13 公里，历史上也互不往来，甚至彼此也不知道连州的另外一处存在潮汕方言岛。奇怪的是，这两个方言岛在不少后起的变化上，甚至是不约而同地发生的。

1. 声调

两处都失去了阴阳去的对立，合并为一个去声，调值程下坪是 21，风冲口是 31。这个调值与沿海故地尚能分别的去声大致还是相似的，现今潮汕一带，阳去多为 11 或 31，阴去多为 21、213 等。

风冲口的平声不再分两类，合并为 44。这大概是早先揭阳一带阴平 44、阳平 55 调值接近后趋同折中的结果，是其自身的变化。

2. 声母

（1）两地比较大的变化是沿海潮汕话的鼻冠音声母 mb/ŋg（一般研究记作 b/g）消失了，其中风冲口归到 m/ŋ，而程下坪则 mb 归到 p。

马 pe^{53}| 尾 pɔi^{53}| 袜 pot^5；ŋg 则归到 ŋ：鹅 ŋo^{55}

潮汕的 ⁿdz（一般写作 z），在这两个方言岛也消失了，改为零声母。

儿 ɛ^{44}/i^{44} i^{55}| 入 iɛt^5 it^5| 热 iak^5 yok^5| 认 iɛn^{31} ien^{21}| 日 iɛt^5 iet^5| 闰 iun^{31} iun^{21}

（2）知组声母，潮汕读 t/t^h 的，到了连州发生变化，读塞擦音。

镇 tsɛn^{31} tsun^{21}| 阵 tsɛn^{31} tsen^{21}| 持 ts^{h}i^{44} ts^{h}i^{55}| 绸 ts^{h}ɪu^{44} ts^{h}iu^{55}| 传 ts^{h}an^{44} ts^{h}yen^{55}/ts^{h}on^{55}| 程 ts^{h}ɛn^{55} ts^{h}en^{55}

（3）程下坪多了一个 ȵ- 声母，这是周边四会声、客家话都有的，应该是周边感染的结果。

染 ȵien^{53}| 愿 ȵyon^{24}| 让 ȵiɔŋ^{24}| 浓 ȵiɔŋ^{55}| 验 ȵien^{21}| 忍 ȵiun^{53}| 弱 ȵiok^5

（4）f/v 声母的增生。

非组声母如同邻近的客家与四会方言，文读层次读 f-，而非潮汕的 h-。

非母：富 fu³¹ fu²¹｜法 fat² fɐt²｜发 fat² fɐt²｜风 faŋ⁴⁴ fɐŋ³³

敷母：肺 fuəi³¹ fui²⁴

奉母：符 fu⁴⁴ fu⁵⁵｜犯 fan³¹ fɐn²¹｜罚 fat⁵ fɐt⁵｜份 fun³¹ fun²¹｜佛 fut⁵ fɐt²｜凤 fɔŋ⁵¹ fɐŋ²⁴｜服 fak⁵［hɔk⁵］

晓匣母合口，类似客家话，也有读 f 的情况。

灰 fɛ⁴⁴ fɔi³³｜荒 faŋ⁴⁴ fɐŋ³³｜会 fɛ¹³ fɔi²⁴

如下这几个字，客家话、四会声并不读 f-，但是潮汕方言岛借用了这个 hu〉f 的规则，类推到其独特词语上。

岁 fɛ³¹ fɔi²¹｜血 fɐt² fot²｜横 fɛ⁴⁴ fɔi⁵⁵

类似客家话，两地的匣母、云母合口字增添了 v- 声母。

回 vuəi⁴⁴ vui⁵⁵｜话 vuɛ³¹ vui²¹｜卫 vuəi³¹ vui²¹｜为 vuəi⁴⁴ vui⁵⁵｜胃 vuəi³¹ vui²¹｜划 vɐt⁵ vɐk⁵

（5）潮汕鼻化，且是零声母的字，一律增加了 ŋ- 声母，这个见于风冲口，是比较独特的变化。

椅 ŋi⁵¹｜圆 ŋi⁴⁴｜赢 ŋia⁴⁴｜旱 ŋua¹³｜羊 ŋiɔ⁴⁴｜营 ŋia⁴⁴｜碗 ŋua⁵¹｜影 ŋia⁵¹

3. 韵母

（1）有舌尖元音 ɿ，对应的是潮汕话早先舌尖声母的 ɯ，而非来自客家话的 ɿ。

煮 tsɿ⁵¹ tsɿ⁵³｜鼠 sɿ⁵¹ sɿ⁵³｜紫 tsɿ⁵¹ tsɿ⁵³｜资 tsɿ⁴⁴ tsɿ³³｜私［sae³³］sɿ³³

（2）鼻化消失。

潮汕方言普遍还存在明显的鼻化韵母，而连州的这两地方言岛，都失去鼻化，读成阴声韵了（个别读鼻尾韵）。

咸摄：蓝 na⁴⁴ lɐn⁵⁵｜添 tʰi⁴⁴ tʰi³³

山摄：天 tʰi⁴⁴ tʰi⁴⁴｜汗 kua³¹ kuo²¹

宕摄：姜 kiɔ⁴⁴ kyo³³｜伤 siɔ⁴⁴ syo³³

梗摄：名 mia⁴⁴ miɐ⁵⁵｜岭 nia⁵¹ niɐ⁵³

（3）原乡潮汕 -ʔ 韵尾转化为 k、t 韵尾。

鸭 ak² ɐt²｜接 tsit² tsiet²｜割 kuat² kuɐt²｜杀 sat² sɐt²｜舌 tsit⁵ tsit⁵｜节 tsɔt²/tsiɛt² tsot²/tsiɛt²｜绝 tsɔk⁵ tsʰot⁵｜袜 mɐt⁵ pot⁵｜月 vɐt⁵ uot⁵｜血 fɐt²

fot⁵| 托 tʰɔk² tʰɔk²| 落 lɔk⁵ lɔk⁵| 约 iɔk² iɔk²| 百 pɐt² pɐt²| 拆 tʰiak² tʰiɐk²|
格 kɐt² ket²| 隔 kɐt² ket²| 惜 siɔk² siɐk²| 席 tsʰiɔk⁵ tsʰiɐk⁵| 石 tsiɔk⁵ tsiɔk⁵|
锡 siak² siɐk²| 划 vɐt⁵ vɐk⁵

（4）ua 韵的变化：潮汕 ua 及 uã 韵，这两个方言岛在非牙喉音多数
经历了 u 介音失落的变化。

我 ŋa⁵¹ ŋo⁵³| 沙 sa⁴⁴ so³³| 蛇 tsa⁴⁴ tso⁵⁵| 单 ta⁴⁴ to³³| 炭 tʰa³¹ tʰo²¹| 山
sa⁴⁴ so³³| 线 sa³¹ so²¹| 盘 pa⁴⁴[无]| 满 ma⁵¹[mon⁵³]

在 k/kʰ 条件下略有保留。

旱 ŋua¹³ vo²⁴| 汗 kua³¹ kuo²¹

（5）-m/p 韵尾的消失。

在原乡潮汕地区，澄海一带 -m/p 消失，替换为 -ŋ/k，而连州这两处
潮汕方言岛则是替换为 -n/t，与当地的客家话、四会声一致。

潭 tʰan⁴⁴ tʰɐn⁵⁵| 暗 an³¹ ɐn²¹| 尖 tsiɛn⁴⁴ tsien³³| 险 hiɛn⁵¹ hien⁵³| 心
sɛn⁴⁴ sin³³| 针 tsan⁴⁴ tsɐn³³| 金 ken⁴⁴ ken³³

杂 tsat² tsʰɐt⁵| 业 vɐt⁵ niet⁵| 汁 tsat² tsit²| 湿 sit² sit²| 入 iet⁵ it⁵

（6）撮口的出现。

在程下坪，大概受粤语四会声的影响，出现了许多撮口韵 y、yen、
yet、yo 等。

余 y⁵⁵| 玉 y²¹| 欠 kʰyen²¹| 言 yen⁵⁵| 完 yen⁵⁵| 全 tsʰyen⁵⁵| 泉 tsʰyen⁵⁵|
劝 kʰyen²¹| 冤 yen³³| 县 yen²¹| 越 yet²| 决 kʰyet²。

茄 kʰyo⁵⁵| 表 pyo⁵³| 庙 pyo²¹| 椒 tsyo³³| 尿 yo²¹| 娘 nyo⁵⁵| 胀 tyo²¹| 姜
kyo³³| 香 hyo³³。

风冲口只有一个字是 y 韵，来自"飞鼠蝙蝠"的"鼠"sy⁵¹，而一般
老鼠还是 sɿ⁵¹（<sɯ）。

（7）全浊声母读塞音、塞擦音以及读送气音的增加。

潮汕不少这类读不送气的字，到了这两个方言岛却有更多读为送气音
的情况，其中风冲口因为周围是一律送气的客家话，还比较好理解，可是
程下坪周围也是不送气的四会声，发生这个变化有点令人费解。

	汕头	程下坪	风冲口
排	pai⁵⁵	pʰai⁵⁵	pae⁴⁴
败	pai¹¹	pʰai²¹	pʰae³¹
柜	kũĩ¹¹	kʰui²¹	kuəi³¹
轿	kio¹¹	kʰiɑo²¹	kio³¹
球	kiu⁵⁵	kʰiu⁵⁵	kʰiu⁴⁴
就	tsiu³⁵	tsʰiu²⁴	tsʰiu³¹
杂	tsap⁵	tsʰɐt⁵	tsat²
集	tsip⁵	tsʰɐt⁵	tsʰɛt⁵
达	tak⁵	tʰɐt⁵	tʰat⁵
件	kĩã³⁵	kʰien²¹	kia³¹
电	tiaŋ³⁵	tʰien²¹	tʰiɛn³¹
绝	tsoʔ⁵	tsʰot⁵	tsɔk⁵
极	kek⁵	kʰiɐk⁵	kʰɛt²
晴	tsẽ⁵⁵	tsʰiɐ⁵⁵	tsɛ⁴⁴
净	tseŋ³⁵	tsʰen²⁴	缺
重（文读）	toŋ³⁵	tsʰɔŋ²¹	tsʰɔŋ⁵¹
动（文读）	toŋ³⁵	tʰɔŋ²¹	tʰɔŋ³¹
共	kaŋ¹¹	kʰɔŋ²¹	kʰaŋ³¹
局	kek⁵⁵	kʰɔk⁵	kʰɛt⁵

（三）小结

从声韵调的表现来看，连州市两处独立的潮汕方言岛表现出明显的潮汕方言特色，各自保留了潮汕话固有的音韵的特征。但由于较早期迁离潮汕地区，受到当地客家话和其他汉语方言影响，也表现出其他一些与潮汕方言不同的特点。

另外，值得一提的是，潮汕方言中存在大量的训读字，这些训读现象在风冲口与程下坪两个方言岛中均存在。以程下坪为例。

多 tsoi²¹（敠/侪）| 糯 tsut⁵（秫）| 晒 pʰɐk⁵（曝）| 泥 tʰəu⁵⁵（塗）|
子 kiɐ⁵³（囝）| 高 kui⁵⁵（悬）| 寻 tsʰui²¹（本字未详）| 蚌 hien⁵³（蚬）|
捉 liɐk⁵（搦）| 冷 ŋɐŋ⁵⁵（凝）| 硬 tai²¹（樸）| 吓 kiɐ³³（惊）| 屋 tsʰu²¹
（厝）| 粥 mɔi⁵⁵（糜）。

四　词汇存留及展示

以下从词汇是否保存潮汕方言特征及演化的角度分类介绍。

第一，两地都保留潮汕说法，94 条相同，占比较词条 260 的 36.2%。

	上面	里面	晚上	白天	田埂
风冲口	面顶 mɛn³¹tɛn⁵¹	□里 hɔ¹³lae¹³	暝昏头 mɛ⁴⁴⁻²¹hŋ⁴⁴tʰau⁴⁴	日旰时 iat²kua⁵¹⁻¹³si⁴⁴	塍舷 tsʰan⁴⁴⁻²¹ki⁴⁴
程下坪	上顶 tsiɔ²⁴tɛn⁵³	里 lai²⁴	暝旰 me⁵⁵kuo²¹	日旰 iet⁵kuo²¹	塍岸 tsʰɐn⁵⁵⁻²²vo²²
潮汕（澄海）	顶 teŋ⁵¹	里 lai³⁵	暝昏 me⁵⁵⁻²¹³hŋ³³/暝旰 me⁵⁵kua⁰	日旰 dzik⁵kua⁰	塍岸 tsʰaŋ⁵⁵⁻²¹³hũã¹¹/塍舷 tsʰaŋ⁵⁵⁻²¹³kĩ⁵⁵
备注	都有"顶"	都用"里"	都来自潮汕	"日旰"是继承	都来自潮汕

	稻茬儿	晒谷场	扁担	放牛	打柴
风冲口	釉稿头 tiu¹³⁻³¹kɔ⁵¹⁻¹³tʰau⁴⁴	灰庭 fuəi⁴⁴tia⁴⁴	平担 pɛ⁵¹⁻¹³ta⁴⁴	掌牛 tsiɔ⁵¹u⁴⁴	斩柴 tsan⁵¹tsʰa⁴⁴
程下坪	釉稿 tiu²⁴⁻²²ko⁵³	坡庭 po³³tiɐ⁵⁵	平担 pe⁵³⁻²²ta³³	掌牛 tsiɔ⁵³⁻²⁴vu⁵⁵	斩柴 tsɐn⁵³⁻²⁴tsʰa⁵⁵
潮汕（澄海）	釉稿头 tiu³⁵⁻²¹³ko⁵¹⁻³⁵tʰau⁵⁵	粟庭 tsʰek²⁻⁵tĩã⁵⁵	平担 pɛ̃⁵⁵⁻²¹³tã³³	掌牛 tsĩɛ⁵¹⁻³⁵gu⁵⁵	斩柴 tsaŋ⁵¹⁻³⁵tsʰa⁵⁵
备注	"釉稿"是相同的	"庭"是相同的	与潮汕相同	与潮汕相同，客家也是	与潮汕相同，粤语也是

	浇菜	看家	着火	南瓜	鸡胗
风冲口	沃菜 ak²tsʰae³¹	掌厝 tsiɔ⁵¹tsʰu³¹	着火 tɔk⁵fɤ⁵¹	番瓜 fan⁴⁴kuɐ⁴⁴	鸡肾 kɔe⁴⁴kɛn¹³

续表

	浇菜	看家	着火	南瓜	鸡胗
程下坪	沃菜 ɐk²⁻⁵tsʰai²¹	掌厝 tsiɔ⁵³⁻²¹tsʰu²¹	着火 tɔk⁵⁻²fɔi⁵³	番瓜 fɐŋ³³kuɔi³³	鸡肾 kɔi³³ken²⁴
潮汕 （澄海）	沃菜 ak²⁻⁵tsʰai²¹³	掌里 tsĩẽ⁵¹⁻³⁵lai⁵⁵/掌厝 tsĩẽ⁵¹⁻³⁵tsʰu²¹³	着火 toʔ⁵⁻²hue⁵¹	番瓜 huaŋ³³⁻³⁴kue³³	鸡肾 koi³³⁻³⁴kiŋ³⁵
备注	与潮汕相同	与潮汕相同	与潮汕相同	与潮汕相同	与潮汕相同， 粤客也是

	鸟窠	蚯蚓	苍蝇	虱子	蚂蟥
风冲口	斗 tɑu³¹	厚滚 kɑu¹³vun⁵¹	胡蝇 hɔ⁴⁴⁻²¹sɛn⁴⁴	虱母 sat²⁻⁵mɔ⁵¹	胡蜞 hɔ⁴⁴⁻²¹kʰi⁴⁴
程下坪	斗 tɑo²¹	厚滚 kɑo²⁴hun⁵³	胡蝇 həu⁵⁵⁻²¹sen⁵⁵	虱母 set²⁻⁵po⁵³	胡蜞 həu⁵⁵⁻²¹kʰi⁵⁵
潮汕 （澄海）	斗 tau²¹³	厚滚 kau³⁵⁻²¹uŋ⁵¹	胡蝇 hou⁵⁵⁻²¹³siŋ⁵⁵	虱母 sak²⁻⁵bo⁵¹	胡蜞 hou⁵⁵⁻²¹³kʰi⁵⁵
备注	与潮汕相同， 粤客也是	与潮汕相同	与潮汕相同	与潮汕相同	与潮汕相同， 客家也是

	家里	浴室	毛巾	饭勺儿	锅
风冲口	厝里 tsʰu³¹⁻⁵¹lae¹³	洗浴堂 sɔe⁵¹⁻¹³ɛt⁵tɯŋ⁴⁴	手巾 tsʰiu⁵¹⁻⁴⁴kɛn⁴⁴	饭桸 puŋ³¹hia⁴⁴	鼎 tia⁵¹
程下坪	厝里 tsʰu²¹⁻⁵³lai²⁴	洗浴池 sɔi⁵³⁻²¹ek⁵⁻²ti⁵⁵	手巾 tsʰiu⁵³⁻²⁴ken³³	饭桸 puŋ²¹hiɐ³³	鼎 tiɐ⁵³
潮汕 （澄海）	厝里 tsʰu²¹³⁻³²lai³⁵/ 里 lai³⁵	浴房 ek⁵⁻²paŋ⁵⁵	手巾 tsʰiu⁵¹⁻³⁴kɯŋ³³/ 面布 miŋ¹¹⁻²¹³pou²¹³	饭添 puŋ¹¹⁻²¹³tʰ⁻³³i	锅 ue³³/鼎 tiã⁵¹ （炒锅）
备注	与潮汕相同	洗澡用 "浴"同	与潮汕相同	"桸"与潮汕 相同	与潮汕相同

	扫帚竹制	衣服	口渴	盛饭	猪肝
风冲口	扫帚 sɑu³¹⁻⁴⁴siu⁵¹	衫裤 sa⁴⁴kʰɔ³¹	喉焦 ɑu⁴⁴ta⁴⁴	舀饭 iɔ⁵¹puŋ³¹	猪肝 tɯ⁴⁴kua⁴⁴
程下坪	扫帚 sɑo²¹⁻⁵³siu⁵³	衫裤 sa³³kʰəu²¹	喉焦 ɑo⁵⁵ta³³	添饭 tʰi³³puŋ²¹	猪肝 tɯ³³kuo³³
潮汕（澄海）	扫帚 sau²¹³⁻⁴²siu⁵¹	衫裤 sã³³⁻³⁴kʰou²¹³	喉焦 au⁵⁵⁻²¹³ta³³	舀饭 ie⁵¹⁻³⁴puŋ¹¹/ 添饭 tʰĩ³³⁻³⁴puŋ¹¹	猪肝 tɯ³³⁻³⁴kuã³³
备注	与潮汕相同	与潮汕相同，客家也是	与潮汕相同	与潮汕相同	与潮汕相同

	咸蛋	头	头发旋儿	耳朵	肩膀
风冲口	咸卵 kiɛn⁴⁴⁻²¹nɯŋ¹³	头壳 tʰɑu⁴⁴⁻²¹kʰak²	头壳旋 tʰɑu⁴⁴⁻²¹kʰak²⁻⁵ tsʰan³¹	耳朵 ŋi¹³⁻³¹tɔ¹³	肩头 kae⁴⁴tʰɑu⁴⁴
程下坪	咸卵 kien⁵⁵⁻²¹nɯŋ²⁴	头 tʰɑo⁵⁵	头旋 tʰɑo⁵⁵⁻²¹tsɯŋ²¹	耳 hi²⁴	肩头 kai³³⁻²⁴tʰɑo⁵⁵
潮汕（澄海）	咸腐卵 kiaŋ⁵⁵⁻²¹³hu⁵¹⁻³⁴ nɯŋ⁵⁵	头壳 tʰau⁵⁵⁻²¹³kʰak² （老派）/头 tʰau⁵⁵	旋 tsɯŋ¹¹	耳 h⁻³⁵i	肩头 kõi³³⁻³⁴tʰau⁵⁵
备注	与潮汕相同	与潮汕相同	与潮汕相同	与潮汕相同，耳音特殊	与潮汕相同，客家也是

	屁股	女阴	膝盖	男孩儿	女孩儿
风冲口	尻穿 ka⁴⁴tsʰɯŋ⁴⁴	支□ tsi⁴⁴pae⁴⁴	骹头□ kʰa⁴⁴tʰɑu⁴⁴⁻²¹vu⁴⁴	丈夫囝 ta⁴⁴pɔ⁴⁴kia⁵¹	姿娘囝 tsɿ⁴⁴nio⁴⁴⁻²¹kia⁵¹
程下坪	尻穿 ka³³tsʰɯŋ³³	支 tsi³³	骹头□ kʰa³³tʰɑo⁵⁵⁻²¹vu³³	丈夫囝 ta³³pəu³³kiɐ⁵³	姿娘囝 tsɿ³³nio⁵⁵⁻²¹kiɐ⁵³
潮汕（澄海）	尻穿 ka³³⁻³⁴tsʰɯŋ³³	支 tsi³³	骹头□ kʰa³³⁻³⁴tʰa⁵⁵⁻²¹³u³³	丈夫囝 ta⁵¹⁻³⁴pou³³⁻³⁴ kĩã⁵¹	姿娘囝 tsɯ³³⁻³⁴nie⁵⁵⁻²¹³ kĩã⁵¹
备注	与潮汕相同	与潮汕相同，客家也是	与潮汕相同	与潮汕相同	与潮汕相同

	锅铲	瞎子	父亲	祖母	伯母
风冲口	鼎□ tia$^{51-44}$lɯ^{44}	青盲囝 tsʰɛ^{44}mɛ^{44}kia^{51}	父 pe^{13}/ 叔 tsɛk^2	阿嬷 a^{44}ma^{51}	阿姆 a^{44}m^{51}
程下坪	鼎□ tiɐ$^{53-21}$lɯ^{33}	青盲 tsʰe^{33}me^{55}	父 pe^{24}	阿嬷 a^{33}ma^{53}	阿姆 ɐt^{2}ŋ^{53}
潮汕 （澄海）	鼎□ tĩã$^{51-34}$liu^{35}	青盲（囝） tsʰẽ$^{33-34}$me$^{55-213}$（kĩã^{51}）	父 pe^{35}	阿嬷 a$^{33-34}$ma^{51}	阿姆 a$^{33-34}$m^{51}
备注	与潮汕相同	与潮汕相同	与潮汕 相同	与潮汕相同	与潮汕相同

	儿媳	坟	感冒	雀斑	回家
风冲口	新妇 sɐn^{44}pu^{13}	坟堆 pʰun$^{44-21}$tu^{44}	寒着 kua^{44}tɔk^0	胡蝇屎 hɔ$^{44-21}$san^{44}sae^{51}	转厝里 tɯŋ^{51}tsʰu$^{21-51}$lae^{13}
程下坪	新妇 sen^{33}pu^{24}	坟 pʰun^{55}	凝着 ŋɐŋ$^{55-21}$tiɔk^5	胡蝇屎 hou$^{55-21}$sen^{55}sai^{53}	转厝里 tɯŋ^{53}tsʰu$^{21-53}$lai^{24}
潮汕 （澄海）	新妇 siŋ$^{33-34}$pu^{35}	坟 pʰuŋ^{55}	寒着 kũã^{55}tieʔ^2	胡蝇屎 hou$^{55-213}$siŋ$^{55-213}$sai^{51}	转厝 tɯŋ$^{51-34}$tsʰu^{213} （老派）/ 转里 tɯŋ$^{51-34}$lai^{35}
备注	与潮汕相同	与潮汕相同，pʰ音同	与潮汕相同	与潮汕相同	与潮汕相同

	烤火	睡觉	舞龙	看守东西	闻
风冲口	炙火 tsiɔk^{2}fɛ^{51}	困 kʰun^{31}/ □ vut^5	舞龙 mu^{51}lɐn^{44}	掌 tsiɔ^{51}	鼻 pʰi^{31}
程下坪	炙火 tsiɔk^{2}fɵi^{53}	□ vut$^{5-2}$mɐk^5	舞龙 mu$^{53-24}$len^{55}	掌 tsio^{53}	鼻 pʰi^{21}
潮汕 （澄海）	焙火 pue$^{11-213}$hue^{51}	□ ŋʔ^5/ □ uk^5	舞龙 moŋ$^{35-21}$leŋ^{55}	掌 tsĩẽ^{51}	鼻 pʰ$^{-11}$i
备注	潮汕有"炙日"	与潮汕相同	与潮汕相同	与潮汕相同，客家也是	与潮汕相同，客家也是

	喝	哭	推	拔草	挠痒
风冲口	食 tsiak⁵	哭 kʰɑu³¹	□ lɛn⁵¹	挽 man⁵¹	爬 pe⁴⁴
程下坪	食 tsiɐk⁵	哭 kʰɑo²¹	□ lɛn⁵³	挽 mɐŋ⁵³	划 kʰue⁵⁵
潮汕（澄海）	食 tsiaʔ⁵	哭 kʰau²¹³	□ lɛŋ⁵¹	挽 maŋ⁵¹	爬 pe⁵⁵
备注	与潮汕相同，音特	读阴去，潮汕特征	与潮汕相同	与潮汕相同	本字可能是划 kue>pe

	系（鞋带）	绑（起他来）	挑	寻找	遗失
风冲口	缚 pak⁵	缚 pak⁵	担 ta⁴⁴	挦 tsʰɛ³¹	□流 ka⁴⁴lɑu⁴⁴
程下坪	缚 pɐk⁵	缚 pɐk⁵	担 ta³³	挦 tsʰui²¹	□落 ka³³lɐk⁵
潮汕（澄海）	缚 pak⁵	缚 pak⁵	担 tã³³	挦 tsʰue¹¹	□落 ka³³⁻³⁴lauʔ⁵
备注	与潮汕相同	与潮汕相同	与潮汕相同	与潮汕相同	与潮汕相同

	知道	一个人	你去那里？	我们	谁
风冲口	知得 tsae⁴⁴tet²	个 kae⁴⁴	汝去底块 ni⁵¹kʰɯ³¹ti³¹kɔ³¹	我侬 ŋa⁵¹naŋ⁰	底侬 ti³¹tiaŋ⁴⁴
程下坪	知得 tsai³³tet²	个 kai⁵⁵	汝去底块/□ ni⁵³kʰi²¹ti²¹ko²¹/pʰɔŋ²¹	我侬 ŋo⁵³nɐŋ⁰	底侬 tin²¹tiɐŋ⁵⁵
潮汕（澄海）	知 tsai³³	个 kai⁵⁵	汝去底块？ lu⁵¹kʰɯ²¹³ti¹¹ko²¹³	阮 uaŋ⁵¹	底侬 ti¹¹tiaŋ⁵⁵
备注	风、程受客家影响加"得"	读阳平，来自潮汕	与潮汕相同	风、程保留早期潮汕特点	与潮汕相同

	哪个	怎样做	什么	为什么	很（好）
风冲口	底个 ti³¹kae⁴⁴	做泥样 tsɔ³¹⁻⁵¹ni⁴⁴ŋiɔ³¹	乜个 mɛt⁵kae⁴⁴	做乜个 tsɔ³¹⁻⁵¹mɛt⁵kae⁴⁴	□ hɔk⁵
程下坪	底个 ti²¹kai⁵⁵	做泥 tsɔ²¹⁻⁵³ni⁵⁵	乜个 mɛt⁵kai⁵⁵	做乜个 tsɔ²¹⁻⁵³mɛt⁵kai⁵⁵	□ hɔk⁵
潮汕（澄海）	底个 ti¹¹kai⁵⁵	做泥 tsɔ²¹³ni⁵⁵	底个 ti¹¹kai⁵⁵/乜个 miʔ²kai⁵⁵	做泥 tsɔ²¹³ni⁵⁵	□ hoʔ²
备注	与潮汕相同	与潮汕相同	与潮汕相同	基本与潮汕相同	与潮汕相同

	不是他说的	没（去）	借给我	让我看看	青苔
风冲口	唔是伊讲个· m⁴⁴si¹³i⁴⁴kaŋ⁵¹kɛ³¹	无 mɔ⁴⁴	分 pun⁴⁴	分找看卜 pun⁴⁴ŋa⁵¹kʰɔe⁵¹ɛ³¹	青苔 tsʰɛ⁴⁴tʰi⁴⁴
程下坪	唔是伊讲个 ŋ²¹si²⁴ki³³kɐŋ⁵³kai⁰	无 po⁵⁵	分 pun³³	分我睇下 pun³³ŋo⁵³tʰoi⁵³e²¹	青苔 tsʰe³³tʰai⁵⁵
潮汕 （澄海）	［唔是］伊咀个 mi³⁵i³³tã²¹³kai⁰	无 bo⁵⁵	分 puŋ³³/ 乞 kʰɯʔ²	分我睇下 puŋ³³ua⁵¹tʰõĩ⁵¹e¹¹/ 乞我睇下 kʰɯʔ²ua⁵¹tʰõĩ⁵¹e¹¹	青苔 tsʰẽ³³⁻³⁴tʰi⁵⁵
备注	"唔是伊"与潮汕 相同	与潮汕相同， 客家也是	与潮汕相 同，客家 也是	与潮汕相同	与潮汕相同， 风音存古

其中"看"读 tʰoi⁵³ 是保留原样，而风冲口"看"是 kʰɔe⁵¹，似乎声母声调是客家话的"看 kʰon⁵¹"，而韵母则是与本来的潮汕音"睇"的韵母相同。

	一窝（狗）	我不要这个，要那个	还（没来）	东西
风冲口	斗 tɑu³¹	我唔爱□个，爱许个 ŋa⁵¹m¹³mae³ ¹ti⁵¹kae⁴⁴ae³¹hi⁵¹kae⁴⁴	还 han¹³	物件 mɛt²kia¹³
程下坪	斗 tɑo²¹	我唔爱□个，爱许个 ŋo⁵³m²¹nai²¹ tsi⁵³kai⁵⁵ai²¹hi⁵³kai⁵⁵	还 hai⁵⁵	家伙 ke³³fɔi⁵³
潮汕话 （澄海）	斗 tau²¹³	我唔爱只个爱许个 ua⁵¹mai²¹³tsi⁵¹ kai¹¹ãi²¹³hɯ⁵¹kai¹¹	还 huã³³	物件 mueʔ²⁵⁻¹kĩã³⁵/ 家伙 ke³³⁻³⁴hue⁵³
备注	闽、粤、 客通用词	与潮汕基本相同	与潮汕 相同	各自保留一项

第二，两地有一地保留原样，举例展现。

其中风冲口保留潮汕原样，程下坪未保留的有 45 个，举 5 例。

	冰锥	旁边	上午	下午	唤鸡
风冲口	冰条 $pin^{44}tiɑu^{44}$	侧舷 $tsat^{2-5}ki^{44}$	顶旰 $tɛn^{51-13}kua^{31}$	下旰 $ɛ^{13-31}kua^{31}$	呼鸡 $k^hɔ^{44}kɔe^{44}$
程下坪	玻璃雪 $po^{33}li^{55}sɔt^2$	隔篱 $ket^{2-5}li^{55}$	上午 $tsiɔ^{24-22}ŋɔu^{24}$	下午 $e^{24-22}ŋɔu^{24}$	漏鸡 $liɑo^{22}kɔi^{33}$
潮汕话（澄海）	冰条 $pĩ^{33-34}tiou^{55}$	舷 $kĩ^{55}$	眠起（早）$muŋ^{55-21}k^hi^{52}(tsa^{51})$	下旰 $e^{35-21}kua^{213}$	呼鸡 $k^hou^{33-34}koi^{33}$

其中程下坪保留潮汕原样，风冲口未保留 15 个，举 5 例。

	向日葵	蜘蛛	蚌	螃蟹	鸡窝
风冲口	朝阳粟 $tio^{44-21}ŋiɔ^{44-21}ts^hɛt^2$	喇蠼 $la^{44-21}k^hia^{13}$	蚌螺 $p^hɔŋ^{44}lɔ^{44}$	老蟹 $lɑu^{13-31}hae^{51}$	鸡栏 $kɔe^{44}nan^{44}$
程下坪	葵花团 $k^hui^{55-21}fɔi^{33}kiɛ^{53}$	蜘蛛 $ti^{33}tu^{33}$	蚬团 $hien^{53-24}kiɛ^{53}$	塍蟹 $ts^hɛn^{55-21}hɔi^{24}$	鸡斗 $kɔi^{33}tɑo^{21}$
潮汕话（澄海）	葵花 $k^hui^{55-213}hue^{33}$	蜘蛛 $ti^{33-34}tu^{33}$	蚬 $hõĩ^{51}$（小河蚌）	塍蟹 $ts^haŋ^{55-213}hoi^{35}$	鸡斗 $koi^{33-34}tau^{213}$

第三，两地都没保留潮汕原样，采取了当地说法的 111 个，举 5 例。

	火笼	坐栏	木拖鞋	粽子	猪脾
风冲口	火缸 $fe^{51-13}kɯŋ^{44}$	坐笼 $tsɔ^{13}lɛn^{44}$	拖屐 $t^ha^{44}kiak^5$	粽粿 $tsaŋ^{31-44}kue^{51}$	猪镰铁 $tɯ^{44}liɛn^{44-21}t^hit^2$
程下坪	火笼 $fɔi^{53-24}len^{55}$	车团 $ts^hiɛ^{33}kiɛ^{53}$	拖屐 $t^ho^{33}k^hiet^5$	包粿 $pɑo^{33}kuɔi^{53}$	猪镰铁 $tɯ^{33}lien^{55-21}t^hiet^2$
潮汕话（澄海）	火烔 $hue^{51-34}t^haŋ^{33}$	母团椅 $bo^{51-35}kĩã^{51-35}ĩ^{51}$	柴（头）屐 $ts^ha^{55-213}(t^hau^{55-213})kiaʔ^5$	粽球 $tsaŋ^{213-42}kiu^{55}$	猪尺 $tɯ^{33-34}ts^hie?^2$

总体上来看，风冲口保留潮汕词汇的比例略大，可能与如下因素有关。风冲口立村时间比较短，8代人，人口略多（160人），更加稳定；而程下坪立村时间较长，已有12代，人口也只有60人左右。在语音的变化上，也是程下坪更多一些，有比较多的撮口韵母。

这两个地点的潮汕方言岛，人口不多，面积不大，在城镇化进程中面临消失的危机。目前是一个简要的面上调查，内容还比较简略。为此，亟须对其进行更加详尽的方言调查，以达到档案保存的目标。①

主要参考文献

[1] 林伦伦：《澄海方言研究》，汕头大学出版社，1996。
[2] 林伦伦、陈小枫：《广东闽方言语音研究》，汕头大学出版社，1996。
[3] 连州市方志办：《连州自然村文化调查基础材料》（稿），2020。
[4] 徐馥琼：《粤东闽语语音研究》，中山大学博士学位论文，2010。

附录　发音合作人简介

一　连州市区九陂镇白石管理区风冲口村

罗国其，男，1970 年 11 月出生，初中文化，务农，会说潮汕话及客家话，当地村干部，2008 年后担任村主任。

吴辉天，男，1954 年 9 月出生，高中文化，务农，会说潮汕话及客家话，当地村干部，2017 年后担任村民代表。

二　连州市区保安镇湾村管理区程下坪村

刘杨晓，女，1966 年 4 月出生，会说潮汕话及四会声，28 岁前一直在本村务农，初中文化。

① 严修鸿，广东外语外贸大学中国语言文化学院教授，博士，研究方向：汉语方言学、汉语音韵学、对外汉语及普通话教学。广州，510420。
张坚，汕头大学文学院中文系、潮汕文化研究中心讲师，博士，研究方向：汉语方言学。汕头，515063。

泰国清迈华人社区潮州话的语音

陈晓锦

　　内容摘要　位于中南半岛的东南亚国家泰国，是海外华人众多的国家，但由于缺少官方的统计，今日泰国华人的确切数字难以确定，不过，民间估计人数当在一千万左右。其中，祖籍地为中国广东潮汕地区的占了百分之八九十。泰国不仅首都曼谷的潮州籍华人多，泰南、泰北的潮州籍华人也不少。关于泰国曼谷华人社区的潮州话，也已经有一些研究，但是除泰国曼谷之外，对其他地方华人社区潮州话的探讨却不多。本文讨论了泰北清迈古城华人社区潮州话的语音系统，并将其声母、韵母、声调与广东祖籍地方言做了比较，文章还有关于清迈华人社区潮州话的文白异读和训读的讨论。文章的资料来自作者到泰国的实地调查。

　　关键词　泰国　清迈　潮州话　语音

　　位于中南半岛的东南亚国家泰国，是海外华人众多的国家，但由于缺少官方的统计，今日泰国华人的确切数字难以确定，不过，民间估计人数当在一千万左右。其中，祖籍地为中国广东潮汕地区的占了百分之八九十，也有祖上来自广东、广西的粤方言区，来自广东梅州、揭西、丰顺等地的客家方言区和来自云南等地的西南官话区的。此外，还有极少量来自中国海南、福建、江苏、浙江、台湾等地的。泰国现有的一级侨团"潮州、客属、广肇、海南、福建、广西、云南、江浙、台湾"九属会馆可以证明这点。

　　泰国的首都曼谷是华人的主要聚居地，祖籍地为广东潮汕地区的华人在曼谷的数量也最多，潮州话在世界闻名的曼谷唐人街耀华力路一带，亦顺理成章地成了华人的一个交际用语。其实不仅在曼谷，在泰北、泰南，甚至整个泰国，潮州话都是华人社区的强势汉语方言，泰国华人，特别是中老年华人，无论祖籍地是否广东潮汕地区，通常都会说潮州话，有的甚至不会说自己祖籍地的方言，只会说潮州话。

　　例如泰北的古城旅游胜地清迈，泰南最大的城市合艾，潮州话都是当地华人的主要交际用语，清迈和合艾的潮籍华人，不少是辗转从首都曼谷再迁移去的。完全可以说，潮籍华人遍布全泰国，潮州话也通行于全泰国的华人社区。

　　除了曼谷，人们对泰国其他地方的了解不多，自然对流行于泰北和泰南华人社区潮州话的了解也比对曼谷华人社区潮州话的了解更少。有鉴于此，本文想简单披露一下，流行在泰北古城清迈华人社区的潮州话语音，并将其与华人的祖籍地广东的潮州话语音进行比较。清迈潮州话的语音资料，来自我们的实地调查，与之比较的潮州话语音，来自李永明的《潮州方言》（中华书局，1959）。

一　清迈潮州话的语音系统

　　声母有 19 个。

　　p pʰ m f b t tʰ n l ts tsʰ s z k kʰ ŋ g h Ø

　　声母说明：

　　祖籍地广东潮州话所没有的 f- 声母，只出现在少数外来借词中和个别非常用字中，如：恢 fui³³、□ foŋ³³（投诉，英语：complaint）、□ fiʔ⁵（传真，英语：fax）。

　　韵母有 68 个。

　　其中单元音韵母 6 个。

　　a o e y i u

　　复元音韵母 12 个。

　　ai oi au ou ia ie iu ua ue ui iau uai

鼻音韵尾韵母 11 个。

am im iam aŋ ɤŋ eŋ oŋ uŋ iaŋ iuŋ uaŋ

鼻化韵母 13 个。

ã õ ẽ ĩ ãĩ õĩ ĩã ĩẽ ũã ũẽ ũõ ũĩ ũãĩ

声化韵母 2 个。

m ŋ̍

塞音韵尾韵母 22 个。

ap ep op ip iap

ak ek ok ik uk

aʔ eʔ oʔ iʔ uʔ auʔ oiʔ iaʔ ieʔ iuʔ uaʔ ueʔ

只出现在外来借词中的韵母 2 个。

ə em

韵母说明：

（1）广东潮州话读 ie、ĩẽ、ieʔ 韵母的字，广东汕头话读 io、ĩõ、ioʔ 韵母，但清迈华人社区潮州话的 io/ie、ĩõ/ĩẽ 和 ioʔ/ieʔ 韵均没有音位对立，如"潮"字，读 io 或 ie 都被认可，故统一记作 ie、ĩẽ、ieʔ。

（2）iŋ/eŋ 没有音位对立，主要元音的音色在 i 和 e 之间，故统一记作 eŋ。

（3）韵母 ə、em 只出现在外来借词中，例如：

ə 　□□ pə^{33}siŋ^{33}，百分比，英语：percentage。

　　□□□ haŋ^{33}tə^{33}uaŋ^{33}，向日葵，泰语：ดอกทานตะวัน。

em 　□ kem^{33}，游戏机，英语：game。

声调有 8 个。

阴平 33，阳平 55，阴上 53，阳上 35，阴去 213，阳去 21，阴入 2，阳入 5。

声调说明：

（1）轻声音节"了 liau"只出现在句末。

（2）变调 6 个：33、24、21、12、2、5。

二 清迈潮州话的语音特点

1.声母特点

（1）广东潮州话有 18 个声母。

p pʰ m b t tʰ n l ts tsʰ s z k kʰ ŋ g h Ø

清迈华人社区潮州话声母 19 个，比广东潮州话多了一个国内闽方言核心地区少见，只在个别借词和非常用字中出现的唇齿清擦音声母 f-。例如：恢 fui³³、□ foŋ³³（投诉，英语：complaint telephone 投诉电话）、□ fi⁵（传真，英语：fax）。

（2）古全浊声母清化后，与中国广东的潮州话相同，多数不送气，少数送气。例如：爬並 pe⁵⁵、排並 pai⁵⁵、赔並 pue⁵⁵、棚並 pẽ⁵⁵、伴並 pʰũã³⁵、大定 tua²¹、图定 tou55、题定 toi⁵⁵、条定 tisu⁵⁵、田定 tsʰaŋ⁵⁵、坐從 tso³⁵、脐從 tsai⁵⁵、钱從 tsĩ⁵⁵、前從 tsõĩ⁵⁵、丛從 tsaŋ⁵⁵、茶澄 te⁵⁵、柱澄 tʰiau³⁵、池澄 ti⁵⁵、沉澄 tim⁵⁵、潮澄 tie⁵⁵、锄牀崇 tɤ⁵⁵、唇牀船 tuŋ⁵⁵、茄群 kie⁵⁵、距群 kɤ³⁵、奇群 kʰi⁵⁵、桥群 kie⁵⁵、裙群 kuŋ⁵⁵。

（3）如同广东潮州话，保留"古无轻唇音"的特点，古非、敷、奉母字文读 h-，白读 p-、pʰ-，例如（有文白读的例子，斜线前一读音为文读音，后一读音为白读音，下同）：废非 hui²¹³、飞非 hui³³/ pue³³、富非 hu²¹³/ pu²¹³、粉非 hoŋ⁵³、肺敷 hui²¹³、副敷 hu²¹³、翻敷 huaŋ³³、访敷 huaŋ⁵³、父奉 pe³⁵、吠奉 pui²¹、肥奉 pui⁵⁵、浮奉 pʰu⁵⁵。

（4）广东潮州话"古无舌上音""舌上读舌头"的特点，清迈华人社区潮州话同样保留了，古知、徹、澄母，清迈潮州话多读为舌尖音 t-、tʰ-，從母和牀母也有的读舌尖音。例如：爹知 tia³³、猪知 tɤ³³、展知 tiaŋ⁵³、张知 tĩẽ³³、桌知 toʔ²、抽徹 tʰiu³³、撒徹 tʰiaʔ²、畅徹 tʰiaŋ²¹³、丑徹 tʰiu⁵³、箸澄 tɤ²¹、痔澄 tʰi³⁵、绸澄 tiu⁵⁵、缠澄 ti⁵⁵、虫澄 tʰaŋ⁵⁵、在從 to³⁵、锄牀崇 tɤ⁵⁵、唇牀船 toŋ⁵⁵、盾矛~, 牀船 toŋ⁵³。

（5）如同广东潮州话，古匣母字残留上古群、匣不分的痕迹，在清迈华人社区潮州话口语里读阳声调的舌根塞音 k- 声母，反映了匣母读为塞音时的语音。例如：猴 kau⁵⁵、厚 kau³⁵、咸 kiam⁵⁵、汗 kũã²¹、滑 kuʔ⁵、猾 kuʔ⁵、县 kũĩ²¹、含 kam⁵⁵、行 kĩã⁵⁵、荃 kẽ²¹³。

（6）古泥（娘）、来母不混，n-、l- 有别，例如：奴 nou⁵⁵╪炉 lou⁵⁵、纽 niu⁵³╪柳 liu⁵³、宁安~ neŋ⁵⁵╪灵 leŋ⁵⁵。

（7）只有一套塞擦音和擦音声母 ts-、tsʰ-、s-，古精组字、照组字及知组的部分字像广东潮州话一样混读，例如：紫精tsi⁵³＝只照章tsi⁵³、刺清tsʰi²¹³＝翅审书tsʰi²¹³、私心sʏ³³＝师审书sʏ³³、耻徹tsʰi⁵³＝始审书tsʰi⁵³。

（8）少数古心、邪、书、禅声母字在广东潮州话口语里读 ts-、tsʰ- 声母，清迈华人社区潮州话也有此特点，例如：碎心tsʰui²¹³、髓心tsʰue⁵³、鲜心tsʰi³³、僧心tseŋ³³、星心tsʰẽ⁵⁵、徐邪tsʰʏ⁵⁵、续邪tsuk⁵、寻邪tsʰim⁵⁵、词邪tsʰʏ⁵⁵、鼠审书tsʰʏ⁵⁵、水审书tsui⁵³、手审书tsʰiu⁵³、深审书tsʰim³³、叔审书tseʔ²、佘禅tsʰʏ⁵⁵、书审书tsʏ³³、薯禅tsʏ⁵⁵、树禅tsʰiu¹¹、市禅tsʰi³⁵、十禅tsap⁵、山禅tsĩẽ³⁵、石禅tsieʔ⁵。

（9）与中国广东潮州话相同，清迈华人社区潮州话的浊塞音 b-、g-，浊擦音 z-，并非来自古全浊声母。双唇音 b- 主要来自古明母，例如：马明be⁵³、米明bi⁵³、梅明bue⁵⁵、帽明bo¹¹、眉明bai⁵⁵、买明boi⁵³、母明bo⁵³。另微母也有个别读 b-：尾微bue⁵³、味微bi¹¹。日母字“肉”，清迈华人社区潮州话口语中读作 baʔ²，潮州话固有的 nek⁵ 保留在文读中。“肉”口语声母 b-，可视为海外，特别是东南亚一带闽南方言的一个特征，流行在东南亚的闽南话“肉”字都读这个音。baʔ² 本是福建厦门一带闽语的说法，广东潮州话“肉”音 nek⁵，nek⁵ 这个音清迈潮州话和曼谷潮州话一样，都仍然保留在文读中。

舌根音 g- 主要来自古疑母，例如：牛 gu⁵⁵、艺 goi¹¹、外 gua¹¹、吴 gou⁵⁵、仪 gi⁵⁵。

舌尖音 z- 主要来自古日母、影母和喻母，例如：如日zu⁵⁵、二日zi⁵⁵、儿日zi⁵³、入日zip⁵，医影zi³³、yin5影zim³³、以喻以zi⁵³、姨喻以zi⁵⁵、盐喻以zam⁵⁵、焉喻云zaŋ³³。

2. 韵母特点

（1）广东潮州话有 79 个韵母。

其中单元音韵母 6 个。

　　a　　o　　e　　ʏ　　i　　u

复元音韵母 12 个。

ai oi au ou ia ie iu ua ue ui ieu uai

鼻音韵尾韵母 15 个。

am im iam uam aŋ ɣŋ eŋ iŋ oŋ uŋ iaŋ ieŋ ioŋ uaŋ
ueŋ

鼻化韵母 14 个。

ã ẽ ĩ aĩ oĩ aũ oũ iã iẽ iũ uã uẽ uĩ uãĩ

塞音韵尾韵母 30 个。

ap ip iap uap

aʔ eʔ oʔ iʔ uʔ auʔ oiʔ iaʔ ieʔ ieuʔ iuʔ uaʔ ueʔ ẽʔ
ŋ̣ʔ

ak ɣk ek ok ik uk iak iek iok uak uek

声化韵母 2 个。

ṃ ŋ̣

清迈华人社区潮州话韵母 68 个，不仅数量比广东潮州话少，而且有两个在广东潮州话里没有，只出现在外来借词中的韵母。这其中一个重要的原因就是，祖籍地方言一些区分较细的音正在逐渐消失，同一大方言点中的小方言点原本各有特色的音逐渐向大的方言点，或社区中使用人数多的方言点趋同，音系正在慢慢简化。其中一个例子就是：广东潮州话读 ie、iẽ、ieʔ 韵母的字，广东汕头话读 io、iõ、ioʔ 韵母，但清迈潮州话的 io/ie、iõ/iẽ 和 ioʔ/ieʔ 韵均没有音位对立，如"潮"字，读 io 或 ie 都被当地的华人认可。

（2）"四呼缺一"是广东潮州话等闽南方言韵母的特点，清迈华人社区的潮州话也一样，中古鱼、虞等韵清迈潮州话念开口呼、合口呼、齐齿呼的都有，例如：女 nɣŋ⁵³、初 tsʰo³³、所 so⁵³、煮 tsɣ⁵³、诸 tsu³³、暑 su⁵³、敷 hu³³、主 tsu⁵³、旅 li⁵³、於 zi³³、数 siau²¹³、柱 tʰiau³⁵。

（3）拥有丰富的、发音时气流同时从口腔和鼻腔流出的鼻化韵母，是闽方言中闽南一支的特征，清迈华人社区潮州话亦如此，鼻化音和广东潮州话一样，是纯粹的鼻化音，发音时鼻化过程贯穿了整个韵母，且鼻化只发生在清音声母的舒声字中，浊音声母字和入声字没有鼻化的现象，这与广东潮州话有一点不一样，广东潮州话有两个入声鼻化韵。清迈潮州话共有鼻化韵母 13 个。

（4）保留了阳声韵尾 -m、-ŋ。舌尖鼻音韵尾 -n 如同中国广东潮州话，全部消失，中古读 -n 韵尾的字并入舌根音尾 -ŋ。古咸、深两摄除咸摄合口三等字外，仍旧收双唇音尾 -m，山、臻两摄与宕、江、曾、梗、通等摄一样，都收后鼻音尾 -ŋ。例如：店 tiam²¹³、耽 tam³³、兰 laŋ⁵⁵、跟 kɯŋ³³、忙 maŋ⁵⁵、双 saŋ³³、朋 pʰeŋ⁵⁵、橙 tsʻeŋ⁵⁵、蒙 muŋ⁵⁵。

（5）入声韵尾有 -p、-k、-ʔ 三个。对应于阳声韵尾 -n 的消失，清迈华人社区潮州话的入声韵尾 -t 也消失了。中古咸、深两摄的入声字有的收 -p 尾，有的收 -ʔ 尾，例如：答 tap²、塔 tʰaʔ²、立 lip⁵、涉 siap⁵、腊 laʔ⁵、乏 huaʔ⁵。山、臻两摄与宕、江、曾、梗、通等摄一样，收 -k 尾和收 -ʔ 尾的都有，例如：发 huaʔ²、末 uaʔ⁵、越 ŋuaʔ⁵、七 tsʰeʔ²、落 loʔ⁵、力 lak⁵、桌 toʔ²、塞 saʔ²、逆 ŋek⁵、族 tsuk⁵、屋 uk²。因为喉塞韵尾 -ʔ 的存在，我们可以说，清迈潮州话入声韵的演化一如其祖籍地方言广东潮州话，仍在进行中。

（6）声化韵母有 m̩ 和 ŋ̍ 两个，读 m̩ 的字比较少，但 ŋ̍ 则和广东潮州话相同，不仅可以自成音节，还能够与 h 声母结合，例如：唔 m̩³⁵、姆 m̩⁵³、黄 ŋ̍⁵⁵、秧 ŋ̍³³、园 hŋ̍⁵⁵、远 hŋ̍³⁵、掀 h̍³³。

3.声调特点

（1）清迈华人社区潮州话共有八个单字调，像中国广东的潮州话一样，古平、上、去、入四声各依声母的清浊分阴阳，古浊音声母去声字部分归阳上，声调的调值也与广东潮州话一致。阴平是个中平调，调值 33；阳平是个高平调，调值 55；阴上是个高降调，调值 53；阳上是个中升调，调值 35；阴去是个曲折调，调值 213；阳去是个低平调，调值 11；阴入是个短促的半低平调，调值 2；阳入是个短促的高平调，调值 5。如上所述，清迈潮州话也有轻声，但轻声只出现在极少数句末语气词中。

（2）清迈潮州话的连读变调现象如同广东潮州话，比较复杂，共有 6 个：33、24、21、12、2、5。这个特点是闽方言所共有的。八个单字调中，除了阴平调无论在什么情况下都保持 33 的读法以外，连读变调在其余七个调类都出现。以下是六个变调出现的情况。

33 浮风_{起风、} 刮风 pʰu⁵⁵⁻³³huaŋ³³、暹罗_{老,} _{泰国}siam⁵⁵⁻³³lo55、塗粉_{灰尘}

t^{h}ou$^{55\text{-}33}$huŋ^{53}、城内 sĩa$^{55\text{-}33}$nai^{35}、芹菜 k^{h}ɤŋ$^{55\text{-}33}$ts^{h}ai^{213}、暝裖 夜晚 me$^{\sim55\text{-}33}$kua^{21}、松柏 seŋ$^{55\text{-}33}$p^{h}eʔ^2、头腊 发胶 t^{h}au$^{55\text{-}33}$laʔ^5、红毛人 西洋人 aŋ$^{55\text{-}33}$mo$^{55\text{-}33}$laŋ^{55}、拳头母 拳头 kuŋ$^{55\text{-}33}$t^{h}au$^{55\text{-}33}$mo^{53}

24 起初 k^{h}i$^{53\text{-}24}$ts^{h}o^{33}、起群 猫夜叫寻偶 k^{h}i$^{53\text{-}24}$k^{h}uŋ^{55}、斩柴 tsam$^{53\text{-}24}$ts^{h}a^{55}、搣草 拔草 maŋ$^{53\text{-}24}$ts^{h}au^{53}、鸟卵 tsiau$^{53\text{-}24}$lɤŋ^{35}、鸟铳 鸟枪 tsiau$^{53\text{-}24}$ts^{h}eŋ^{213}、煮饭 tsɤ$^{53\text{-}24}$pɤŋ^{21}、柳树 liu$^{53\text{-}24}$ts^{h}iu^{21}、草蜢 蚱蜢 ts^{h}au$^{53\text{-}24}$meʔ^2、买肉 moi$^{53\text{-}24}$nek^5

21 象烧 暖和 ts^{h}ĩe$^{35\text{-}21}$sĩe^{33}、暗头 晚上 am$^{213\text{-}21}$t^{h}au^{55}、雨棚 街廊 hou$^{35\text{-}21}$p^{h}aŋ^{55}、老子 槟榔 lau$^{35\text{-}21}$tsi^{53}、柚草 稻草 tiu$^{35\text{-}21}$ts^{h}au^{53}、最后 tsue$^{213\text{-}21}$au^{35}、种菜 tseŋ$^{213\text{-}21}$ts^{h}ai^{213}、下裖 下午 ẽ$^{35\text{-}21}$kua^{21}、电摄 闪电 tiaŋ$^{35\text{-}21}$siʔ^2、后日 au$^{35\text{-}21}$ziʔ^5

12 挲中 中间 leŋ$^{21\text{-}12}$taŋ^{33}、晾凉 乘凉 lã$^{21\text{-}12}$liaŋ^{55}、树坭 橡胶 ts^{h}iu$^{21\text{-}12}$nĩ^{55}、树尾 树梢 ts^{h}iu$^{21\text{-}12}$mue^{53}、大菜 芥菜 tua$^{21\text{-}12}$ts^{h}ai^{213}、苋菜 hai$^{21\text{-}12}$ts^{h}ai^{213}、面布 毛巾 meŋ$^{21\text{-}12}$pou^{21}、目汁 眼泪 maʔ$^{5\text{-}2}$tsap^2、树箬 树叶 ts^{h}iu$^{21\text{-}12}$hieʔ^5、大舌 结巴 tua$^{21\text{-}12}$tsiʔ^5

2 白灰 石灰 peʔ$^{5\text{-}2}$hue^{33}、曝干 晒干 p^{h}aʔ$^{5\text{-}2}$tã^{33}、月头 ŋue$^{5\text{-}2}$t^{h}au^{55}、籴米 买米 tiaʔ$^{5\text{-}2}$bi^{53}、茉莉 maʔ$^{5\text{-}2}$li^{35}、白菜 peʔ$^{5\text{-}2}$ts^{h}ai^{213}、食饭 tsiaʔ$^{5\text{-}2}$pɤŋ^{21}、物食 零食 mueʔ$^{5\text{-}2}$tsiaʔ^5、独目 tuʔ$^{5\text{-}2}$maʔ^5、蜡烛 laʔ$^{5\text{-}2}$tseʔ^2

5 驳熏 抽烟 pok$^{2\text{-}5}$huŋ^{33}、焯汤 汆汤 ts^{h}uʔ$^{2\text{-}5}$t^{h}ɤŋ^{33}、结霜 kaʔ$^{2\text{-}5}$sɤŋ^{33}、发芽 huaʔ$^{2\text{-}5}$ge^{55}、秫米 糯米 tsuʔ$^{2\text{-}5}$bi^{53}、割柚 割稻子 kuaʔ$^{2\text{-}5}$tiu^{35}、沃菜 淋菜 aʔ$^{2\text{-}5}$ts^{h}ai^{213}、雪文 肥皂 soʔ$^{2\text{-}5}$puŋ^{21}、落雪 下雪 loʔ$^{2\text{-}5}$soʔ^2、出力 ts^{h}uʔ$^{2\text{-}5}$laʔ^5

三 关于文白异读和训读

1. 文白异读

海外华人社区的汉语方言因为流通的范围小，长期与书面语脱节，文白异读现象普遍都有所退化，就是原本在祖籍地文白异读表现突出，甚至成系统的闽南方言也不例外。但清迈华人社区潮州话却是我们记录过的泰国华人社区方言点中（包括泰国曼谷和泰南的潮州话），文白异读例子最多的一个点，也是我们调查过的东南亚华人社区中文白异读例子比较多的一个点。当然，所谓"多"也不过只有 38 例，也只是相对于我们调查过的海外其他潮州话来说的，远不能与祖籍地方言相比。而清迈华人社区潮州话的这个不同其他点的表现，则恐怕与清迈地处泰北，华人社区的环境比较封闭有关。

表 1 显示了全部例子。

表 1

例字	文读	白读	例字	文读	白读	例字	文读	白读
歌	ko³³	kua³³	西	si³³	sai³³	许	hɣ⁵³	kʰou⁵³
岁	sue²¹³	hue²¹³	易	zi³⁵	koi²¹	知	ti³³	tsai³³
二	zi³⁵	lo³⁵	医	zi³³	ui³³	厕	tsʰek²	tsʰe²¹³
飞	hui³³	pue³³	毛	mau³³	mo³³	富	hu²¹³	pu²¹³
变	piaŋ²¹³	pĩ²¹³	热	ŋiaʔ⁵	zuaʔ⁵	揭	kiaʔ²	kiʔ²
节	tsiaʔ²	tsoiʔ²	切	tsʰiaʔ²	tsoiʔ⁵	边	piaŋ³³	pĩ³³
扁	piaŋ⁵³	pĩ⁵³	烟	ziŋ³³	huŋ³³	断	tuaŋ³⁵	tɣŋ³⁵
还	huaŋ⁵⁵	hõĩ⁵⁵	人	ziŋ⁵⁵	laŋ⁵⁵	嫩	nuŋ²¹	tsĩ⁵³
分	huŋ³³	puŋ³³	摸	mo³³	muŋ⁵⁵	方	huaŋ³³	pɣŋ³³
王	uaŋ⁵⁵	heŋ⁵⁵	学	haʔ⁵	oʔ⁵	猛	meŋ⁵³	mẽ⁵³
宏	huŋ⁵⁵	hueŋ⁵⁵	冬	tuŋ³³	taŋ³³	痛	tʰuŋ²¹³	tʰĩã²¹³
东	tuŋ³³	taŋ³³	肉	nek⁵	baʔ²	在	tsai³⁵	to³⁵
支	tsi³³	ki⁵⁵	孙	sɣŋ³³	suŋ³³			

2. 训读

清迈华人社区潮州话也有一些训读字（括号内的字为训读字的本字）。

糯 tsuk⁵（秫）、倭 oi（矮）、夜 mẽ⁵⁵（瞑）、吾 ua⁵³（我）、蛆 tsu²¹³（蛀）、歪 tsʰua⁵³（乜）、筷 tɣ²¹（箸）、徙 tʰu⁵⁵（徒）、懒 tũã³⁵（惰）、看 tʰoi⁵³（睇）、瘌 li³⁵（痢）、氍 tʰaŋ⁵³（毯）、脚 kʰa³³（骹）、蚌 ham³³（蚶）。①

① 陈晓锦，暨南大学文学院中文系汉语方言研究中心教授，博士，研究方向：现代汉语、现代汉语方言。广州，510632。

附录　发音合作人简介

徐文光，男，被调查访问时 70 岁，旅店主，祖籍广东澄海，泰国澄海同乡会清迈分会理事长，第二代华人，在曼谷出生，到清迈已 50 多年，读过 4 年书，会讲华语、潮州话、泰语、英语，孩子不会讲潮州话。

周桂发，男，被调查访问时 83 岁，祖籍广东澄海，第三代华人，清迈澄海同乡会永远名誉主席，在曼谷出生，1960 年到清迈，会说华语、潮州话、泰语。

张碧宁，男，第二代华人，祖籍广东普宁，被调查访问时 70 多岁，会讲华语、潮州话，在曼谷出生，到清迈已三四十年。

林乔圳，男，被调查访问时 63 岁，祖籍广东澄海，第二代华人，大学文化程度，在曼谷出生，1976 年到清迈，会说华语、潮州话、客家话、广府话、泰语、英语。

马汝贤，男，被调查访问时 83 岁，祖籍广东澄海，第二代华人，在曼谷出生，到清迈已 53 年，会说华语、潮州话、粤语、泰语。

释莲舟所辑《灵山正弘集》的文献价值

张福清

内容摘要　释莲舟所辑《灵山正弘集》是近现代潮汕佛教重要典籍，是在清刻本释本果撰《重刻灵山正宏集》一卷基础上有所增删的重辑本。释本果撰《重刻灵山正宏集》一卷被《清史稿·艺文志》"释家类"、《四库全书总目提要》所收录，说明具有较高的文献价值。释莲舟又增加纪念大颠讲词一篇和高僧释兴慈、释密林、名居士范古农三人序文三篇，增加释密林创作的一组《灵山八景诗》以及弘一法师临终时书写此组诗之墨宝，增撰《历代帝王崇佛史略》《历代圣贤崇佛史略》《观韩愈三书别传正四库提要》三文，还增补了元明清多篇灵山寺景观诗歌。所增文章文字比较简省，引书广博，涉及史传、诸子百家、佛道典籍。释莲舟所辑《灵山正弘集》与清刻本释本果撰《重刻灵山正宏集》的版本比较，文字亦更简省，利于佛教的传播与接受，更值得关注。

关键词　释莲舟　《灵山正弘集》　释本果　《重刻灵山正宏集》　文献价值

一　释莲舟的生平简介

1978 年，汕头市中心医院工地出土了一块 1945 年所刻的《汕头市救济院纪念释莲舟法师募米碑记》，揭开了一段封尘已久的有关潮汕释莲舟"和尚米"的故事。

民国二十八年蒲节，日寇陷汕，地方扰攘，本院院务几告停顿。斯时烽火漫天，益以岁荒饥馑，院中收容贫民，逐有增加，粮食恐慌，岌岌不可终日。大和尚莲舟法师，具慈悲悯人之旨，于三十二年六月潮汕兵燹、旱魃、饥馑交侵之际，大发宏愿，出国募捐，历尽艰险，辛苦备至，蒙暹、越华侨救乡热情，于万难之中，募得大批米食，翌年夏初返汕。法师体念本院艰困，拨助白米、饭干、米粉共五百包合六万斤，院中八百贫民之食粮，赖以维持者半载。涸鲋得苏，功德匪浅，爰记其事勒碑，借扬善绩，而垂久远焉。[①]

碑文的主人公释莲舟就生活在汕头，而且当时还健在，但知之者甚少。释莲舟（1904~1996），即定会，法名心愿，俗姓名陈孟达，饶平县海山岛石头乡人，读过4年书。19岁（一说9岁）到潮州意溪别峰寺出家，越载与同乡潮州叩齿古寺释新曦大师［生于清宣统辛亥年（1911），俗家系饶平县洪洲镇山家村，俗姓卓，名孔怀］一起，前往福建厦门南普陀佛学院学习佛法3年。后到附近万石岩佛学研究所当助教。为潮汕黄檗派传人。1937~1939年于汕头市组织潮汕慈善团救济联合会，联络潮汕各慈善会捐款资助存心、诚敬、诚心、敬爱等4所善堂小学。1938年到香港募集6500包米（每包150斤），用船运至汕头救济灾民；再到马来西亚，募米5万包（5000吨）运来交潮安县庵埠镇太和善堂赈灾；又到越、缅、柬、新、印尼，一年中募米6万包分10多批用船载至汕头，至1939年端午日寇占汕时才被迫停止。1943年饥荒，再赴泰国、越南，募6000包（每包120斤）"和尚米"于越夏初运至汕头，救人无数，被誉为"大峰再世"。除上述碑记以外，《广东省志·宗教志》《广东史志》《广东宗教简史》《潮汕史简编》《潮汕佛教研究》《潮汕大文化》《饶平名寺录》均详细记载了"和尚米"的故事。1940年定会以"莲舟"的笔名在沪重辑《灵山正弘集》，并于1942年由上海中华书局出版，为潮汕佛教保存了重要史料。1949年初协理开元寺，8月奉代方丈纯参之命，写信约请纯信任开元寺方丈。"文化大革命"期间，释莲舟被诬为"汉奸"，遭遣返家乡海山，至1977年才获准返住汕头竹园精舍。住其附近的竹林

---

① 广东省人民政府地方志办公室：《广东史志》（合订本），2018，第130页。

精舍定持法师，于 1980~1992 年，每日三餐派人持饭菜登门供其饮食。1996 年圆寂，享年 93 岁。

关于《灵山正弘集》的版本问题，郭思恩、陈琳藩两位先生整理清释本果撰的《重刻灵山正宏集》，提到《灵山正弘集》除了清康熙、乾隆年间刻本外，还有三个现代版本，即 1942 年上海中华书局出版的释莲舟重辑《灵山正弘集》本、1975 年香港佛教灵山精舍重印《重刻灵山正宏集》本及 1993 年翻印释莲舟重辑《灵山正弘集》本①；林湘雄居士《〈正弘集〉版本初探及其他》一文②也探讨得相当清楚，此不赘述。本文所采用比勘的版本有两种。一是乾隆十年（1745）《重刻灵山正宏集》（以下简称《正宏集》），即上述郭、陈整理本，因此本"几近祖本"；二是释莲舟重辑《灵山正弘集》，1942 年上海中华书局出版，1993 年潮阳灵山寺委托饶平余构养等翻印本。释莲舟重辑《灵山正弘集》除版本之外的其他文献价值，一直少有人关注，此亦是撰写本文的重要因缘。

二 释莲舟所辑《灵山正弘集》在清刻本基础上所增篇目之文献价值

释莲舟辑《灵山正弘集》在 1942 年由上海中华书局出版。与清释本果撰《正宏集》一卷相比，新增弘一法师亲题书名，并为该书手抄释密林所作的八景诗，著名画家王云轩配图；佛教界名流释兴慈、释密林，名居士范古农、聂云台等作序、跋。还增录了马契西所撰《大颠祖师年谱》、翁辉东（止观）所编《灵山嗣法统系》和释莲舟所编《灵山佛祖历代法系表》，增辑历代文人官宦题咏灵山寺及景观的诗作 36 首（其中将寒山子的《岩前独静坐》误作大颠的禅偈，元明人的诗作亦有致误）以及其他数篇史料，如历代帝王崇佛史略、历代圣贤崇佛史略等。全书分为圣像、圣迹、本传、谱表、述记、艺林、别传、辅编八个部分，"虽然

---

① 《张儒纳释弗相违——浅释〈重刻灵山正宏集〉》一文见郭思恩、陈琳藩整理《重刻灵山正宏集》总序之后，暨南大学出版社，2016 年影印本。

② 林湘雄：《〈正弘集〉版本初探》，中国人民政治协商会议广东省潮阳县委员会《潮阳文史》编辑委员会编《潮阳文史》第 12 辑，1995，第 65 页。

十分芜杂,但有很高的资料价值,可供后人理解儒佛之争由来已久"①。释莲舟辑《灵山正弘集》成为唐代高僧大颠禅师（731~824）在潮阳所创建灵山寺的重要诗文史料集,也是研究潮汕佛教史的重要文献。该书当时在佛教界得到高僧大德的大力支持,且产生了较大的影响。

《清史稿·艺文志》卷三"释家类"收录释本果撰《正宏集》一卷。②关于清刻本《正宏集》的文献价值,因《四库全书总目提要》收录,学界探讨已比较深入。现将四库编修周永年家藏本《正宏集》一卷提要录下。

> 本果字旷圃,潮州灵山寺僧。是编皆述唐僧大颠事迹,而大旨主于诬韩愈皈依佛法,以伸彼教。首列寺图;次为元大德辛丑僧了性所作大颠本传;次为韩愈与大颠三书;次为欧阳修别传跋;次为虞集别传赞;而次为诸家诗文;终以本果自《跋》。据朱子《韩文考异》以《与大颠书》为真。而陈振孙《书录解题》力辨其伪,且言其因仍方崧卿所编《外集》之误。然崧卿所刻《韩集举正》,今尚有,淳熙旧刻。考其《外集》所列二十五篇之目,实无此三书。疑不能明也。愈与大颠往返事,见《与孟简书》中,而所传大颠别传即称简作,其为依托,灼然可见,《韩文考异》亦引之,不知何所证验。考陈善《扪虱新话》引《宗门统要》所载宪宗诘愈佛光及愈皈依大颠屡参不悟事,一一与此书相合。《宋史·艺文志》载《宗门统要》十卷,僧宗永所撰。盖缁徒造作言语以复辟佛之仇,不足为怪。至儒者亦采其说,则未免可讶矣。③

在浩如瀚海的古代典籍中,有多少图书未能入四库全书及存目。《正

---

① 林湘雄:《〈正弘集〉版本初探及其他》,中国人民政治协商会议广东省潮阳市委员会《潮阳文史》编辑委员会编《潮阳文史》第12辑,1995,第65页。该文断定释本果康熙版为《正弘集》之祖本,怀疑乾隆十年（1745）《重刻灵山正宏集》为后人托本果之名而编。其实,此非托名而是重印康熙旧版,郭思恩、陈琳藩整理《重刻灵山正宏集》之《张儒纳释弗相违——浅释〈重刻灵山正宏集〉》一文梳理清晰可信。其他并无多大参考价值。

② 《二十五史》（百衲本）第9册《清史稿》上,浙江古籍出版社,1998,第590页。

③ （清）永瑢等:《四库全书总目》第145卷,中华书局,1965,第1240页。

宏集》能够入选《四库全书总目提要》，说明其存在的价值。（当然，《四库全书》的编纂原则是受到统治者价值观左右的，凡是不利于统治或违反统治者意愿的，一概未收或禁毁。所以现在出版的《四库禁毁书丛刊》《四库全书未收书辑刊》这些大型丛书也有存在价值。）据司马朝军考证，周永年（1730~1791），字书昌，山东历城人。乾隆三十六年（1771）进士。① 而著名历史学家陈垣研究发现，《四库全书》释家类提要很可能出自周永年之手。其云：

> 《四库全书》成书仓猝，谬误本多。惟释家类著录十三部，存目十二部，谬误尚少，此必稍通佛学者所为。吾尝考之，四库馆员中以佛学名者无几，吾颇疑其出于历城周书昌永年也。……尝阅王述庵昶《春融堂集》四十五《再书楞严经后》，有云："今天下士大夫能深入佛乘者，桐城姚南菁范、钱塘张无夜世荦、济南周永年书昌及余四人。其余率猎取一二桑门语以为词助，于宗教之流别盖茫如云。"……今《四库提要》《开元释教录》条下，注云："江南按察使王昶家藏本"，而存目《正宏集》条下，则注云"编修周永年家藏本"。吾因此颇疑释家类提要出永年手，故舛误尚不多也。②

我们从王昶的话语来看，当时深通佛乘的就是他们四人，王昶、姚范、张世荦三人都未入四库馆，只有周永年一人是四库编纂官。其既专主子部，又精于释典，他曾自信地说："吾于儒书，未敢自信。至于释氏之学，号得道高僧，未肯让也。"（尹鸿保《书周征君逸事》）因此陈垣的推论，基本是可信的。关于清释本果撰《正宏集》一卷，被编入《四库全书总目》存目，有学者认为，"此书内容主要是叙述唐僧大颠事迹。书中倡言佛教，立论有据。在佛教与儒学发生矛盾时，为佛教提供了理论和实例，对佛教在清代争得一定社会地位起到了很好的舆论作用，对后世产生很大影响"③。

因此，释莲舟即在清刻本的基础上增修而成的集大成之作更值得研

---

① 司马朝军：《〈四库全书总目〉编纂考》，武汉大学出版社，2005，第 30 页。
② 陈垣：《中国佛教史籍概论》，上海书店出版社，1999，第 15~16 页。
③ 罗志欢：《岭南历史文献》，广东人民出版社，2006，第 100 页。

究。具体而言有以下几点值得注意。

（1）增加释莲舟讲词一篇和高僧释兴慈、释密林及名居士范古农之序三篇。释莲舟在清刻本基础上增加了郑德隆、江仰尊于壬午三月十四日同记之《灵山大颠祖师纪念会莲舟法师讲词》，此文以《大颠禅师纪念会讲词》为题发表在 1942 年第 66、67 期《觉有情》第 3~4 页上，说明在当时有一定影响。增加了天台山兴慈禅师、范古农两人《重辑〈灵山正弘集〉序》各一篇，以及释密林禅师《重印〈灵山正弘集〉序》一篇。三序高度评价了释莲舟重辑本的重要性。释兴慈序云："今莲舟法师，睿意覃思，重校重辑，搜阅内外典籍，按义类之相关，及辩证法门之篇章，编而入之，所谓奉道持法诚切也。"范古农序云："凡灵山之圣迹，祖师之传谱，刹宇之碑碣，风景之题咏，先哲之示化，以及古德护法之文，历代崇佛之史，积十余年之搜罗，莫不应有尽有，勒为七卷，益以序跋图画，面目一新，精神饱满，较诸原集，后来居上矣！"

（2）增加释密林创作的一组《灵山八景诗》以及弘一法师临终时书写此组诗之墨宝，还有《灵山正弘集》封面题签亦皆为弘一法师之遗珍。弘一法师在书写八景诗后并作题记云："密林法师咏灵山八景诗，岁次鹑火夏仲，晚晴老人书。时年六十又三，居温陵。"晚晴老人，即弘一法师。温陵，即弘一法师晚年所居福建之泉州，传说朱熹在泉州城北讲学时赞泉州"山陵独温"而得名"温陵"。每首诗前还配景图以及说明景观来历的文字。释密林，俗姓张，字持松，湖北荆门人，时任上海静安寺住持。其创作的一组《灵山八景诗》再现了灵山寺的传奇景观。

拔木坞
耆阇当年梵宇开，坞中拔出栋梁材。牵拖曳引恒无尽，法力神功亦壮哉。

千丛果
菩提手植千株茂，甘露均施水一瓶。护惜晶丸成熟后，庵摩颗颗纳沧溟。

写经台

笔山墨海地为笺，腕底莲花绽秘言。胜义虽云无自性，离经一字即盲禅。

留衣亭

不识灵山一句子，留衣作别也徒然。殷勤伫望三修简，知否当年谤法愆。

舌镜塔

大圆镜智广长舌，遍覆三千法界中。怕是丰干饶未已，殷然霹雳警痴蒙。

开善藏

龙宫海窟贮灵章，一化因缘事匪常。指点衣珠凭自悟，莫添知解负空王。

祝圣碑

育王碑柱敕臣民，卫法干城不世勋。寄位金轮福自固，冀畴何事祷虚文。

白石槽

块然顽石凿方槽，底事神功运览劳。得莫无情来下种，天衣一拂劫一遭。

这一组诗盛赞了灵山八景，用典型的佛禅语如"耆阇、梵宇、法力、菩提、甘露、庵摩、无自性、盲禅、一句子、广长舌、三千法界、因缘、育王、干城、劫"等，形象地阐释了深厚的佛理，不愧为高僧所创作。而且这一组诗又被著名的佛学大师弘一法师亲手书写，更体现了其宝贵的文献价值。

（3）增加释莲舟辑《历代帝王崇佛史略》（以下简称《帝王史略》）和《历代圣贤崇佛史略》（以下简称《圣贤史略》）两文，辑录保存历代帝王和圣贤崇佛的事迹。如《帝王史略》就辑录了周昭王、周穆王、汉明帝、汉桓帝、楚王英、晋至刘宋十二帝、北魏孝文帝、北魏宣武帝、北魏孝明帝、梁武帝、陈武帝、陈文帝、隋高祖、唐高祖、唐太宗、唐中宗、唐睿宗、唐玄宗、唐代宗、唐德宗、唐宪宗、唐懿宗、宋太祖、宋太宗、宋真宗、宋仁宗、宋英宗、宋徽宗、元成宗、元武宗、元仁宗、元英宗、明太祖高皇帝、明太宗文皇帝、明神宗显皇帝等四十六位皇帝崇佛简要事迹。《圣贤史略》主要辑录孔子、曹植、阚泽、孙绰、王羲之、郗超、谢尚晋、何尚之、范泰、萧子良、萧统、沈约、王通、虞世南、吴道子、柳宗元、李翱、庾承宣、裴休、孟简、李商隐、吕蒙正、杨亿、王安石、司马光、欧阳修、周敦颐、程颢、程颐、杜衍、李遵勖、刘安世、朱熹、赵孟𫖯、韩性、姚广孝等三十六人的崇佛简要事迹。《帝王史略》中却没有一位清朝的皇帝，原因大致有两个，一是释莲舟编《帝王史略》时，《清史稿》还未出版，清代帝王崇佛史料无法搜集；二是《正弘集》最早刻于清康熙年间，而康熙是清入关之后的第二位皇帝，释本果就是清康熙乾隆间人，不辑清代皇帝之事迹亦在情理之中。

通过文本细读可以发现，释莲舟在集《圣贤史略》上下过一番功夫。其一，文字比较简省。如其《圣贤史略》"司马光"条辑自《佛祖统纪》并《通载》。与《司马温公集编年笺注》录自汲古书院本卷一〇〇、《四川通志》卷四十《艺文》的《解禅颂六首并序》相比较简。

> 文中子以佛为西方之圣人。信如文中子之言，则佛之心可知矣。今之言禅者，如隐语以相迷，大言以相胜，使学者怅然，益入于迷妄，故予广文中子之言而解之，作解禅颂六首。若其果然，则虽中国行矣，何必西方？若其不然，则余非所愿学也。谨序如左。李公丞相尝谓圣人设教，其道必归于一，故作是颂，以释未悟也。颂曰云云。①

《圣贤史略》就没有最后几行字："何必西方？若其不然，则余非所

---

① （宋）司马光撰，李之亮笺注《司马温公集编年笺注》（六），巴蜀书社，2009，第175页。

愿学也。谨序如左。李公丞相尝谓圣人设教，其道必归于一，故作是颂，以释未悟也。颂曰云云。"这与辑自《缁门警训》卷六、俪伽藏腾一一、《释氏资鉴》卷九、《佛法金汤编》卷一一、《渑水燕谈录》卷三、《桯史》卷八、《宋稗类钞》卷二八、《座右箴言》卷一、《焦氏类林》卷八的《全宋文》此序相比，亦少出"何必西方？若其不然，则非予之所知也"几句。① 另外，《司马温公集编年笺注》和《全宋文》序文中"伥然"释莲舟《圣贤史略》作"伥伥然"。颂中的"孝悌（弟）"作"孝道"。或许所见版本不同，或许做了一些文字上的加工。

《圣贤史略》"朱熹"条录其竹林小轩诵佛经诗："端居独无事，聊披释氏书。暂息尘累牵，超然与道俱。"只截取前半而将后半省略。朱熹《久雨斋居诵经》诗云："端居独无事，聊披释氏书。暂息尘累牵，超然与道俱。掩门竹林幽，禽鸟山雨余。了此无为法，身心同晏如。"② 释莲舟在文字上也做了简省。

《圣贤史略》"李遵勖"条云："勖探索宗要有年，顿明大法，偈曰：'参禅须是铁汉，著手心头便判。直趣无上菩提，一切是非莫管。'又赞佛诗云：'仲尼推大圣，老氏称古皇。天下及天下，庶更无比量。'"通过《大正藏》之《宗门武库》，我们找到了南宋禅师大慧宗杲记其事的原文。

驸马都尉李公遵勖，得心要于石门聪禅师，尝作二句颂，寄发运朱正辞。时许式为淮南漕，朱以李颂示许，请共和之。颂曰："学道须是铁汉，著手心头便判。"朱曰："雨催榷子还家。"许曰："风送渔舟到岸。"又请浮山远禅师和曰："学道须是铁汉，著手心头便判。通身虽是眼睛，也待红炉再锻。锄麑触树迷封，豫让藏身吞炭。鹭飞影落秋江，风送芦花两岸。"诸公大敬之。李乃自和曰："参禅须是铁汉，著手心头便判。直趣无上菩提，一切是非莫管。"今唯传后一颂而已。③

---

① 曾枣庄、刘琳主编《全宋文》第 56 册，上海辞书出版社、安徽教育出版社，2006，第 247 页。
② 郭齐、尹波点校《朱熹集》（一），四川教育出版社，1996，第 17 页。
③ 《宗门武库》，《大正藏》第 47 卷，新文丰出版公司，1973，第 95 页。

宋释正受撰《嘉泰普灯录》也载有李遵勖事，其云："都尉李遵勖居士字用和。探索宗要有年，闻慈照所举因缘，顿明大法述偈曰云云。"此与释莲舟所辑相近，但文字比释莲舟所辑要多，释莲舟只有"勖探索宗要有年，顿明大法，偈曰云云"。宋释法道（？~1147）《重开僧史序略》记载了李遵勖的另一首诗，云："本朝附马都尉李度题寺咏佛诗曰：'仲尼推至圣，老氏称古皇。天下及天下，应更无比量。'"[①]法道生活于北宋时期，他所见之诗应该是真实可信的，但不知为什么写成了"附马都尉李度"。此诗有两处"至圣""应更"可校释莲舟所辑李遵勖佛诗"大圣""庶更"两句，且"至"比"大"、"应"比"庶"更准确。这是释莲舟在辑校时没有注意的。李遵勖与佛学渊源极深，临终之时，他曾画一圆相，作偈云："世界无依，山河匪碍，大海微尘，须弥纳芥，拈起幞巾，解下腰带，若觅死生，问取皮袋。"（《居士传》卷二十）[②]

其二，引书广博。涉及史传、诸子百家、佛道典籍。仅《圣贤史略》就集自《列子仲尼篇》《广弘明集》《晋史》《建康录》《宋史》《汉书》《文中子集》《名画记》《河东集》《传灯录》《旧唐史》《（宗门）武库》《（佛祖）统纪》《弘益纪闻》《灵源语录》《鸣道集》《资治通鉴》等。如"朱熹"条引诗："有物先天地，无形本寂寥。能为万象主，不逐四时凋。"实为梁代傅大士《有物先天地》诗。傅大士（497~569），又称善慧大士，名翕，字玄风，号善慧，婺州义乌县双林乡（今属浙江义乌）人，十六岁娶妻，生二子。胡僧嵩头陀见之曰："我与汝毗婆尸佛所发誓，今兜率宫衣钵见在，何日当还？"因命傅大士临水视其影，见头上圆光宝盖，是佛菩萨的象征。大士笑曰："炉鞴之所多钝铁，良医之门足病人，度生为急，何思彼乐乎？"后人据此认为他是弥勒菩萨化身。傅大士躬耕于松山顶，舍田宅营办法会，创建双林寺，世寿七十三岁时，趺坐而终。[③]"此诗云若会得此理，则物我无间，寒暑无迁。以今日冬至良辰，为明年夏至令节，亦无不可。否则，不能转四时，且被四时转。既被四时转，岂能为万象之主乎？此事须向一真未动、两仪未分以前，识得天地根源，阴阳命脉，方能转四时，主万象，不然，未出三界，仍拘五行，寒时寒

---

① 许明编《中国佛教经论序跋记集》，上海辞书出版社，2002，第772页。
② 朱封鳌：《中华佛缘人物志》，上海辞书出版社，2009，第55页。
③ 敬安：《八指头陀禅意诗文》，商务印书馆，2018，第471页。

杀人，热时热杀人，迷方逐物，有甚了期。良久云梅花万树香如海，不辨春光何处寻。"①而另一首诗"扑落非他物，纵横不是尘。山河及大地，全露法王身"则是出自《五灯会元》杭州兴教洪寿禅师偈语。其云："同国师普请次，闻堕薪有省，作偈曰云云。"②从以上材料可以看出，释莲舟在重辑时所下功夫颇深，文字上做了从简处理。

（4）释莲舟增加了本人撰写的《观韩愈三书别传正四库提要》一文，在力辨唐孟简《韩愈别传》、欧阳修《韩愈别传跋》及三书之真而非伪。代表了释莲舟对《韩愈别传》等文的看法，当然是极力维护佛教的正统地位的。其文如下。

> 韩愈三书别传传于世，已垂千数百年……他人不明无足怪，乃奉命编修《四库全书》之人，而于韩氏书犹不能明，实深可怪！欧阳永叔三书跋尾，既视为希世之珍，求之久而后获，且考其以系辞为大传，谓著山林与著城廓无异，宜为退之之言。以欧阳乃宋代文宗，为宗韩第一人，辟佛之烈，不亚韩氏，而其言若是。周敦颐云："退之自谓如夫子，原道深排佛老非。不识大颠何似者，数书珍重更留衣。"且《四库提要》中，又据朱子《韩文考异》，以与大颠书为真，周朱亦宋儒泰斗，言不妄发，是三书为韩氏之笔，又复何疑！夫欧阳、周、朱三人，皆宋代儒宗，具先见之明以明三书确为韩氏言，乃博学聪明为编修《四库全书》者，犹尚疑不能明，设无诸先觉辈明言在前，不几令后人终无明了之日乎！至于别传，更为显然，果为依托，欧阳安肯为之跋，而学士虞集亦决不肯为之赞。嘉祐中，西蜀龙先生曰："愈读墨子，反孟玷孔，及观别传，见大颠之说，凡退之之平生蹈伪，于此疏脱尽矣！"张商英曰："韩愈与大颠论议数千言，卒为大颠一问，不能加答。"黄山谷则谓："愈见大颠之后，文章理胜，而排佛之词亦少沮。"学士刘谧曰："尝于韩愈别传，见其与大颠答问甚详，不知何者为可非，何者为可毁乎！见闻不广，而妄肆非毁，是不免为舜犬妾妇而已矣！"由是观之，岂前世诸名儒

---

① 张培锋主编《佛语禅心·佛禅歌咏集》，天津人民出版社，2017，第 10 页。
② （宋）普济辑，朱俊红点校《五灯会元》中，海南出版社，2011，第 852 页

皆为无知妄言之人，而其智明反有不及四库提要者乎！至言"儒者亦采其说，则未免可讶矣"……

关于别传、欧阳修跋的真伪一直是历代争论不休的问题。著名国学大师饶宗颐之父饶锷在《潮州·艺文志》中对《四库全书总目》之《正宏集》提要做了如下按语：本果旧府县志无考，仅见此书，云潮阳灵山寺僧，此编乃本果捃摭唐宋元人文字之关于大颠事迹者，诠次为书，故名其书为《灵山正宏集》。然卷中所录《孤山与骆侍御书》《佛道》《论衡》《续原教论》诸篇，皆与大颠绝无关系。据本果《自序》谓哀集"二传""三书""原道""佛骨表"寿梓，发明渊迹，乃检《集》中《原道》《佛骨表》，并无其文。疑今所传之本或非康熙时原帙也。又集中《大颠别传》撰者署名孟简。王弘愿居士谓潮去京师万里，简无由与大颠作缘，不知大颠二字乃退之之讹。宋人所见皆退之《别传》，无云大颠者，疑其作大颠亦本果所擅改也。《四库提要》谓此《传》称简作，为后人依托。而所引《别传》仍作大颠，以晓岚之渊博，何亦未之深考耶？至韩公与大颠三书，虽欧苏见解偶殊，然至朱子已有定论。后世末学拘迂，复囿于儒释之见，沾沾真赝之辩，如陈振孙、杨升庵之流，聚讼愈多，缪辕愈甚，只见其辞费而已。① 饶锷认为别传、跋皆真实可信，这与上文释莲舟的观点是一致的。

而韩愈《与孟尚书书》是历代解读韩愈与孟简及与大颠之间关系的重要文书。其云：

> 来示云：有人传愈近少信奉释氏。此传之者，妄也！潮州时，有一老僧号大颠，颇聪明，识道理。远地无可与语者，故自山召至州郭，留十数日。实能外形骸，以理自胜，不为事物侵乱。与之语，虽不尽解，要自胸中无滞碍，以为难得，因与往来。及祭神海上，遂造其庐。及来袁州，留衣服为别。乃人之情，非崇信其法，求福田利益也。②

① 冼玉清：《广东释道著述考》（一），广西师范大学出版社，2016，第235~236页。
② （唐）韩愈：《韩昌黎全集》（上），杨义、蒋业伟今译，北京燕山出版社，2009，第497页。

史载，孟简精于佛学，曾协助名僧大德翻译佛经。《旧唐书》卷一六三《孟简传》中说："简明于内典。（元和）六年，诏与给事中刘伯刍、工部侍郎归登、右补阙萧俛等，同就醴泉佛寺翻译《大乘本生心地观经》，简最擅其理。"①《新唐书》卷一六〇《孟简传》中也说："（简）晚路殊躁急，佞佛过甚，为时所诮。尝与刘伯刍、归登、萧俛译次梵言者。"②孟简精于文学，又"明于内典"，颇能胜任译经"润文"一职。《佛祖统纪》卷五三《历代会要志》之"东土译经"条下亦系此事说："宪宗，敕谏议孟简等于醴泉宫监护译经润文。"③孟简确实精通佛学，且与当时名僧澄观、幽玄、道标等都有交往。④宋释志磐在《佛祖统纪》卷一〇、卷二四中将"中臣柳公绰、刺史柳宗元、中书郑絪、刺史孟简"直接列于龙兴重巽法师门下，其依据当为柳宗元撰《送巽上人赴中丞叔父召序》。

> 其由儒而通者，郑中书洎孟常州。中书见上人执经而师受，且曰："于中道吾得以益达。"常州之言曰："从佛法生，得佛法分。"皆以师友命之。今连帅中丞公具舟来迎，饰馆而俟。欲其道之行于远也，夫岂徒然哉。以中丞公之直清严重，中书之辩博，常州之敏达，且犹宗重其道，况若吾之昧昧者乎。⑤

郑中书，即郑絪；孟常州，即孟简；连帅中丞公者，即柳公绰。孟简等人以师友之礼待重巽上人，故认其为重巽法师之门徒。从以上史料梳理中，我们看出，孟简与韩愈是同时代之人，两人有书信交往，且孟简还是当朝主管佛教事务的官员，对佛教有深入研究，因此，伪托其来作《韩愈别传》是不二之人选。但作假者总是不可能完全掩盖事实的。

郭子章《韩公〈与大颠书〉及〈昌黎别传〉辨》一文对此做了较为

① （后晋）刘昫等撰《旧唐书》，中华书局，1975，第 4257~4258 页。
② （宋）欧阳修、宋祁撰《新唐书》，中华书局，1975，第 4969 页。
③ 《大正藏》，第 49 册，新文丰出版公司，1973，第 465 页。
④ 包得义、王树平：《孟简"溺于浮图之教"考》，《中华文化论坛》2015 年第 3 期。
⑤ （唐）柳宗元：《柳宗元集》，中华书局，1979，第 671~672 页。

详细的考辨。其云："至于《昌黎别传》，诬公太甚，则不可以无辨。尝考方氏崧卿云：世俗伪造诬谤之书，即今所谓别传者。洪氏考证云：别传载公与大颠往复无语，深诋退之，其言多近世经义之说。又伪作永叔（欧阳修）跋云，使退之复生不能自解免。吴源明云：徐君平（徐安国）见介甫（王安石）不喜退之，故作此文。方氏又云：周端礼曰徐安国自言年二十三、四时戏为此，今悔之无及，然则其为徐作无疑矣。夫以徐君平戏作之书，而今潮寺所刻者，诬为孟简，既诬作欧阳公跋，又诬作虞伯生赞。而薛翰林侨［即薛侨，薛侃之弟，明世宗嘉靖二年（1523）进士］序之，首简亦无一语为韩公辨诬。是何理？颠僧过高而退之过卑也？嗟呼！古今戏拟问答者夥矣！"① 而南京市博物馆在 20 世纪 90 年代所收的一块《徐君平墓志》，更为我们提供了直接的证据。其云："姓徐氏，讳君平，字安道……最嗜书，书无所不读，而为文辩丽有格气，尝作《韩退之别传》，王文公尤称之。"② 此《徐君平墓志》还详细地记载了徐君平的生平和著作：君平字安道，金陵人，王安石弟子，新党之人。生于庆历三年（1043），治平四年（1067）进士，卒于元符二年（1099），享年五十七岁。著作有《韩退之别传》《三经音辨》《论语义》《孟子义》《扬子义》《池阳杂著》等，这其中绝大部分著述已经亡佚。③ 墓志作者为龚原，与徐君平同是王安石之门人。上文周端礼言："徐安国自言年二十三四时戏为此。"那么，《韩退之别传》是治平四年左右成书，大约是其刚中进士的时候。④ 这些确切的证据，当然释莲舟是没看到的，所以，他坚信《退之别传》是孟简所作而非伪作。现代以来还有学者对其进行研究和辨伪，如民国十九年（1930）王弘愿居士在为《灵山正弘集》翻印本作跋时，就对该书中有关韩愈、大颠的四则禅宗公案做了阐发，同时也进行了辨伪："然吾谓此书乃多伪。""（三平）留鬼（毛揓飒）受役，师以鬼自役，是其自待乃沦落于费长房也。作师傅而不知此等事之多出流俗附会，而以为事实，公然阑入，是尚得

---

① 黄俊明、张家庆：《韩愈排佛喜颠现象浅析》，《新学术》2008 年第 1 期。
② 故宫博物院、南京市博物馆编《新中国出土墓志·江苏·南京》，文物出版社，2014，第 34 页。
③ 故宫博物院、南京市博物馆编《新中国出土墓志·江苏·南京》，文物出版社，2014，第 34 页。
④ 朱学博：《欧阳修〈韩文公别传后序〉辨伪》，《文学遗产》2019 年第 4 期。

谓为有识者乎？”“伪之最甚者，孟简之《别传》也……伪者但能读韩文。知有孟简，而不知潮去京师万里，简固万不能与大颠作缘也。欧阳公跋，题既不辞，亦不见全集。凡此等止可以欺浅人，不值识者一哂也”。“韩公三书。今在外集，其造语稍简古，然吾亦以为非真也。但无确证，则且可存疑”。①

（5）释莲舟《灵山正弘集》“艺林”一卷在文献整理上也有不可磨灭的功劳。一是在清释本果《重刻灵山正宏集》的基础上对其误收诗作做了订正。如将误作苏轼的《灵山寺》诗“几因书暇访禅扉，杖屦行行入翠微。金磬声从风外落，宝花香逐雨中飞。钵中龙卧云归早，定里僧闲客到稀。坐久苍黄山日暮，始知静境息尘机”改为明代李恺。误作明代江用文《游灵山寺》诗“海气漫漫暗越城，禅房寂寂慰高情。秋深岩户留云影，夜半山风作雨声。释子不眠供茗碗，幽人无语对棋枰。马蹄明日知何处？赢得灵山识姓名”改为元王翰《游灵山（寺）》诗，王翰，字用文，曾任潮州总管。而释本果辑录时将朝代和姓皆弄错，就变成了另一人。

二是增补了元明清至现代潮汕官宦及乡贤所作灵山诗歌。有明代萧龙《灵山寺》：“杖锡当年谒翠微，灵山风景世间稀。白莲香绽随流水，丹荔阴浓蔽夕晖。古冢已闻曾化镜，新亭犹想旧留衣。宦游几度成追忆，此日登临那忍归。”萧龙，字宜中，潮阳人，明宪宗成化二年（1466）进士，官南京户科给事中。成化二十一年赠授指挥金事，遂休致家居。著有《湖山类稿》。清乾隆修《潮州府志》卷二八有传。明代吴仕训《游灵山寺》：“吏部何缘到海涯，眈奇还此问三车。忽看坞里长生木，遥忆尊前顷刻花。瘗镜山头淹日月，留衣亭子驻烟霞。千秋远地谁堪话，玉峡溪边有汉槎。”还有其《灵山留衣》：“一衣一钵是禅装，何事留君云锦裳。城郭山林浑不异，空余神木不为梁。”《舌镜塔》：“独往神安托，相怜舌尚存。个中身毒镜，永夜照孤村。”吴仕训，字光卿，潮阳人，处士吴从周之子。博洽经史百家，工诗文。比部孙如法访之，结为布衣之交。明神宗万历二十五年（1597）举人，初署教福安，升柳城知县，天启四年（1624）充乡试同考官，所取多名士，转任福州府同知。清操自持，以疾

---

① 曾楚楠：《饶宗颐交游研究》，林伦伦主编《饶学研究》第 1 辑，暨南大学出版社，2014，第 152 页。

告归。著作甚多，曾与修福安、潮阳邑二志。年八十六卒。清康熙《潮州府志》卷九上、清乾隆修《潮州府志》卷二九有传。[①] 再有清潮州知府、长沙人周硕勋（字元复）所作《偕张韩起游灵山寺》："松竹阴中选佛场，灵山终古梵天长。烟霞惟爱群僧领，礼法都教侯吏忘。石塔深藏明镜在，林亭空峙宝衣亡。此间陈迹堪惆怅，为忆昌黎到后堂。"以及清张裕炉（字韩起）《陪张（应作"周"）太守游灵山寺》诗："留衣亭畔小桥西，来访灵山古衲栖。不是清时贤太守，那偕倦客到招提。游踪偶向蛮陬寄，禅悦翻教净宇迷。忘却形骸陪杖履，闻吟应共忆昌黎。"还有清拔贡、潮阳人郑淮安（字桐云）所作《游灵山寺》诗："云裳锦织已千秋，尚有山亭证旧游。法眼应垂三代制，朝衫偏为一僧留。鸿儒援墨非无意，象教披缁且未休。我欲招寻分袂处，淡烟疏磬满林邱。"清拔贡、潮阳人吴如璋所作《初春游灵山重探荔枝坞诸胜诗（二首）》其一："小步不知暝，忽然云水昏。数峰横夕照，一犬吠柴门。野水东西涧，桃花远近村。十年游兴在，重与老僧论。"其二："山泉通灶突，春树发棠梨。时有野花落，随风点碧溪。精蓝无客到，修竹乱莺啼。就此堪栖隐，何须辟菜畦。"清罗定训导、潮阳人陈作舟（字笠渔）所作《钦卓锡泉忆大颠》："泉石犹存一味禅，泠泠碧涧锁寒烟。径携锡杖岩间去，不待杨枝叶上传。花落自随流水远，波澄疑有毒龙眠。夕阳古寺人何在，剩得跳珠个个圆。"诸如此类，还有元代广东金事周伯琦，明潮州教授林仕猷、训导李德，明潮阳人林克刚、林煦，明海阳人邹鎏，清海阳人福建提学杨钟岳，清海阳县令彭象升，现代翁止观等人游白牛岩、东岩、过灵山寺、题灵山寺之诗歌。以上这些诗歌都是清释本果所撰《重刻灵山正宏集》所无，因而显示出《正弘集》较高的文献价值，对研究潮汕佛教文学及景观有重要的参考作用。

三是增加释莲舟所撰楹联亦有文献保存价值。在《灵山正弘集》中有释莲舟撰对联一副："慧镜照今古，佛教发源地，衣带留山，东坡逊韩愈，灵智耀宗道明慧学；祥符拱山门，儒宗留锦衣，道心相应，佛印师大颠，山泉神化泽及禅林。"这其实是几副对联因编排问题而合并成为一对联。在史志、楹联选等书籍中，即可看到不同的对联。一为山门联："灵智

---

① 陈邦津主编《儒学在潮阳》，汕头大学出版社，2017，第144页。

耀宗道明慧学；山泉神化泽及禅林。"①二为寺内联："衣带留山，东坡逊韩愈；道心相应，佛印师大颠。"②此二副对联就是出自前一副对联，除去上两副对联还剩一副对联："慧镜照今古，佛教发源地；祥符拱山门，儒宗留锦衣。"这些联语皆可见释莲舟有深厚的佛学修养和扎实的传统文化功底，而且巧妙地把韩愈和大颠儒释交谊的两件事结合起来，点出韩愈离潮前，特到灵山寺向大颠道别，并赠衣以表谢意。苏轼前往金山访佛印，因未能答佛印所问，被罚留所系束玉带以镇山门。韩愈留衣，出自真情；苏轼留带，并非所愿。留衣留带二事，性质不同，但在扬善贬恶等方面却是殊途同归。

（6）释莲舟所辑《灵山正弘集》在清释本果撰《重刻灵山正宏集》基础上，删除了清释本果刻本中的《与骆侍御书》（孤山法师）、《佛教论衡》（任道琳）、《续原教论》（沈士荣）三文。除前文已论及篇目除外，还增加了唐太宗《三藏圣教序》、宋刘谧《三教平心论》、现代窦存我《历代名人学佛史略》等文，这些增删也可见重辑者释莲舟对清释本果刻本的芜杂做了清理，也可见其对儒佛的态度，即释莲舟《灵山正弘集》明显地持扬佛抑儒的倾向，而清释本果《正宏集》则平等对待韩愈与大颠的交往，主张儒佛相得益彰。

三　释莲舟所辑《灵山正弘集》与清释本果撰《重刻灵山正宏集》的版本比较，可见其具有较高的文献价值

（1）通过两个版本的比较，我们发现释莲舟《灵山正弘集》之文字更简省，更利于佛教的传播接受。仅以释莲舟重辑《灵山正弘集》之《大颠祖师本传》等几篇与清刻本释本果撰《重刻灵山正宏集》③比较，就发现有数处不同（见表1）。通过表1内容比较，我们认为释莲舟《灵山正弘集》更优于清释本果《重刻灵山正宏集》。

---

① 黄德才主编，广东省地方史志编纂委员会编《广东省志·宗教志》，广东人民出版社，2002，第157页。

② 林晓峰编注《潮汕寺庙楹联评注》，汕头大学出版社，1997，第60~61页。

③ （清）释本果撰，郭思恩、陈琳藩整理《重刻灵山正宏集》（潮汕文库·文献系列），暨南大学出版社，2016，第15~25页。

释莲舟《灵山正弘集》之"灵山八景志"与清释本果刻本比较，内容更清晰，突出了大颠祖师之神通。如《拔木坞》将"师亲市木于闽，来由地中行"改为"师以神通力运木于闽，来由地中行"；《写经台》"师自写《心经释义》《金刚经释义》一千五百卷"就比"师自写《心经》《金刚义》一千五百卷"要清晰明了。通过释莲舟辑《大颠祖师本传》与清释本果刻本比较，释莲舟在文字上也做了不少处理：首先，纠正了原刻本中的误字，如"人"字改为"入"字，"冷冷"改为"泠泠"，"惠阳之龙川"改作"罗浮"，"潮之辟牛岩"改作"潮阳之白牛岩"，"莲花乌岩"改作"莲花鸟岩"，等等。其次，文字更加简省，如"但除却一切妄运想念见量"简省为"但除却一切妄想见量"，"不用"改为"请勿"，"既之又叠石藏之"简略为"既又叠石藏之"，等等。再次，释莲舟辑本文句更加通畅，语言更准确而易理解。如在清释本果刻本"汝是参禅僧，州县白蹋僧？"两句中加上"亦是"，"中丞惭惭"改为"中丞惭愧"；"至正元岁，旋移入潮阳，领门人善觉等"改为"至贞元五年，领门人善觉等，移入潮阳"；"将三年塔门开视"改为"及三年将塔门开视"；"岁州郡祈祷雨旸"增一字改为"凶岁州郡祈祷雨旸"；等等，都反映出这一特点。最后，突出了佛教高僧的崇高地位和神通力量，如在清释本果"师貌古骨清"之"师"字后增加"生而神异"四字；"屡遣使赍书召师"改成了"屡遣使赍书请师"；"乃留二鬼"改成了"乃留龙虎二怪"；增加"鼎建之始，师以神通运木于闽，将及匠工，乃就寺前水坞中拔用"一句；等等。另外，省略结尾撰写时间和署名"时／大德五年岁在辛丑三月祖忌日／住山嗣祖比业了性拜编"，释莲舟辑本将署名移至标题之下署"元 释了性"，元大德五年，大德是元成宗年号，即 1301 年。足见释莲舟在清释本果刻本基础上所用之功甚深。

再从伪作《韩愈别传》（清释本果刻本作《大颠别传》）来看，也让作伪更加真实。其一是在别传之中加入三书，并在三书前后增加两段文字（见表 1），这样就更具有说服力。其二是在清释本果刻本别传基础上，做了文字加工，如将释本果刻本之"且子之死生祸福也，其命岂不悬诸天乎？汝姑自内修而外任命可也"简化为"况人之死生祸福，皆自作自受耳"；"而妄倡乎轮回生死之说，身不践仁义忠信之行而诈造乎，报应祸福之故"省略为"而妄倡乎报应祸福之故"；等等，内容更简洁，亦更让读者容易接受。

表 1 释莲舟辑《灵山正弘集》与清释本果撰《重刻灵山正宏集》篇目文字比较

篇目	释莲舟辑《灵山正弘集》	清释本果撰《重刻灵山正宏集》	文字差异
灵山八景：拔木坞	坞在寺前，鼎建之始，师以神通力运木于闽，来由地中行及匠作，乃就此坞拔焉。今存三根如品样，大满三尺，每逢师诞日，有进香者，诚心求之，自泥水中出，寻取色若蜡碧，见太阳暂黑，闻之有香气。善觉志文	在寺前，鼎建之始，师来市木于闽，来由地中行，就此拔焉。今存三根如品样，大满三尺，每逢师诞日，有进香成。心求之，自出泥水中，寻取色若蜡碧，见太阳暂黑，闻之有香气	文字多有不同。多"乃""坞""者"三字
写经台	台在寺左，师自写《心经释义》《金刚经释义》等三十六部，及《法华》《维摩经》等三十部，藏于兹山，今台废而经已无存焉。善觉志文	在寺左，师自写《心经》《金刚》《维摩》等三十部，一千五百卷，及《法华》等三十部，藏于兹山，今台废而经已无存焉	《心经释义》即《般若波罗蜜多心经释义》，《法华经》和《维摩经》各三十部
留衣亭	元和十四年，刺史韩愈致书三请不赴。其年愈移神海上，次日造寺，与语投契密迹，留衣建亭，以为纪念。至今修葺翼然。善觉志文	元和十四年，刺史韩公致书三请不赴。其年韩公移神至海，次日造访，与语投契密迹。日久合移袁州，建亭在寺前，至今修葺翼翼然	将尊称的"公"字改成其名，明显有倾向性。多"至山别师"几句，文字多有差别
开善藏	唐长庆二年，赐额为护国禅院；宋祥符五年，赐额新译藏经为灵藏储焉。天圣七年，敕赐额开善禅寺	长庆二年，赐额为护国禅院；宋祥符五年，敕额之，建灵藏译经，开善禅寺	多一"藏"字、多一"赐"字，少一"建"字
大颠祖师本传	所付衣钵	所付传衣	"付传"改"传"，多一"钵"字
	开元间，产师于潮郡。师生而神异，貌古昔清	开元间，产师于潮郡。师貌古昔清	"师"后多"生而神异"四字
	后参南岳石头希迁禅师	后参南岳希迁禅师	少"石头"二字

续表

篇目	释莲舟所辑《灵山正弘集》	清释本果撰《重刻灵山正宏集》	文字差异
大颠祖师本传	便问道有道无俱是谤	便问道有道无二俱是谤	少一"二"字
	你试并却唱喉唇吻道将来	头却问，师并却唱喉唇吻道将来	"头却问，师"改"你试"
	头云："苦与么，你即得入门。"	头云："若与么，汝即得入门。"	"汝"作"你"，"人"作"入"
	头问："汝是参禅僧，亦是州县白踢僧?"	头问："汝是参禅僧，州县白踢僧?"	多"亦是"二字
	后归罗浮瀑布岩	后归龙川罗浮瀑布岩	少"龙川"二字
	神色不变，曰	神色不变，师曰	少一"师"字
	中丞惭愧	中丞惭惭	少一"惭"字，多一"愧"字
	至贞元五年，领门人善觉等，移入潮阳	至正元年，旋移入潮阳，领门人善觉等	"正"作"贞"，"岁"作"五年"，后两句颠倒且少一"旋"字
	开辟白牛岩筑庵	开辟牛山筑庵	"牛山"作"白牛岩"
	鼎建之始，师以神通运木于闽，将及匠工，乃就寺前水坞中拔用	无此句	疑为后来所加
	山之上有松	山之上有木	"木"作"松"字
	但除却一切妄想见量	但除却一切妄运想念见量	少"运""念"二字
	泠泠自用	泠泠自用	"泠泠"作"泠泠"
	切须护持	大须护持	"大"作"切"字
	僧曰："其中者如何?"师曰："早不中也。"	僧曰："其中者如何?"师曰："不作个。"	"不作个"作"早不中也"

续表

篇目	释连舟辑《灵山正弘集》	清释本果撰《重刻灵山正宏集》	文字差异
大颠祖师本传	请勿指东划西，愿师直指	不用指东划西，请师直指	"不用" 作 "请勿"，"请" 作 "愿" 字
	乃留二鬼二怪日	乃留二鬼二怪日	"二鬼" 作 "龙虎二怪"
	屡遭使赉书请师，如是三请三辞	屡遭使赉书召师，师有守山林、不入城郭之戒，如是三请三辞	"召" 作 "请"，少 "师有守山林、不入城郭之戒" 句
	和尚门风高峻，弟子于侍者处，得个入路	和尚门风高峻，弟子向侍者边，得个入处	"向侍者边" 作 "于侍者处"；"处" 作 "路" 字
	师之所创道场，罗浮之瀑布岩，潮阳之白牛岩，莲花乌岩与今本寺	师之所创道场，惠阳之龙川瀑布岩，潮之辟牛岩，莲花乌岩与今本寺	"惠阳之龙川" 作 "罗浮"；"潮之辟牛岩" 作 "潮阳之白牛岩"；"莲花乌岩" 作 "莲花鸟岩" 字
	四大桐树	四大桐	多一 "树" 字
	一日乃诚门人后事	一日乃先诚门人后事	少一 "先" 字
	及三年将塔门开视	将三年塔门开视	多一 "反"，"将" 字移至 "三年" 后
	既又叠石藏之	既之又叠石藏之	少一 "之" 字
	凶岁州郡祈祷雨旸	岁州郡祈祷雨旸	多一 "凶" 字
	无	时 / 大德五年岁在辛丑三月祖忌日 / 住山嗣祖比业了性拜编	释连舟辑本无此结尾署名，署名移至标题之下 "元释了性"
韩愈别传 / 大颠别传	第一书：久闻道德，切思参谒；第二书：至此一、二日；第三书：惠书至，辱答问	久闻道德，切思见颜颜色，缘昨至，未获参承 至此一、二日 惠明至，辱答问	"颜色" 作 "颜"，"至" 作 "到来"，"参承" 作 "参谒"；少一 "此" 字；"明" 改 "书" 字

续表

篇目	释莲舟所辑《灵山正弘集》	清释本果撰《重刻灵山正宏集》	文字差异
韩愈别传/大颠别传	三书置《韩愈别传》之中。《韩愈别传》三书之前与后各有一段文字：前：元和十四年正月，帝遣中使杜英奇，持香花往凤翔府法云寺护国真身塔所，请佛骨入内。帝御安福门迎拜，留禁中供养三日，王公士庶，奔走膜拜，具释部威仪。及太常长安万年音乐，旌旛鼓吹，伟盛殊特。刑部侍郎韩愈，上表陈谏，引古论今，称帝寿国祚不延永。帝大怒，持示宰相，崔群曰："愈言讦悟，罪之诚宜，然非内怀至忠，安能及此，愿少宽假，以来谏净。"帝曰：至谓我奉佛太过犹可，言何祇剥耶，至谓东安佛以后，天子咸夭促，威里诸臣，为愚人臣狂妄敢尔！于是，威诸潮州刺史。既贬潮之初，闻大颠之名，遂致书相请至再至三 书一…… 书二…… 书三…… 于是，大颠至郡，留师旬日，或入定数日方起，愈甚敬焉！师辞去，愈到郡之初，以表哀谢，劝帝东封泰山，久而无报，因祝神海上，乃登灵山，造师之庐 闻以其言之直也	三书单独列出，作《昌黎韩公请师三书》。《大颠别传》无此三书 以其言之直也	多出大段文字和前后各一段文字 多一"闻"字

续表

篇目	释莲舟辑《灵山正弘集》	清释本果撰《重刻灵山正宏集》	文字差异
韩愈别传/大颠别传	享禄厚矣	享禄颇厚矣	少一"颇"字
	窜逐于八千里之外	窜于八千里之海上	多一"逐"字，"海上"作"外"
	今复黜于无人之地	今复忧煎黜于无人之地	少"忧煎"二字
	其生讵可保乎	其生岂可保乎	"岂"作"讵"字
	况人之死生祸福，曾自作自受耳	且子之死生祸福也，其命岂不悬诸天乎？汝姑自内修而任命命可也	"子"作"人"，少"也"字，"其命岂不悬诸天乎？汝姑自内修而任命命可也"作"曾自作自受耳"
	而安信乎报应祸福之故	而安信乎轮回生死之说，身不践仁义忠信之行而诈造乎	少"轮回生死之说，身不践仁义忠信之行而诈造乎"

（2）从诸版本之《后序》文字比较上也有不同之处。我们以释莲舟辑《灵山正弘集》所录清释本果《后序》与清康熙刻本《后序》比较，也发现遗漏之处。释莲舟所辑《灵山正弘集·后序》云：

> 读韩子《原道》《原性》《原人》《原鬼》《通解》等篇，可谓真儒而穷理尽性者也。排佛虽未当，其气岸可取。《维摩经》云："谤于佛，毁于法，不入众数。"佛门早自道了也。百丈云："说秽法边垢拣凡，说净法边垢拣圣。"惜韩子不知耳。若夫云门之打，临济之杀，德山之呵骂，是何等境界，则又非韩子之所知也。然《和归工部送僧》云："早知皆是自拘囚，不学因循到白头。汝既出家还扰扰，谁能更向死前休。"嗟乎！韩子岂非求道之真而用心之切者乎。今时缁徒遍天下，恐未尝有韩子之研究根源，无问其到维摩、百丈、临济、德山之见处用处也。语云："善学柳下惠，莫如鲁男子。"仲尼日月，毗卢心印，修武殆欲兼得而未之或及也耶？抑已得而现大阐提，即世谛显第一义谛耶？惟证乃知，难可测耳。女孥圹铭正情钟我辈之意，当与道元男婚女嫁同科。其语婷婷逼人，恐落情见，故须道破，如公之于大颠处，何等至切，当有三十棒其话始圆，具眼者辨取。时康熙乙亥九月十七日江陵释本果硕堂题。

释莲舟所辑《灵山正弘集·后序》，是释本果"康熙乙亥"，即康熙三十四年（1695）所作。下面是清康熙刻本《灵山正弘集·后序》，即清康熙五十八年（1719）刊刻《灵山正弘集》之释本果《后序》，云：

> 读韩子《原道》《原性》《原人》《原鬼》《通解》等篇，可谓真儒而穷理尽性者也。排佛虽未当，其气岸可取。《维摩经》云："谤于佛，毁于法，不入众数。"佛门早自道了也。百丈云："说秽法边垢拣凡，说净法边垢拣圣。"惜韩子不知耳。若夫云门之打，临济之杀，德山之呵骂，是何等境界？则又非韩子之所知也。然《和归工部送僧》云："善学柳下惠，莫如鲁男子。"仲尼日月，毗卢心印修武，殆欲兼得而未之或及也耶？抑已得而现大阐提即世谛显第一义谛耶？惟证乃知难可测耳。女孥圹铭正情钟我辈之意，当与道元男

婚女嫁同科。特其语婷婷逼人，恐落情见，故须道破，如公之于大颠处，何等至切，当有三十棒其话始圆，具眼者辨取。时康熙乙亥九月十七日江陵释本果硕堂题。[①]

此序缺少"'早知皆是自拘囚，不学因循到白头。汝既出家还扰扰，谁能更向死前休。'嗟乎！韩子岂非求道之真而用心之切者乎。今时缁徒遍天下，恐未尝有韩子之研究根源，无问其到维摩、百丈、临济、德山之见处用处也。语云"数句，不知为何故，或刊刻遗漏？但清乾隆十年（1745）刊《重刻灵山正宏集》释本果《后序》，与释莲舟所辑释本果《后序》一致。这说明《重刻灵山正宏集》与释莲舟重辑本所祖之本是同一版本。为什么清乾隆十年刊刻本将"弘"字改为"宏"字或挖去留空，或因避乾隆帝名"弘历"之讳，所以集中之"弘"字改为同音之"宏"或以□（方框）空格代替。有前揭陈琳藩、郭思恩文可参阅。

通过以上内容分析和比较表明，释莲舟编《灵山正弘集》的价值已经超过了被《四库全书总目》收录的清释本果编《正宏集》，更多地保存了潮汕佛教发展过程中产生的相关文献，更利于佛教的传播接受，更值得学界关注其文献价值。[②]

---

① 冼玉清：《广东释道著述考》（一），广西师范大学出版社，2016，第 235 页。
② 张福清，韩山师范学院文学与新闻传播副院长、教授，硕士，研究方向：唐宋文学。潮州，521041。

饶宗颐论书"重拙大"与晚清词学批评之间的关系研究*

许贵淦

内容摘要 饶宗颐《论书十要》提出书要重拙大，不仅延续了清末民初碑学书法审美，而且体现了书学和词学的交融。溯其根源可知"重拙大"属于晚清词学批评的重要概念，这一概念肇始于端木埰，经王鹏运在况周颐手上发扬光大。饶宗颐提出书要"重拙大"，主要是受古代书学审美和晚清词学批评的影响。本文从饶公书论切入，探究在民国以来社会变革时代背景下书学审美与词学批评之间的相互影响与会通，以及艺术与文学、书学审美和词学批评之间的相互影响，体现出的特定历史时期文人的审美感受变化的价值和时代意义。

关键词 饶宗颐 "重拙大" 书法审美 晚清词学批评

作为博古通今的汉学泰斗，饶宗颐先生在古文字学、史学、词学、艺术史、敦煌学等诸多领域均有专著问世，出版词集有《固庵词》《清晖集》《长洲集》等。饶公书法根植于古文字，学古而化，博采众长，故其下笔气息格调不俗。

饶宗颐在论述自己书学的《论书十要》一文中开宗明义："书要重拙大，庶免轻佻、妖媚、纤巧之病。倚声尚然，何况锋颖之美，其可忽乎

---

* 本文为广州市哲学社会科学发展"十三五"规划 2020 年度资助课题"印迹：晚清民国岭南篆刻艺术发展的文化地理学研究"（2020GZQN19）的阶段性成果。

哉！"①在这段话中值得注意的是后面这句"倚声尚然，何况锋颖之美，其可忽乎哉"。"倚声"本指按谱填词，饶公在他的文章中多次以"倚声"一词代指词学。饶公《清词与东南亚诸国》一文开篇即是"有清一代，倚声之业，如日中天"②，还有《全清词康顺卷序》中开头提到"倚声之事，至清代而蔚盛，词宗硕匠辈出"③。而"锋颖"有笔锋、笔势之意，此处应是指代书法。饶公认为填词作词尚且需要追求"重拙大"之美，更何况是书法，词学批评与书法审美之间的会通又怎么能够忽视呢？因此饶公以"重拙大"论书，点明了书法审美与词学审美的会通与交融。

饶宗颐在《论书十要》中对每段书论进行了深入浅出的注释，这些注释也体现了饶公书学思想的时代性。他认为书法讲究要从源头上学起，根植于先秦、汉魏，还借用庄子《逍遥游》中"水之积也不厚，则其负大舟也无力"来说明书法应取法高古，根基要厚。无论饶宗颐论书"重拙大"，还是晚清临桂词派的词学主张，都是和中国传统文化的发展息息相关的，这也是中国传统文化特点的重要体现。

一　饶宗颐书论"重拙大"与晚清临桂词派

在近现代的书法家中引用"重拙大"来品评书法的不止饶公一人。萧娴先生就曾以"重拙大"评论乃师康有为的书法。

> 有位填词大家叫况周颐。他写过一本书叫《蕙风词话》。开宗明义一条说："作词有三要，曰：重、拙、大。"其实，作书又何尝不贵这"重、拙、大"呢？在近代书家中，风格上能当此三字的，不乏其人，而康有为是其中较典型的一个。所谓"重"，指的是浑厚、凝练，有金石之感；所谓"拙"，指的是古朴、率真，有生涩之感；所谓"大"，指的是险峻、舒朗，有高远之感。这三者在康书中也不

---

① 饶宗颐：《饶宗颐二十世纪学术文集》卷十三上，中国人民大学出版社，2009，第 98 页。
② 饶宗颐：《饶宗颐二十世纪学术文集》卷十二，中国人民大学出版社，2009，第 249 页。
③ 饶宗颐：《饶宗颐二十世纪学术文集》卷十二，中国人民大学出版社，2009，第 296 页。

是平分秋色的，其中，大是突出的。①

况周颐是广西临桂（今桂林）人，清代词学家，并且与同里王鹏运共同创立了临桂词派。临桂词派高举"重拙大"的词学主张以矫正浙西词派和常州词派出现的弊端，并且临桂词派也成为清末能够引领词学发展的重要流派。

1. 饶公书论"重拙大"是受到清末临桂词派的影响

饶宗颐提出书要"重拙大"，除了和晚清碑学兴起的时代背景有着密切的联系之外，更直接的是受到了清末临桂词派高举的"重拙大"的词学主张的影响。从《饶宗颐二十世纪学术文集》卷十二可知，饶公的词学论集中有相当大一部分内容是研究清代词学的，清代词学不仅在词的创作上影响了饶公，而且在词学的审美和研究方面也深深影响了饶公。饶宗颐先生之所以对清词情有独钟，除了家学和时代背景的影响之外，还与他早年在香港协助叶恭绰先生编纂《全清词钞》的这段经历有关。饶公多年后回想起这段经历时仍印象深刻，"我之所以选定《论清词在词史上之地位》作为讲题，是因为个人年轻时曾参与叶遐庵先生《全清词钞》之编纂工作，叶先生的清词资料，我都经手过，因此对于清词不无一点体会，虽然事隔几十年，明日黄花，仍值得一讲"②。而临桂词派作为清末词坛的重要流派，饶宗颐先生不仅在词学研究中曾重点关注，而且还多次引用临桂词派的词学观点。饶公在评价王国维词学成就的《人间词话平议》一文中，就引用了临桂词派况周颐《蕙风词话》中强调的"意内言外，词家之恒言也"的观点。在饶公《清代地域性之词总集与酬唱词集》中关注的广西省的两种词集中第一个就是临桂况周颐所辑的《粤西词见》二卷，在这篇文章中饶公还附录了临桂词派领袖王半塘的《与郑文焯书》。此外，饶宗颐先生还与临桂词派的传人赵尊岳多有往来，两人经常切磋诗词，探讨学术。赵尊岳是况周颐的学生，高举临桂词派"重拙大"词旨，以力矫词风纤弱、轻浮的弊端。在1963年，由香港大学出版社出版的饶宗颐所著的《词籍考》的序言就是赵尊岳所写。1965年，

---

① 萧娴：《康有为的书法和书论》，赵连甲、史纪南主编《书法的奥秘——当代书家谈艺录》，中国国际广播出版社，1996，第162页。

② 饶宗颐：《饶宗颐二十世纪学术文集》卷十二，中国人民大学出版社，2009，第281页。

听闻赵尊岳先生在新加坡因病去世，饶公作《木兰花慢》一词悼念赵翁，词并序如下：

> 闻赵叔雍下世。翁月前方与余商榷明词，遽尔长逝，青简尚新，绪论已绝。赋此寄哀，哀可知矣。
>
> 咽风邻笛起，蓦回首、变凄清。叹隙驷难留，尘笺宛在，休话朱明。花塍。胜流莫继，算呕心、千载有余情。（翁刊《惜阴堂明词》未竟其业。）牢落关河隔世，故山猿鹤堪惊。　飘零。江国正冥冥。荒服戴盆行。剩紫霞凄抱，独摅孤愤，强忍伶俜。沧溟。短窗破梦，听寥天、哀雁不成声。望断南云万里，一杯还荐芳馨。①

饶公《木兰花慢》词的序和内容，都为全词罩上了一种哀伤的基调。赵尊岳先生在离世数月前还与饶宗颐商榷明词，没想到数月之后赵先生便驾鹤西去，此时赵尊岳的遗作《惜阴堂明词》尚未完成。饶公既为赵氏离世而感到哀恸，也为赵翁的词学著作尚未完成感到遗憾。赵尊岳作为况周颐的得意弟子，一生以弘扬乃师况周颐词学为己任。饶宗颐先生提出书要"重拙大"，是受到临桂词派领袖况周颐的影响，又因为与况氏得意弟子赵尊岳交好，所以他接受并认同了临桂词派"重拙大"词旨。可见，临桂词派"重拙大"的主张不仅影响了饶公的词学创作，也直接影响了饶公的书学审美。

"重拙大"不仅影响了晚清词学发展的走向，而且是临桂词派高举的词学主张。临桂词派之所以高举"重拙大"词学理论旗帜，正是针对浙西词派和常州词派的不足而提出的。临桂词派和浙西词派、常州词派合称为清代三大词派，光绪之后，以王鹏运、况周颐为代表的临桂词派崛起，主导清代词坛，极力地高举"重拙大"词学主张。晚清时期的临桂词派是具有全国影响力的文学流派。况周颐和王鹏运不仅与朱祖谋、郑文焯合称"清末四大词人"，也是临桂词派的重要代表人物。和兴起于嘉庆时期的常州词派相比，临桂词派有所扬弃有所创新，因此得以引导晚清词学时流。

---

① 参见陈韩曦《饶宗颐学艺记》，花城出版社，2013，第 74 页。

2.临桂词派"重拙大"词旨受到碑版书法审美影响

中国历代书论中有分别对"重""拙""大"三者概念的论述，相对于词学批评领域，书学领域出现"重""拙""大"是比较早的。但"重拙大"以一个整体概念出现是在临桂词派的代表人物况周颐《蕙风词话》卷一，该著开篇明确提出，"作词有三要，曰：重、拙、大"①，这也是他对南宋词研究的总结和概括。而"重拙大"作为词学批评的重要概念是始于端木埰的《宋词赏心录》，经王运鹏再到况周颐处发扬光大，所不同的是端木埰在编选《宋词赏心录》体现出的"重拙大"意识出于个人对宋词的偏爱，并未形成系统的词学理论。而王运鹏对"重拙大"概念着重在词格上，况周颐对这一概念是着重在词境上。"重拙大"在况氏处形成词学批评理论，这不仅丰富了晚清词学批评的内容，提升了晚清词学批评的高度，而且成为临桂词派词学理论的一面旗帜，对当时词学评论产生了深远的影响。

临桂词派"重拙大"词旨受到碑版书法审美影响，碑版书法审美崇尚厚重、古拙。碑学的兴起，不仅使得书法在审美趣味、书体创作、书法取法以及工具材料上出现了重大的转变，书法取法范围得以拓宽，而且也打破了只有帖学体系的传统格局。饶宗颐论书以"重拙大"为要，忌讳轻佻、妩媚、纤巧。其中"重"与傅青主的"宁支离勿轻滑"意思相近。饶氏认为能较好地诠释"拙"为何意的，当数清末沈曾植的章草。

"重拙大"作为整体概念是出现在晚清词学批评领域，饶宗颐在书法审美上提出"书要重拙大"借鉴了况周颐的词学批评概念。虽然"重""拙""大"这三个概念都能在中国古代书论中找到源头，但是饶宗颐先生提出"书要重、拙、大"是基于其对晚清词学批评概念以及中国古代书论，特别是清代碑学兴起以后的书论的深刻认识的基础上提出的。换言之，也是在当今这个文化多元的时代对中国古代书论传统的回归，这在某种意义上也是暗合了中国书法发展的客观规律。"重拙大"这一整体概念是晚清词学批评和碑学书法审美相互影响的例证，此时书法审美与晚期词学审美有交会贯通之处。

---

① （清）况周颐：《蕙风词话》，上海古籍出版社，2009，第4页。

二 古代书论的"重""拙""大"

饶宗颐先生提出"书要重拙大"，是受到临桂词派的直接影响。临桂词派之所以把"重拙大"作为整体概念体现在晚清词学批评领域，和中国古代书论以及碑版书法的审美有着密切的联系，是因为"重""拙""大"这三个概念在古代书论中都有相关的具体阐述。

1. 古代书论中"重"的概念

古代书论中对于"重"这一概念的叙述，东晋王羲之论书有云："笔是将军，故须迟重。心欲急不宜迟，何也？心是箭锋，箭不欲迟，迟则中物不入。"[①] 这里以将军喻笔，以箭锋喻心，强调在书写时，笔要迟重心欲急，张弛有度，笔如将军之迟重，心如箭锋之速。唐太宗李世民在其《笔法诀》中用"为点必收，贵紧而重"[②] 来形容书法笔画的要点。孙过庭《书谱》用"或重若崩云，或轻如蝉翼"[③] 来形容钟繇、张芝以及"二王"的书法风貌。

2. 古代书论中"拙"的概念

窦臮《述书赋》言："古体虽拙，今称且高。"随后其弟窦蒙为《述书赋》作注，在窦蒙的《〈述书赋〉语例字格》中将书法分为十九格，并且逐格加以说明，其中就"拙""重"二格分别有"不依致巧曰拙"和"质胜于文曰重"的解释。宋代姜夔《续书谱》论述笔法时谈道："与其工也宁拙，与其弱也宁劲，与其钝也宁速。"[④] 唐代的窦蒙、孙过庭以及宋代的姜夔谈及"重""拙"概念时都是相对的，"重"与"轻"是相对的概念，"拙"与"工"也是相对的。

---

① （宋）陈思编撰，崔尔平校注《书苑菁华校注》，上海辞书出版社，2013，第 7 页。

② 参见杨成寅主编，边平恕、金菊爱评注《中国历代书法理论评注（隋唐卷）》，杭州出版社，2016，第 65 页。

③ （唐）孙过庭：《书谱》，见上海书画出版社、华东师范大学古籍整理研究室选编校点《历代书法论文选》，上海书画出版社，2014，第 125 页。

④ （宋）姜夔：《续书谱》，中华书局，1985，第 4 页。

3. 古代书论中关于"大"的概念

王羲之《笔势论》谈及用笔时说:"夫临文用笔之法,复有数势,并悉不同。或藏锋者大,藏锋在于腹内而侧笔则乏,押笔则入,结笔则撮。"① 所谓"藏锋者"是在书写过程中藏锋不露,用笔则实。张之洞在致函张幼樵(佩纶)论书法结字时说道:"用笔腹,勿专用笔锋,则实矣。力在笔腹,则墨下注,故实。"② 由此可见藏锋关键力在笔腹,故笔画不虚。刘熙载《艺概》云:"书要心思微,魄力大。微者条理与字中,大者磅礴乎字外。"③ 刘熙载所谓"大"是字的雄大气魄,并不是指字形的大小。

三 晚清词学批评与书法审美的会通

词学与书法审美之间的会通和交融,不只体现在饶公书论"倚声尚然,何况锋颖之美,其可忽乎哉",在饶公其他的著作中也多次出现。他在《姜白石词管窥》中多次提及词学与书法相通之处,认为姜夔的书法创作和诗词创作遵循着同一个原则。

> 白石书法脱去脂粉,一洗尘俗,主要在"骨"。他撰《续书谱》,提出"风神"二字,主张要有风神"须人品高","须险劲","须高明","须时出新意"。又论:"书以疏为风神,密为老气。""必须下笔劲净,疏密停匀为佳。"(俱《续书谱》语)这是他的书法理论,其实他的诗词亦同样本着这一原则去创作的。④

在饶公看来,姜白石的书法和诗词能够有如此高的美学成就和艺术价值,主要是在于风神和骨力。"白石的书法要下笔劲净,正在练骨上着力,于词亦有同然。他论书主风神,以疏为贵,又要时出新意;他作词

① (东晋)王羲之:《笔势论十二章并序》,上海书画出版社、华东师范大学古籍整理研究室选编《历代书法论文选》,上海书画出版社,2014,第34页。
② 吴剑杰编《张之洞年谱长编》上,上海交通大学出版社,2009,第57页。
③ (清)刘熙载:《艺概》,上海古籍出版社,1978,第167页。
④ 饶宗颐:《饶宗颐二十世纪学术文集》卷十二,中国人民大学出版社,2009,第163~164页。

亦循着这条路径"，接着指出姜夔之词能有如此之高的美学成就的原因是"这个固然出于他的高超绝俗的性格，而书法的陶写，此中甘苦似乎不无会通的地方"①。

其实饶公研究姜夔的书法和词学得出结论是：姜白石的书法和词作都遵循着同一原则，以风神和骨力取胜。反观饶公的书法和词学创作，又何尝不是像姜夔那样遵循着同一原则呢？饶公无论作书还是作词都追求博大气象。临桂词派"重拙大"的词学审美影响了饶宗颐先生的词学和书学审美，也影响了他的书法和词的创作。1997 年 2 月 12 日，饶公在自己家与施议对的对谈中也透出饶公在词学上更高的追求，即为 21 世纪开拓新词境，创作新词体。

1. 晚清词学批评中的"以书喻词"

清代是古代词学发展的高峰期，不仅词作林立，词派纷呈，各有异同，百家争鸣，而且在清代词论中有不少与书论相关的论述。况周颐在论词的无尽之妙时说："洎吾词成，则于顷者之一念，若相属若不相属也，而此一念，方绵邈引演于吾词之外，而吾词不能殚陈，斯为不尽之妙。非有意为是不尽，如书家所云无垂不缩，无往不复也。"②况氏这里把词的不尽之妙和书论中的"无垂不缩，无往不复"类比。沈世良论词诗云，"若将书品参词品，瘦硬通神郭十三"③，沈氏借用书学审美中的"瘦硬通神"，以书品喻词品。从以上论述可以看到词学评论是借鉴了书论，词学评论是受到书论影响的。

书学中"重拙大"的概念影响晚清词学批评，其至有用书法来比喻词作的，因此书法与词学之间有相互通会之处。蔡嵩云在其《柯亭论词》论及慢词创作时说：

> 小令以轻、清、灵为当行。不做到此地步，即失其宛转抑扬之致，必至味同嚼蜡。慢词以重、大、拙为绝诣，不做到此境界，落于纤巧轻滑一路，亦不成大方家数。小令、慢词，其中各有天地，作法截然不同。何谓轻、清、灵，人尚易知。何谓重、大、拙，则

---

① 饶宗颐：《饶宗颐二十世纪学术文集》卷十二，中国人民大学出版社，2009，第 164 页。
② （清）况周颐撰，屈兴国辑注《蕙风词话辑注》，江西人民出版社，2000，第 24 页。
③ 孙克强、裴喆编《论词绝句二千首》下，南开大学出版社，2014，第 564 页。

人难晓。如略示其端，此三字须分别看，重谓力量，大谓气概，拙谓古致。工夫火候到时，方有此境。以书喻之最易明，如汉魏六朝碑版，即重大拙三者俱备。①

这里蔡嵩云对"重""拙""大"加以阐述，他认为所谓"重"指力量，"大"是指气概，"拙"是指古致。并且用汉魏六朝碑版书法的厚重笔画、雄大气概以及古拙笔意来具体形象地说明慢词要旨"重拙大"。饶宗颐提出"书要重拙大"是为了避免妩媚、纤巧之病，妩媚和纤巧既是书学审美应当避免的弊端，又是慢词创作的弊端。换言之，无论是在书学还是在词学的审美中，"重拙大"是作者追求的高级的审美境界，纤巧妩媚是"重拙大"的对立面。饶公提出"书要重、拙、大"不仅是源于词学，而且连书学中轻佻纤巧之病也是和词学审美互通的。

与饶公交好的、继承临桂词派"重拙大"词旨的近代词学家唐圭璋说：颜鲁公书力透纸背就是"重拙大"，出于至诚不假雕饰就是"重拙大"。因此真挚就是"拙"，笔力千钧就是"重"，气象开阔就是"大"。"为君憔悴尽，百花时"，"不如从嫁与，作鸳鸯"，"除却天边月，没人知"，"觉来知是梦，不胜悲"，均是真情郁勃，都是重拙大。②唐圭璋是饶氏在1978年之后回到大陆才结识的词学家，在1986年时饶公作词《千秋岁》一首贺唐圭璋先生八十五大寿。

2. 碑学兴起之后的书学审美

自第一次鸦片战争之后，中国开始沦为半殖民地半封建社会，晚清社会产生了巨大变革。以魏源、严复等人为代表的有识之士开始睁眼看世界，从"师夷长技以制夷"的洋务运动再到百日维新，晚清社会的巨大变革和中西文化碰撞对当时政治、经济、文化产生了巨大的影响，使得人们的思想、文化心理以及美学审美都受到了强烈的冲击。

清代阮元《南北书派论》说："书法迁变，流派混淆，非溯其源，曷返于古?"③书法溯本求源，"返于古"可窥阮元书学思想之要点。作为对宋明理学的反动，清代学术从考据朴学、金石学再到书学，都带有"复

---

① 蔡嵩云：《柯亭论词》，见唐圭璋编《词话丛编》，中华书局，1986，第4905页。
② 秦惠民、施议对：《唐圭璋论词书札》，载《文学遗产》2006年第6期。
③ （清）阮元：《南北书派论》，见《揅经室三集》卷一，四部丛刊景清道光本。

古"色彩，清代书学审美是对碑版书法和篆隶的古拙古朴的崇尚。清代书家郑簠谈及自身学书经历说："学二十年，日就支离，去古渐远，深悔从前不求原本。乃学汉碑，始知朴而自古，拙而自奇，沉酣其中者三十余年，溯流穷源，久而久之，自得真古拙、真奇怪之妙。"①我们在古代书论中都能找到关于"重""拙""大"的阐述，特别是碑学兴起之后，当时审美对帖学产生了反动，一些书家在复古思潮的影响下而"返于古"。

3. 复古思潮下的清代书学与晚清词学

梁启超对清代学术思想有这样的论述："综观二百余年（即清代）之学史，其影响及于全思想界者，一言蔽之，曰：'以复古为解放'。"②清代复古思潮是晚明复古思潮的延续，在清代整个文化背景下，复古思潮在学术上推动了清代学者溯本求源的考据学，转而推动金石学以及碑版书法对"古拙"的崇尚。

"以复古为解放"虽然是梁任公来形容整个清代学术思潮的，但也无疑切中了清代碑学思想以及晚清临桂词派词学思想的重点。复古思潮对清代学术和艺术领域都产生了巨大的影响。清代碑学既是对此前帖学弊端的矫正，也是在清代整个大的复古思潮下的产物，而晚清临桂词派高举"重拙大"主张也是对此前清代浙西词派和常州词派弊端的矫正。

马宗霍《书林藻鉴》论及清代碑学兴起的原因，认为不仅要看到书法本身的发展规律，也要从文化角度分析当时的社会因素。"嘉道以还，帖学始盛极而衰，碑学乃得以乘之。先是雍正乾隆间，文字之狱甚严，通人学士，含毫结舌，无所抒其志意，因究心于考古。小学既昌，谈者群藉金石以为证经订史之具，金石之出土日多，摹拓流传亦日广，初所资以考古者，后遂资以学书。故碑学之兴，又金石学有以成之也。"③从书法发展规律看，因为当时帖学大坏由盛转衰，刻帖翻刻失真甚至严重走样，所以碑学乘势而兴。此外还有社会文化的原因，比如雍正乾隆年间大兴文字狱，文人转而致力于考古以及小学，借金石以证经史，考据金石之学遂兴。

纵观整个清代词学，浙西词派兴于康熙、乾隆年间，衰于嘉庆之后，

---

① 张在辛：《隶法琐言》，陶明君编《中国书论辞典》，湖南美术出版社，2001，第 348 页。
② 梁启超著，夏晓虹点校《清代学术概论》，中国人民大学出版社，2004，第 136 页。
③ 马宗霍编《书林藻鉴 书林记事》，文物出版社，1984，第 192 页。

以朱彝尊为代表,浙西词派注重词的清空雕琢而导致内容空虚狭窄。随后常州词派以继之,以张惠言和周济为代表的词人反对无病呻吟,提出"寄托说"一矫当时词坛流弊,但光绪之后日渐衰微。晚清常州词派的词学理论陷入僵化,词学往前发展需要打破之前固有的模式。此时以王鹏运、况周颐为代表的临桂词派应运而生,举"作词三要:重拙大"之旨,不仅在浙西词派和常州词派的基础上进行有所批判的继承和创新,而且力矫常州词派的弊端。临桂词派之所以能够领导晚清词坛,离不开临桂词派能够顺应时代潮流,高举"重拙大"之要旨,更离不开况周颐《蕙风词话》词学理论能够被时代受众所接纳。临桂词派的词学主张成为晚清以后人们写词论词的批判标准。

四 饶公书论"重拙大"的意义

饶宗颐在书学审美上提出书要"重拙大",并举例说明"重"接近于"四宁四毋"中的"宁支离毋轻滑","拙"书法中表现的例子就是沈曾植的章草,所谓"大"不是具体指字形的大小,而是指气势、气魄的宏大、博大。如王羲之小楷《乐毅论》《画赞》《黄庭经》的磅礴气象、魄大雄豪。饶氏"书要重拙大"与况周颐在《蕙风词话》中作词三要"重拙大"大有遥相呼应之势,但是二者领域不同。选堂(饶公字选堂)是基于书学审美,况氏是基于词学批评。在清代碑学兴盛再到清末民初以来"碑帖融合"的时代文化背景下,饶公提出书要"重拙大"是书学与其他学术艺术门类旁通交会的结果。况周颐提出"重拙大"为作词三要,引碑版书法审美来阐述词学审美追求,力纠浙西词派和常州词派出现的弊端得以引领清末词学发展潮流。

1. 在书学中的意义

纵观清代学术史,在复古思潮影响下,清代文人野外访碑著文,将复古思潮付诸实践,文人对金石书法日益重视,篆隶在清代也迎来复兴,在审美上追求篆隶的古拙。在清代词学陷入弊端之时,以王鹏运、况周颐为代表的词人借鉴古代书论,提出了"重拙大"这一晚清词学领域的重要概念。

阮元《南北书派论》《北碑南帖论》开碑学之先河,包世臣以《艺舟双楫》扬其波，康有为《广艺舟双楫》明确提出"碑学"和"帖学"的概念，在中国书法发展史上留下浓墨重彩的一笔。从内因看，碑学的兴起是对传统帖学的反动，也是书法史上的重要变革，使得书法取法内容更加丰富和多元化。碑学兴起也是清代学术"复古"思潮的产物，在书法审美上对汉魏六朝碑版书法的认识和理解更加清晰。康有为《广艺舟双楫》极力宣扬北碑，但民国以来碑学弊端日渐显现，北碑并非像康有为所说的那样尽善尽美，人们对于碑学和帖学有了更深刻的认识。

饶宗颐以"重拙大"论书，可以看作晚清以及民国书学审美的延续，也可以视为与中国古代书论传统相结合的结果。清末民初时期甲骨文、金文、简牍书等书法新材料的出现，使得书法的取法变得更加多元丰富。饶氏提出"重拙大"的书论，是基于这一时代背景及其治学方法和书法审美。饶公治学方法不仅延续了乾嘉学派治学方法，而且在书法审美和创作上也受到乾嘉碑学的影响。饶宗颐在《自述家学经历》一文中认为父亲饶锷对他的影响很大，他有五个基础是来自家学，其中第五个就是乾嘉学派的治学方法。乾嘉学派以严谨平实、不尚空谈、讲求证据为宗。《自临碑帖五种后记》更是提及了自己的学书经历：少年饶宗颐在蔡梦香先生的指导下，学习魏碑，对魏碑中的经典《张猛龙碑》《爨龙颜碑》用功甚勤，得以初窥北碑门径。从饶公的书法渊源来看，上自殷墟甲骨下至明末名家的各种书体他都有涉猎，其篆书以篆入隶，寓圆于方，古意浑穆，其大字榜书有磅礴之气。

故而饶宗颐提出"重拙大"的书论，是对单纯传统帖学以及笔法的拨正和补充，在书法审美上避免了纤细、轻滑的弊端，某种意义上也是对"唯碑主义"的偏激进行拨正。

2. 对后学的启发以及时代意义

饶宗颐先生书论"重拙大"的本质是援用词学审美阐述书法审美，体现的是词学和书学审美的会通与交融。饶公身上也继承了中国古代学者治学的传统，中国古人做学问讲究成为"通人"，而不是只成为单个领域的专家。汉代王充《论衡·超奇》说："博览古今者为通人。"不同学术门类之间的触类旁通和开阔广博的学术视野是饶公以"重拙大"论书对后学的启发。

饶宗颐先生作为一代大儒,治学以触类旁通和广博见长。因为按《饶宗颐二十世纪学术文集》来看,饶公在甲骨学、简帛学、宗教学、史学、中外关系史、敦煌学、潮学、目录学、诗词学、艺术学等领域都有研究专著问世,很难把饶公具体归类为哪一方面的专家,所以饶公曾自嘲说自己是"无家可归"。饶公治学不局限于单个领域,正如在《论书十要》中他不会就书法论书法,而是以自己深厚的学养和开阔的学术视野触类旁通,打破人为的学术领域的分界和条条框框。选堂先生书论"重拙大"体现的是书法艺术和词学这两个领域的会通和交融,正如他在词学、敦煌学等领域的研究一样。在诗词学研究领域,饶公在《陈白沙在明代诗史上之地位》一文中也谈到了陈白沙诗与禅的关系,诗与禅通。还有《词与禅》一文就是以禅论词,揭示词学和禅学的交融会通。

而在研究敦煌学时,饶公的视野同样也不是只停留在敦煌学领域。他以广博宽阔的学术视野打通了敦煌学与历史、绘画、书法和文献学等学科之间的联系。1978 年饶公在香港中文大学退休之后,受日本二玄社社长渡边隆男先生之请编定《敦煌书法丛刊》,饶公选定敦煌书法写卷时有以下三个标准。

（一）具有书法艺术价值,（二）著明确切年代及有书写人者,（三）历史性文件及重要典籍之有代表性者。每件为撰一提要,时人研究成果,间亦酌采。法京写卷之精骑,敢谓略具于斯。区区微意,欲为敦煌研究开拓一新领域,且为书法史提供一些重要资料,使敦煌书法学得以奠定巩固基础。敦煌艺术宝藏,法书应占首选,不独绘画而已也。[①]

饶公因为精通多门学问,视野开阔广博,所以在研究敦煌学时,更加注重发掘敦煌学与其他学科的联系。他编《敦煌书法丛刊》所持的标准透露出他严谨的学术态度,不仅是注重书法艺术价值,而且也注重历史价值。注重多学科之间的交融与会通,构建学科之间的联系,这是饶公在治学和艺术创作中体现出来的价值和意义,而这种意义和价值不仅

---

① 饶宗颐:《饶宗颐二十世纪学术文集》卷八上,中国人民大学出版社,2009,第 216 页。

可以在饶公书论"重拙大"背后词学和书学之间的通会看出端倪，也体现在饶公其他学术领域的研究中。

总　结

饶宗颐提出"重拙大"作为书法审美的追求，尽管受到清代碑学兴盛和古代碑版书法审美的影响，但是更直接明显的影响则是来自临桂词派高举"重拙大"的词学主张，特别是况周颐《蕙风词话》的主张。饶公提出书要"重拙大"，体现了词学与书法的会通，而这种会通的特点不仅体现在饶公研究古代文人书家的著作中，也贯穿在饶公自己的书学审美之中。无论是历史上兼具书家和词人身份的大文豪苏东坡、姜白石，还是近现代的选堂饶公，他们的书艺和诗词的胜人之处正是在于他们自身深厚的学术和艺术修养基础之上的融会贯通。①

---

① 许贵淦，暨南大学文学院研究生管理办公室秘书，硕士，研究方向：书画艺术理论与文学。广州，510632。

英文摘要

Mazu Belief and Social Changes in Hanjiang River Basin During the Ming and Qing Dynasties
——Focusing on the Study of Local Chronicles

Chen Chunsheng

Abstract: Hanjiang River is one of the main rivers along the southeast coast of China. The upper and middle reaches of Hanjiang River are mountainous and hilly areas, mainly inhabited by people who speak Hakka dialect. The residents in the lower delta plain are mostly those who speak Holo dialect. During the Ming Dynasty and the early Qing Dynasty, when the imperial court strictly enforced the "Sea Ban", people in this area had been carrying out maritime activities, and there are still many records about Mazu temples in the local Chronicles. In the early years of the reign of Emperor Kangxi in the Qing Dynasty, strict policy of "Moving to the Sea" was carried out. The people who spoke Holo dialect in the coastal areas were forced to move to the mountainous areas in the middle and upper reaches of Hanjiang River, and the Mazu belief in the middle and upper reaches of Hanjiang River also expanded significantly. In the 23rd year of the reign of Emperor Kangxi, the "Order to Open the Sea" made the sea trade become a legitimate behavior, and the middle and lower reaches of Hanjiang River became one of the most active areas of commodity currency relations in China at that time. Against this background, more temples were built in many places in the lower reaches of Hanjiang River to worship Mazu. The official legal status of

Mazu religion established by the title of "Queen of Heaven" undoubtedly promoted the development of Mazu religion in local areas. Based on the analysis of the records of Mazu temples in dozens of local chorography in the Hanjiang River Basin during the Ming and Qing Dynasties, this paper discusses the changes of social structure, economic life and ethnic relations in this area during the past 400 years.

Keywords: Mazu; Queen of Heaven; Maritime Trade; Hanjiang; Holo; Hakka

The Chaozhou Society Reflected in the Ming Edition of *The Tale of Lychee Mirror*

Sun Minzhi

Abstract: The Ming edition of The *Tale of Lychee Mirror* was printed by the "Xin An Hall" of the Yu family in Jianyang, Fujian, and an advertising introduction of printing was included at the end of this edition. According to the introduction, the southern play titled "Chen San and Wu Niang" was already popular during the Jiajing Period of the Ming Dynasty, and the scholars, had also been involved in the adaptation of southern plays. This edition uses both Chaozhou and Quanzhou dialects, but it bears the obvious attribution of the Chaozhou southern play because the portrayed Chaozhou customs, which contains multilayer cultural interaction, correspond to those recorded in the Ming-Qing local gazetteers. This edition is not entirely a product of the southern Min culture as some modern scholars have concluded but the legacy of the Chaozhou southern play.

Keywords: the Jiajing Edition of *The Tale of Lychee Mirror*; Chao Zhou;Chen San and Wu Niang

The Prevention of Cholera and the Governance of Public Health in Chaoshan Area during the Minguo Period

Zhou Zhaogen, Wu Qing, Ma Zena

Abstract: Cholera spread widely in Chaoshan area and lasted for a long time with a large number of infected people during the Minguo period. Besides, it was accompanied by political changes, wars, floods and droughts and resulted in famine, great loss of population and social panic. Local governments responded to the epidemic by means of vaccination, scientific propaganda and sanitation improvement, etc. But the effects were not enough due to the restricted medical conditions and old beliefs. In the process of fighting epidemic infectious diseases for a long time, local governments and thoughtful people also realized the necessity of systematic requirements of public health management which included setting up administrative departments,formulating and enforcing laws and regulations,carrying out vaccination,paying attention to drinking water and diet sanitation,cleaning both urban and rural areas, reforming public toilets and so on.

Keywords: Chaoshan area; Cholera; Epidenic area; Vaccination; Public Health

A Textual Research on Liu Houwu's Activities in Singapore — Simultaneously Investigate the Establishment of Chaozhou University and the Compilation of *Chaozhou Chronicles*   *Liu Xiaosheng*

Abstract: From 1947 to 1948, Liu Houwu, the supervisory envoy of Guangdong and Guangxi, visited Singapore twice.In 1947, his main motivation for going to Singapore was to raise funds for the establishment of Chaozhou University, which achieved certain results;In 1948, his original intention to go to Singapore was to follow the doctor's instructions to "change a place to recuperate". However, during the recovery period, Liu Houwu still remembered to mobilize donations from Chaozhou overseas Chinese to prepare for the establishment of Chaozhou University, and urged that the donation pledged the last year be in place.From 1948 to 1949, Liu Houwu presided over the Chaozhou Chronicle Compilation Hall.

He repeatedly wrote to the Chaozhou overseas Chinese in Singapore with the editor-in-chief Rao Zongyi, requesting the promotion of the newly compiled *Chaozhou Chronicles*, and he achieved certain results. From 1952 to 1956, Liu Houwu was appointed as the first principal of Chaoyang School of Chaoyang Guild Hall in Singapore. He was engaged in overseas Chinese education. He made every effort to donate salary to help students and cultivate talents, which eventually helped the school develop into a model of local Chinese schools.

Keywords: Singapore; Liu Houwu; Rao Zongyi; Chaozhou University; *Chaozhou Chronicles*

Overseas Chinese's Daily Interaction in Siam in Teochew Remittances

Zhang Zhao

Abstract: Daily communication with family members was the main content of the remettance letters between Siam and Teochew by the Overseas Teochew people . As can be seen from those letters, these communications had different ways. ways. Some of them could talk with friends and family members in Siam face to face, some people could know what was going on with friends and family in Siam, and others were cut off from friends and family in Siam. for some reasons. This is a very strong indication that connection among Overseas Chinese was not strong enough in foreign country because of the continuous expansion of living space and geographical distance, even if the link of family and clan were so strong in South China.

Keywords: Overseas Chinese; Friends and family; Remttance letters; Daily interaction

Subtle Records of Chaoshan overseas Chinese History from the Perspective of Stele Inscriptions   *Shu Xilong*

Abstract：The stele inscription literature has multiple academic research values. It has irreplaceable value for deepening the study of Chaoshan overseas Chinese history,drawing attention to historical details, opening up new historical research paths, restoring more real history, and enriching and diversifying the sources of historical materials. The stele inscriptions in the host country reveal the picture of overseas Chinese living in Chaoshan and record their religious beliefs and personal experiences in foreign countries. The overseas Chinese stele inscriptions scattered in foreign countries can correct the disadvantages, compensate the deviations and restore the historical truth. The stele inscriptions in the hometown of Chaoshan overseas Chinese record that after overseas trade, business and hard work, overseas Chinese fed their money back to the charity of their hometown, never foggetting their roots when they were rich. The inscriptions also contain important contents of the economic history of overseas Chinese in Chaoshan. The inscriptions of the Remittance post office reveal the excellent organizational ability of local squires and the interactive relationship between the overseas Chinese in Nanyang and their local society .

Keywords: Inscription ; Chaoshan overseas Chinese; Remittance Post Office

Another Nanyang Chinese Voice: Hometown Voice Spread of Pulau Ketam and Malacca in Malaysia   *Huang Wenche*

Abstract: The spread and localization of Hokkien (福建) ballads in Malacca (马六甲), Malaysia is the third stop of the hometown voice investigation and research of Hokkien and Teochew (潮州) ballads and songs in Southeast Asia. Through the survey and gatherings of Hokkien and Teochew ballads in Jidan village of Pulau Ketam (吉胆岛) and Malacca, we found that the inheritors of the hometown voice are mostly women in the first and second generations, and they are the perspective of women whicb is anothr voice in the Great Narrative, a male-dominated narrative of history of Chinese in Singapore and Malaysia during these hundred years. These Hokkien or Teochew women use the dialect ballads to show their memory to the original country and ancient tunes, which is one part of the traditional Chinese culture. In addition to the wisdom of life to enlighten society, those ballads-singing were the leisure activities of these woman's life in early age.

Keywords：Malaysia; Malacca; Pulau Ketam; Teochew; Ballads; Hometown Voice

Traces of Old Chinese Initial Consonant Clusters in Chenghai Dialect—Notes on Phonological Comparative Studies between Chaoshan Dialect and Ancient Chinese *Lin Lunlun*

Abstract: The question of whether there were initial consonant clusters in Old Chinese was heatedly debated in the last century. Both the "Yes" and "No" sides had eminent linguists as lead proponents. Since this century, there have been very few articles debated on this question, and it seems that the "Yes" side has taken over. My mentor, Professor Li Xinkui, is one of the main figures supporting the existence of initial consonant clusters in Old Chinese. Since I was in Prof. Li's class on "Chinese Classical Phonology" (1983), I have begun taking notes on the traces of Old Chinese initial consonant clusters in my mother tongue, the Chenghai vernacular. Over the decades, I have collected dozens of them. This paper compiles them in order and analyzes them in detail to serve as circumstantial evidence for the existence of initial consonant clusters in Old Chinese.

Keywords: Old Chinese; Consonant clusters; Chaoshan dialect; Chenghai subdialeat

Two segregated Chaoshan Dialect Islands in Lianzhou of Northwestern Guangdong   *Yan Xiuhong, Zhang Jian*

Abstract: Lianzhou is a county of Guongdong Province with the largest variety of dialects and the largest internal divergence. This paper describes the general situation of the independent Chaoshan dialect islands in the two natural villages, Fengchongkou and Chengxiaping in Lianzhou. The phonological characteristics and vocabulary retention are also summarized and presented. This study shows that these two dialect islands retain some unique phonological characteristics of Chaoshan dialects, and some changes due to language contact.

Keywords: Lianzhou; Chaoshan Dialect Islands; Phonological Characteristics

The Pronunciation of Chiang Mai Thailand Chaozhou Dialect
Chen Xiaojin

Abstract: Thailand is the country in Southeastern Asia and there are many oversea Chinese there. Most of them came from Chaozhou Guangdong Province of China. Right now, some research have been taken on the pronunciation of Thailand Bangkok's Chaozhou dialect, but not on that of other placees of Thailand. The paper discusses the pronunciation of Chiang Mai Thailand Chaozhou dialect, and compared with the pronunciation of Chaozhou dialect in Guangdong. The materials of Chiang Mai Thailand are all from the investigation of Chiang Mai.

Keywords : Thailand ;Chiang Mai ;Chaozhou dialect; pronunciation

The Documentary Value of Lingshan Zhenghong Collection compiled by Shi Lianzhou   *Zhang Fuqing*

Abstract: *Lingshan Zhenghong Collection* compiled by Shi Lianzhou is an important ancient book on Chaoshan Buddhism in modern history. It is a recompilation with some modifications on the basis of *The volume of Reengraved Lingshan Zhenghong Collection* written by Shi Benguo in Qing Dynasty. The volume of *Zheng Hong Collection*, written by Shi Benguo, was included in the "Shi Jia Category" and the *General Catalog of the Four Libraries*, indicating that it has a high literature value. Shi Lianzhou also added a speech in memory of Dadian and three prefaces by the monks Shi Xingci, Shi Milin, and Fan Gunong. He also added Shi Milin series of poem named *Lingshan Eight Scenery Poems* and the calligraphic copy by Master Hongyi. Shi Lianzhou also wrote the *History of Imperial Worship of Buddha, History of buddhist sages*, and *View of Han Yu to General Catalog of the Four Libraries* these three papers. Many poems about Lingshan Temple landscape in Ming and Qing Dynasties were added. The text of the article is more concise, citing a wide range of books, involving the history of biography, hundreds of schools, Buddhist and Taoist literatures. Comparing the version of *Lingshan Zhenghong Collection* compiled by Shi Lianzhou with the version of *Reengraved Lingshan Zhenghong Collection* compiled by Shi Benguo in Qing Dynasty, the text is also more concise, which is more conducive to the dissemination and acceptance of Buddhism, and it is worthy of its history value.

Keywords: Shi Lianzhou; *Lingshan Zhenghong Collection* ; Shi Benguo; *Re-engraved Lingshan Zhenghong*

A Study on the Relationship between Rao Zhongyi's Calligraphy Theory "Zhong, Zhuo, Da" and the Criticism of Ci Studies in the Late Qing Dynasty   *Xu Guigan*

Abstract: Jao Tsung-I's *Ten Essentials on Calligraphy* proposed that Calligraphy should be " Zhong, Zhuo, Da", which not only continued the calligraphy aesthetics of stele studies in the late Qing Dynasty and the early Republic of China, but also embodied the blending of calligraphy and Ci studies. Going back to its roots, we can see that "Zhong, Zhuo, Da " is an important concept in the criticism of Ci studies in the late Qing Dynasty. which was propsed by Duanmu Cai and developed by Wang Pengyan. Rao Zongyi proposed that calligraphy should be " Zhong, Zhuo, Da ", mainly because of the influence of the aesthetics of ancient calligraphy and the criticism of poetry in the late Qing Dynasty. This article starts with Jao's calligraphy theory, and explores the specific interaction between the aesthetics of calligraphy and the criticism of Ci, as well as the interaction between art and literature, the aesthetics of calligraphy and the criticism of Ci in the context of social changes since the Republic of China. The value and time significance of the changes in the aesthetic feelings of the literati in the historical period.

Keywords: Ran Zongyi; " Zhong, Zhuo, Da"; Calligraphic aesthetic; Criticism of Ci Studies in the Late Qing Dynasty

国际潮学研究会 2021 年"潮汕历史文化研究博士、硕士论文资助计划"启事

敬启者：

国际潮学研究会自 2008 年启动"潮汕历史文化研究博士、硕士论文资助计划"以来，已资助海内外博士、硕士论文 80 多篇，其中全国"百优"博士论文 1 篇，受资助者已大部分成长为优秀的中青年学者。根据《潮汕历史文化研究博士、硕士论文资助计划章程》，现启动 2021 年"潮汕历史文化研究博士、硕士论文资助计划"相关工作，热忱欢迎符合条件的海内外大学、研究机构在读研究生申请。

相关规定及手续详见附件《潮汕历史文化研究博士、硕士论文资助计划章程》。

国际潮学研究会学术委员会
2021 年 7 月 20 日

国际潮学研究会"潮汕历史文化研究博士、硕士论文资助计划"章程

　　国际潮学研究会设立潮汕历史文化研究博士、硕士论文资助计划，旨在鼓励对潮汕历史文化研究有学术兴趣的青年学者，培植新一代具有国际学术视野的潮学研究人才。本计划资助以潮汕地区社会、历史、语言、文化等领域为研究课题的博士学位论文和硕士学位论文的研究工作。

一　申请资格

　　国内外各大学的在学研究生，其博士学位论文或硕士学位论文以潮汕地区社会、历史、语言、文化等领域的研究为题，已经开题并获准通过者，均可申请本资助计划。

二　资助金额及用途

　　1. 每年资助博士论文写作计划 5~8 项，每项资助人民币 1 万 ~2 万元；每年资助硕士论文写作计划 10~15 项，每项资助人民币 0.5 万 ~1 万元。（均为税前）

　　2. 对具有重要学术意义或重大学术积累价值，需进行较长期研究工作的课题，经评审委员会个案讨论批准，资助额度可适当调升。

　　3. 本计划的资助经费可用于与博士论文、硕士论文研究和写作直接相关的差旅费开支、资料收集、文献分析、印刷、办公耗材等方面的费用，但不能用作学费。

三　申请程序

1. 本资助计划常年接受申请。国际潮学研究会每年年底受理一次申请，每年收取申请材料的截止期为 12 月 15 日（以当地邮戳为准）。

2. 申请者必须提交下列材料：

* 申请说明信（英文和中文各一份）；

* 简历（英文和中文各一份，包括学习与工作经历、论著、曾参加的学术会议及所提交的论文或演讲报告等）；

* 已获通过的博士学位论文或硕士学位论文开题报告复印件（需加盖单位印章）；

* 若论文开题报告为英文，需要再提交一份论文的中文题目及中文摘要；

* 经费预算（英文和中文各一份）；

* 两封推荐信（其中一位推荐人应为学位论文指导教师），由推荐者另函寄国际潮学研究会学术委员会；

* 每位推荐者的中文简介。

3. 申请材料邮寄地址：

中国广东省潮州市桥东韩山师范学院西区潮学研究院国际潮学研究会学术委员会秘书处。

〔邮政编码：521041；E-mail：chaoxue1995@163.com；Tel：（0768）252-6226〕

4. 申请材料在提交纸质文档的同时，请将电子文档发送至邮箱：chaoxue1995@163.com。

四　遴选标准与程序

1. 国际潮学研究会学术委员会每年年底邀请国内外专家对所有申请进行评审，严格按学术标准进行遴选。

2. 国际潮学研究会学术委员会在次年 1 月 15 日以前在相关网站上公布遴选结果，并分别通知所有的申请人。

3. 入选的申请者与国际潮学研究会学术委员会签订资助协议后，资助计划即告开始。

五　资助程序

受资助者在与国际潮学研究会学术委员会签订资助协议后，资助金将分 2 期发放。具体为：

第 1 期，受资助者接到通知后，向秘书发来您的银行账户信息，包括：户名、账号及开户行（开户行要精确到分行）、联系人、联系人电话。我们会先向受资助者汇资助金额的 50%。转账手续费需由申请人承担，建议给予国内账户信息，港澳台及国外账户转账需缴纳高额手续费。

第 2 期，受资助者完成研究计划，其博士或硕士学位论文通过答辩并获得学位之后，应向国际潮学研究会学术委员会提交其结项报告，包括博士和硕士学位论文原件 2 份，电子档 1 份，导师结题评语纸本复印件 1 份及电子档 1 份。经学委会审核合格后再汇剩余的 50% 资助金。

六　接受资助要求

凡申请并获得国际潮学研究会设立的"潮汕历史文化研究博士、硕士论文资助计划"资助的研究生，均视为承诺在学位论文公开发表时，会在适当位置标注"本学位论文受到国际潮学研究会资助，特此鸣谢！"字样。

七　结项奖励

1. 国际潮学研究会学术委员会收到相关的学位论文后，将向博士学位论文作者及其导师分别颁发人民币 3000 元的奖励金（税前）；向硕士学位论文作者及其导师分别颁发人民币 1000 元的奖励金（税前）。

2. 颁奖时间在新一届潮学国际研讨会期间进行。

八　附则

本章程之解释权属国际潮学研究会学术委员会。

稿　约

潮汕地区历史悠久，文化底蕴深厚，潮人足迹遍及海内外，有"中国第一侨乡"之称。著名汉学家饶宗颐教授很早就开始潮学研究，1993年，他创办纯学术刊物《潮学研究》，亲任主编，并为刊物题签。自第11辑起，黄挺教授继任主编，至今已连续出版24期，发表了饶宗颐、杜经国、丁伟志、陈高华、姜伯勤、曾琪、叶恩典、李新魁、蔡鸿生、詹伯慧、余定邦、科大卫、蔡起贤、陈平原、夏晓虹、黄挺、陈春声、林伦伦等知名学者的文章，在海内外学术界产生了良好的影响。

为进一步提升刊物质量，扩大刊物学术影响力，2020年起，《潮学研究》由国际潮学研究会学术委员会兼任编委会，主任委员陈春声、林伦伦兼任主编，秘书长陈斯鹏、陈海忠兼任副主编，改由社会科学文献出版社出版，每年出版2辑。截止到目前，已出版了2020年第1辑（总第23期）、第2辑（总第24期）。第25期已出版，第26期正在组稿中，热忱欢迎海内外学者赐稿。

1. 栏目设置。本刊设置"专论""区域历史""华侨华人""潮汕方言""文化遗产""乡邦文献""书评"等栏目，由国际潮学研究会学术委员会委员担任栏目主持人。

2. 审稿机制。本刊实行双向匿名审稿制度。

3. 优稿优酬。论文一经刊用，寄赠刊物2册。在国际潮团总会的支持下，本刊秉承优稿优酬原则，具体可垂询编辑部。

4. 文稿格式。具体要求请参阅后文《〈潮学研究〉稿件体例规范》。

5. 联系方式。赐稿电子邮箱 chaoxue1995@163.com；相关信息可关注微信公众号：潮学研习社（微信号：iCHAOXUE），欢迎扫码关注。

《潮学研究》编辑部

2021 年 8 月 20 日

《潮学研究》稿件体例规范

交稿要求

提交《潮学研究》编辑部的书稿应不违反国家有关法律法规，应有较高学术水平，符合学术规范。所交稿件应齐、清、定，并配有 word、pdf 电子文本，若有图片（含作者照片、内文插图），应同时提供清晰度在 300dpi 以上的 jpg 格式电子版。

必备项：稿件题目、内容摘要、关键词三项内容的中英文、作者简介（姓名、单位职务、职称、学历、研究方向、所在城市、邮编）、书稿正文、参考文献。

规范要求

一　标题

不同层级的标题用不同的字体、字号。各级标题的用字，应遵循"由大到小、由重到轻；变化有序，区别有秩"的原则。

二　序号

标题序号可以采用"第×篇""第×章""第×节"等明确表示级别次序的形式。如果不采用上述形式，就需要另加符号或改变数字、字母的写法来标明其级别次序。表示标题级别的序号形式，一般从大到小依次为："一""（一）""1.""（1）""①"等。可以根据标题的实有级数，跳过某些形式的序号。

三　文字

正式出版物要求使用规范汉字。规范汉字主要是指 2013 年 6 月国务

院发布的《通用规范汉字表》中收录的汉字。除特殊情况外，一般不用
繁体字、异体字。不得随意制造简化字，也不要使用虽发布过但后来又
被禁用的某些简化字。异体字只限用在姓名中。不使用 1965 年淘汰的旧
字形。

四 标点符号和数字

出版物上标点符号的使用应遵守《标点符号用法》（ GB ／ T15834—
2011 ）的规定。

出版物上数字的使用遵守《出版物上数字用法》（ GB ／ T15835—
2011 ）的规定。一般原则：一是数字用法要得体，二是局部体例要统一。

五 图表

1. 插图应当高质量、清晰。

2. 插图应当具有独立性，不是内容的简单复制，其表述以及数据要
与正文中内容一致。

3. 如果图片非原创，要确保获得使用许可，且需要标明出处。

4. 应按照"先见文后见图（表）"的原则编排插图（表格）。

5. 图（表）应有序号，单篇文章按照"图（表）×—×"连续方式排列。

6. 文中避免出现"如上图（表）所说""下图（表）标明"等字样，
应使用"图（表）×—× 表明"或"……[见图（表）×—×]"。

7. 表必须要有注释，用以说明表格资料来源以及其他情况。

六 注释和参考文献

引用他人观点或者直接引用原文，必须标出原作者作品信息，并在
参考文献中列出。针对文章内容的注释，应统一使用页下注；当页连续
编码。

文献征引时的标引体例如下。

中文文献

1. **专著**

×××（作者）:《×××》（书名）××（卷册），×××（出版社），××（年
份），第×页。

2. 析出文献

（1）论文集、作品集及其他编辑作品

×××（作者）:《×××》（篇名），载 ×××（作者）《×××》（书名），×××（出版社），××（年份），第 × 页。

（2）期刊

×××（作者）:《×××》（文章名），《×××》（期刊名）×× 年第 × 期，第 × 页。

（3）报纸

×××（作者）:《×××》（文章名），《×××》（报纸名）×× 年 × 月 × 日，第 × 版。

3. 转引文献

无法直接引用的文献，转引自他人著作时，须标明。

×××（作者）:《×××》（书名或文章名），转引自 ×××（作者）《×××》（书名或文章名）××（卷册），××× 出版社，××（年份），第 × 页。

4. 未刊文献

（1）学位论文

×××（作者）:《×××》（论文名），××（博士或硕士学位论文），×××（作者单位），××（年份），第 × 页。

（2）会议论文

×××（作者）:《×××》（论文名），×××（会议名称），××（会议地点），× 年 × 月（召开时间），第 × 页。

5. 古籍

（1）刻本

×××（作者）编《×××》（书名）××（卷册），×××（版本），第 × 页。

（2）点校本、整理本

×××（作者）编《×××》（书名）××（卷册）《×××》（卷册名），×××（点校、整理者）点校、整理，×××（出版社），×××（出版时间），第 × 页。

（3）影印本

×××（作者）:《×××》（书名）××（卷册）《×××》（卷册名），×××（出版社），×××（出版时间），第 × 页。

（4）地方志

唐宋时期的地方志多系私人著作，可标注作者；明清以后的地方志一般不标注作者，书名前冠以修纂成书时的年代（年号）。

（5）常用基本典籍、官修大型典籍以及书名中含有作者姓名的文集可不标注作者。

（6）编年体典籍，可注出文字所属之年月甲子（日）。

6. 网上数据库

网上出版物包括学术期刊、报纸、新闻等，引用时原则上与引用印刷型文章的格式相通，另需加上网址，发表时间。

（1）新闻

×××（作者）:《×××》（文章名），×××（网站名），××年×月×日（发表时间），×××（网址）。

（2）学术期刊

×××（作者）:《×××》（文章名），《×××》（期刊名）××年第×期，×××（网址）。

（3）报纸

×××（作者）:《×××》（文章名），《×××》（报纸名）××年×月×日，×××（网址）。

7. 译著

〔国籍〕×××（作者）:《×××》（书名），×××（译者）译，×××（出版社），××（年份），第×页。

外文文献

征引外文文献，原则上使用该语种通行的印证标注方式。

1. 专著

作者，书名（斜体）（出版地点：出版社，出版时间），引用页码。

2. 析出文献

（1）论文集、作品集

作者，"文章名"（文章名加引号），编者，文集题名（斜体）（出版地点：出版社，出版时间），页码。

（2）期刊

作者，"文章名"（文章名加引号），期刊名（斜体）卷册（出版时间），页码。

3. 未刊文献

（1）学位论文

责任者，论文标题（Ph.D.diss./Master's thesis，提交论文的学校，提交时间），页码。

（2）会议论文

作者，论文标题（会议名称，地点，时间），页码。

格式范例

以下为论文正文格式范例：

空一行（黑体小二）
空一行（黑体小二）
正文题目（宋体小二）

——副标题（宋体五号）

空一行（宋体五号）

空一行（宋体五号）

作者姓名（楷体小四）

空一行（楷体小四）

内容摘要（宋体小四）内容摘要（楷体五号，单倍行距）

关键词（宋体小四）关键词（楷体五号，单倍行距，关键词之间空两格）

空一行（宋体小四）

一　小标题（黑体小四）

空一行（黑体小四）

正文内容（宋体五号，1.5倍行距）

1.二级标题（宋体五号，加粗）

正文内容（宋体五号，1.5倍行距）

文本内容引用（楷体五号，单倍行距，上下各空一行）

正文中凡是脚注，均用①②③上标格式的脚注。脚注引用的文献，须写明页码，脚注为宋体小五号，单倍行距

文末页下注注明作者简介：作者姓名，单位职务、职称，学历，研究方向。所在城市，邮编。

图书在版编目（CIP）数据

潮学研究 . 第 25 期 / 国际潮学研究会，韩山师范学
院潮学研究院主办；陈春声，林伦伦主编 . -- 北京：
社会科学文献出版社，2022.8
　ISBN 978-7-5201-9774-8

　Ⅰ . ①潮…　Ⅱ . ①国…②韩…③陈…④林…　Ⅲ .
①潮州－地方史－研究－丛刊 ②汕头－地方史－研究－丛
刊　Ⅳ . ① K296.5-55

中国版本图书馆 CIP 数据核字（2022）第 027868 号

潮学研究　（第 25 期）

主　　编 / 陈春声　林伦伦

出 版 人 / 王利民
组稿编辑 / 宋月华
责任编辑 / 胡百涛　周志宽
责任印制 / 王京美

出　　版 / 社会科学文献出版社·人文分社（010）59367215
　　　　　　地址：北京市北三环中路甲 29 号院华龙大厦　邮编：100029
　　　　　　网址：www.ssap.com.cn
发　　行 / 社会科学文献出版社（010）59367028
印　　装 / 唐山玺诚印务有限公司

规　　格 / 开　本：787mm×1092mm　1/16
　　　　　　印　张：17.5　字　数：277 千字
版　　次 / 2022 年 8 月第 1 版　2022 年 8 月第 1 次印刷
书　　号 / ISBN 978-7-5201-9774-8
定　　价 / 128.00 元

读者服务电话：4008918866